HANS-ECKARDT
WENZEL

REISE-BILDER

SATIREN
BERICHTE
ESSAYS

MITTELDEUTSCHER
VERLAG
HALLE · LEIPZIG

Durch bestimmte Abweichungen von den Rechtschreib- und Interpunktionsnormen des Dudens möchte der Autor zusätzliche Verfremdungseffekte erzielen.

ISBN 3-354-00528-9

Lizenz-Nr. 444-300/23/89 · 7001
Printed in the German Democratic Republic
Gesamtausstattung: Dietmar Kunz
Gesamtherstellung: Offizin Andersen Nexö,
Graphischer Großbetrieb, Leipzig III/18/38
Best.-Nr. 639 488 5

00850

VORWORT ZUR ERSTEN FASSUNG

Allgemeine, entschuldigende Vorbemerkungen

Wer 99 Jahre nach Heines Tod, wer kurz nach der Mitte dieses Jahrhunderts geboren wurde, hat zum *Reisen* ein ganz spezielles Verhältnis: die Welt blieb das Leben lang [in unmittelbarer Nähe] unverändert in ihren Grenzen und war [mehr oder] weniger erreichbar für denjenigen; wer wie ich [und einige tausend mehr] in *diesem* Ländchen groß geworden, stellt die leibhaftige Absonderlichkeit diesbezüglich dar. So scheint es nicht sehr verwunderlich, daß ich hier bisweilen wie eine [eiserne] Jungfrau über die [fleischliche] Liebe schreibe: mit gleicher Ehrfurcht und Abneigung, Gier und Neugier, klug und altklug, neidisch und einsichtig, mit den gleichen falschen Vorstellungen davon. Die Reiselust wurde zur Krankheit unserer Zivilisation, und es mutet uns als das Normalste der Welt an, eine weite Reise zu tun und was zu erzählen. [Aber Gott schüttelt den Kopf: wenn jeder Mensch der Erde Anspruch auf mindestens einen Auslandsurlaub pro Jahr anmelden würde, Freunde, *solch ein Gewimmel*, schon allein der Chinesen, die alle auf den Berliner Fernsehturm wollen … da lachte Gott] Lieber Leser, verzeih mir also, daß ich mich mehr als selbstbewußt in eine Reihe stelle [was erst einmal nichts Schlechtes ist] [aber] neben Herrn Heine, der nun weiß Gott weiter gekommen ist als ich [nämlich bis Frankreich], und dessen Kritik um so vieles konstruktiver und zuversichtlicher war, [als es meine sein wird] tendenziell nichts anderes als die jubelnde Bejahung *unserer* Gegenwart. Das bestreitet keiner. Aber ich kann nunmal nicht über eine so offensicht-lich-rückschrittliche Gesellschaftsordnung schreiben, wie Heine, denn *ich* habe nur den *Fortschritt* erlebt [und nieniemals *Rückschritte*!]. Zur Begutachtung, bzw. Besichtigung von solcherart *Negativerlebnissen* benötigt man in Deutschland, wie immer für Museen oder Sonderausstellungen, Ausweise, Pässe und Bekannte hinterm Schalter. Angesichts dieses Dilemmas fragte ich mich: was mit dem in die Wiege gelegten Vater-und-Mutter-Land-Witz beginnen? Ich laufe ja Gefahr, ein Meckerer, ein Kleinkrämer, ein Konteradmiral, nein Konter-Revolutionär zu werden, was ich natürlich bei Leibe und bei Geiste nicht will, denn ich bin froh, daß mir nicht irgend ein geschmackloser Kerl, nur weil er einiges mehr besitzt als ich, die Lebensweise befiehlt, über mich wie ein zu *vernachlässigendes Lebewesen* hinwegsieht. Ist auch in der Gegend, in der ich dies schreibe, nicht immer der Klügere mein Vor-Gesetzter, sondern der Klügere der, welcher bekanntlich nachgibt, und nicht immer [oder immer seltener] hat man das Gefühl, ihm beikommen zu können, und wird man des öfteren von einigen Hochgedienten als ein zu *vernachlässigendes Lebewesen* angesehen, hält es mich dennoch [oder gerade deswegen?] hier. Auch auf die Gefahr, daß ich mit meinem Spott, meinen Überlegungen das Reisen betreffend über die Strenge und Stränge schlage, mangels Bekenntnisanhäufung einen Schwarm näselnder Feinde heranzüchte, will ich dennoch diese Versuche der Öffentlichkeit übergeben. Die Schwächen und Fehler der Menschen haben einen viel längeren Atem und eine größere Ausdauer als Produktionsverhältnisse, Organisationsformen oder ideologische Normative. [Soviel zu meiner Verteidigung!] Aber ich will zusätzlich [für die Sicherheit] gegen jeglichen Verdacht, jegliche demagogische Anschuldigung bekennen: *Ich bin ein Fortschrittlicher Dichter, der auf der Seite der Menschheit steht!!!!* Denn, wie bekannt, mischen sich zuweilen auch ganz prosaische, niedere Bedürfnisse in die schweren Köpfe der Dichter. Mein Griff nach dieserart Prosa ist einzig dem Umstand verschuldet, daß ich mir zur Verbesserung meiner egoistischen Lebensbedingungen Kühlschrank, Waschautomat, Fernsehapparat, Auto kaufen will, mein bisheriges Einkommen für solchen elementaren Luxus aber nicht ausreicht. Selbst ein von mir unter sehr vielen kritischen Augen [also nicht ganz nur von mir] herausgegebenes Büchlein mit Gedichten und einem Essay brachte nicht das dazu nötige Geld. Für die maffiösen Kreise der Unterhaltungsindustrie, wo der wirkliche Reichtum verdient wird, genügte mein Können nicht, und keiner dieser großen Dichter von *sterbenden Schwänen, singenden Schweinen, Brücken und anderen liebenswerten Errungenschaften*, kennt meinen Namen, oder ahnt, daß ich einen selbständigen Satz bilden könnte. Schließlich erfuhr ich von einem gut aussehenden Soziologen [geheim, wie es sich für eine Soziologie gehört!], daß man *Reisebeschreibungen* machen müsse, weil danach ein riesiges Nachfragepotential bestünde. *Pakistan, Teheran, Jerewan, Neu York und so.* Fotoapparat, Notizblock, Auflagen, das große Geld. Mit *Gedichten ist nichts zu machen.* Die Kunst muß, will sie den *Kämpfern der Zeit* gerecht werden, die Erkenntnisse der modernen Wissenschaften in ihr *Arsenal* aufnehmen. Also schreibe ich über das Reisen, denn es bildet, und Bildung hat das deutsche Volk schon vor einigen Leichtsinnigkeiten abgehalten. Man verzeihe mir, daß ich über das fernexotische Leben hier nichts berichten kann, ja nicht einmal über das Leben in den *gehobenen* Kreisen, wo ich auf Grund meines schweißigen Geruches nicht hineinkomme. Ich gestehe es gleich: Mir ist kein so wunderbares Buch gleichen Titels gelungen mit einer so zauberhaften Gliederung wie früher, als es noch einfacher war, meinem Lehrer Heinrich; denn 1. kann ich keine VORREDE ZUR FRANZÖSISCHEN AUSGABE DER REISEBILDER schreiben, weil ich nicht Französisch kann; 2. kann ich DIE NEUE HARZ-

REISE nicht beginnen, da mir ein Paß für die Stadt *Göttingen* fehlt, sowie 3. für DIE NORDSEE kein Angelschein erteilt wurde! 4. IDEEN. DAS BUCH LE GRANDE ist gleichfalls undenkbar: 1.1.1 Wie sollte ich die Unzahl der neuen philosophischen Richtungen 1.1.2 analysieren? oder 1.1.3 vom Kopf auf die Füße stellen, etc. pp.? 1.2.1 Wie sollte ich mich *produktiv und parteilich* mit dem Kapitel XII, welches beginnt: *»Die deutschen Zensoren ...«* auseinandersetzen? 2.1.1 Kenne ich in meiner Verwandtschaft keine *Madame*, der ich dieserart Intimitäten über eine französische Revolutionsarmee, einen Trommler etc. schreiben könnte. 2.1.2 ist es vom *Erhabenen zum Lächerlichen* nicht mal *ein* Schritt, *Madame*, da irrt sich Heine, Napoleon zitierend; der Übergang ist nur einen Daumen breit, soviel wie ein Schluck aus der Schnapsflasche; und mit der Geschwindigkeit des Wechselstroms springen wir aus dem *Pathos* in den Kompost, vom Original in die Kopie, vom Himmel in die Hölle ... 5. fehlen mir für die REISE VON MÜNCHEN NACH GENUA einige Voraussetzungen, denn ich muß die alte Frage: *Kennst du das Land, wo die Citronen blühn?* immernoch mit: *Nein!* beantworten; auch kenne ich 6. DIE BÄDER VON LUCCA nicht; ach, und was soll ich schreiben über das zerrissene Herz des Poeten? Hier, wo alles aus einem Guß ist.

Du siehst, lieber Leser, daß der gleiche Name der Bücher REISEBILDER rein zufällig ist, wie eben zwei völlig fremde Kinder den gleichen Namen tragen können, die ganz unterschiedlich aussehen, zu ganz unterschiedlichen Zeiten geboren wurden. Daß es auch heute noch immer gilt, sich streng nach klassischen Vorbildern zu richten, gefordert [mit neuem Inhalt, Freunde, neuen Helden!] von Konferenzen und Kränzen, beweist uns nur: das Erbe ist ein schweres Los, und wir haben es gezogen [an einer Losbude auf dem Jahrmarkt]. Wir waren grade so lustig, und plötzlich mußten wir dieses Erbe den ganzen Tag mit uns rumschleppen. Dieses sperrige Ding. So wirst du also in all dem Wirr-wahr einige schönere

Stellen vorfinden, welche von meinem Wahlverwandten Heine abstammen, der noch immer mit seinem ästhetischen Konzept gegen die klassische Einheit der Kunstwerke ankämpft.

Die uneinheitliche Struktur, die Zerrissenheit, der Mangel an klaren Positionen rührt von einem Umstand, auf den ich hier kurz hinweisen will: Im Sommer 1983, als ich mit der Arbeit an diesem Buch begann, gehörte ich kurzzeitig zur Klasse der Nichtraucher, und so produzierte ich einen Großteil der Seiten mit diesem Klassenstandpunkt; bei Überarbeitung und Weiterführung aber war ich bereits wieder glücklicher Raucher, und die Schreibmaschine stand stets neben einem überfüllten Aschenbecher. Ich merkte natürlich selbst, was ich da angerichtet hatte, ad eins am aufkommenden Husten des Morgens und ad zwei an den verschiedenen Tempi im Text. Eine Zigarettenlänge ist ein anderes Zeitmaß als etwa eine Stunde. Raucher müssen sich ständig beeilen. In diesem Epochewiderspruch steht nun mein Büchelein. Eine Neuarbeit war unmöglich für mich, und so lasse ich die Brüchigkeit einfach fortbestehen und benenne sie im Vorwort zum Prinzip des Buches [eine Technik, die ich auf keiner weiten Reise erlernte, sondern da, wo es am schönsten sein soll, in der *Heimat*].

VORWORTE sind überhaupt eine gute Erfindung, die ich immer vernachlässigt habe, weil ich stets das letzte Wort haben wollte. Aber ich verspreche heute feierlich an dieser Stelle, daß ich für jede von *Außen* angeregte oder *empfohlene* Überarbeitung, Streichung etc. ein weiteres Vorwort schreiben werde, wie es Jean Paul einst für jede neue Auflage tat. [Sollte es dabei Probleme geben, werde ich mich mit einigen Sternchen ************ zu erkennen geben.]

Im übrigen handelt es sich bei diesem Buch um kein Buch, sondern um ein[e Art] Theaterstück. Deshalb möge der Leser nicht über die eigenartige Person erschrecken, die kostümiert mit dem *Ich* über alle Seiten besserwisserisch einhertänzelt. Zu hoffen bleibt, daß die vielen humorlosen Zeit-*Genossen* dieses Büchlein gar nicht erst aufschlagen, und falls doch, dann sofort wieder schließen, weil sie sich ärgern würden und jämmerlich langweilen.

Berlin/Schmuggerow Herbst 1983

VORWORT ZUR ZWEITEN GROSSEN ÜBERARBEITUNG

Theatermenschen sind aber-gläubig! Sie spucken sich über die Schulter, rufen die Zaubersilben Toi-Toi-Toi und behaupten, vielerlei Zufälligkeiten bannen zu können, hinter denen sie unerforschte Gesetze vermuten, die das Unbegreifliche ihrer eigenen Arbeit begreifbar machen; sie spüren den Fluch, der auf jeder zweiten Vorstellung lastet, wenn der Premierenapplaus verklungen: du kannst dich anstrengen, wie du willst – *jede zweite Vorstellung wird schlecht ...*[1]

Und welch Alp lastet auf der ZWEITEN GROSSEN ÜBERARBEITUNG meiner Reisebilder? Der erste Applaus meines Herzens ist auch verklungen; vorbei die frische Entdeckerlust auf gefälligen Assoziationsreisen; vorbei die schnelle, unmittelbare Anspielung, auf die der Leser so wartet; vorbei die Jahre 1983, 1984, 1985, 1986, 1987 ... die Mühsal der Verlagsgespräche setzte ein, das stückchenweise Klügerwerden, das erneute Abtippen und Überarbeiten ... und wie nicht anders zu erwarten, veränderte die vergehende Zeit auch meine Anschauungen, die meiner Kollegen und meiner Feinde ...

[1] In einem späteren Buch [vielleicht meinen Memoiren] werde ich die wirklichen Gründe für diesen Aberglauben darlegen. Jetzt würde es einfach zu weit führen und die Wirtschaftsprognostiker könnten mir meine noch nicht patentierte Erfindung stehlen.

Es schreckte mich, nochmals an eine Überarbeitung der vor Jahren entworfenen Reisebilder zu gehen; nicht meine Faulheit, meine Unlust waren daran schuld, sondern die latente Verschärfung der Bedingungen unseres Lebens auf diesem Planeten; die Tod-drohenden Maschinerien und Ideologien besudeln meinen redlichen Humor; angesichts des Gedankens, daß alle Satire und Ironie ein wenig vom Provinzatem lebt, auf den der witzig-traurige Zeitgenosse an*spielen* kann, erscheint es mir manchen Augenblick geradezu lächerlich, lächerlich zu machen, was mich zur Wut treibt, da es ums Überleben der Gattung geht. Während wir uns zu gewöhnen scheinen an die warnende Untergangsstimmung und unsere Aufmerksamkeit eher den Meßergebnissen der Strahlenschutzinstitute als den beschriebenen Zetteln altertümlicher Schreib-Gelehrter schenken sollten, überlege ich ernsthaft, ob wir nicht viel dringender jenes tragischen Gefühls unserer besänftigten Ungeduld im Bogen des Jahrhunderts bedürfen, denn der unverbindlichen Späße, mit denen die stille Angst verdrängt werden soll, die seit über einhundert Jahren nicht mehr von unserer Seite weichen will. [Ich weiß, es gibt genügende Gründe, auch *nach Auschwitz* noch Gedichte zu schreiben, damit eben auch die Wiederholung solch barbarischer Endlösungsversuche unmöglich wird. Genausoviele Gründe ließen sich finden, das Lachen erneut gegen die monolithischen Seelen der Tempelwärter zu verteidigen, die Zitadelle der scheinbaren Belanglosigkeit und Banalität gegen die kalte Heiligkeit des Todes ...] Lieber Leser, ich vollführe Selbstkritik, weil ich mir nun, nachdem das Manuskript einige Zeit still im Regal lag [und ich zu einem Gedichtbuch gezwungen wurde], diese Fragen stellen muß. Soviele Spekulationen sind möglich. Und wenn nun plötzlich, während sich das Manuskript auf dem Weg befindet zwischen den vielen Händen, die sich drum sorgen, oder auf der Strecke vom Verlag zur Druckerei [oder zurück], oder auf dem Weg vom Buchauslieferungslager [falls es dort gefunden wurde] in die Buchläden, wenn nun plötzlich während dieser Zeit eine ganz große Änderung der Welt einträte ...[2], was dann? Schnell lese ich nochmal meine Berichte, das Ausgedachte und überlege mir, was wohl übrig bliebe an Eigenständigkeiten von meinem Spott und meiner Wut, wenn die realen gesellschaftlichen Gründe verlorengingen? Die Hölle der Satiriker liegt in Utopia. Um die nichtigen Gründe des Alltags kümmern sich die Ewigkeitsfanatiker nicht, denn die Ewigkeit hält keinen Platz bereit für das Ungeschickte, das es zu zerlachen gilt. [Sollte mir also mit den Reisebildern kein bleibendes Werk der Literatur gelungen sein?] Ich erinnere mich [optimistisch] an Schillers Aufsatz *über naive und sentimentalische Dichtung*, wo darauf hingewiesen wird, daß die »spottende Satire nur einem schönen Herzen gelingen« könne,[3] daß also nicht nur die unmittelbaren Anlässe und Gegenstände des Schreibens von Bedeutung sind, sondern ebensosehr die subjektive Haltung zu den Gegenständen, ergo: besonders in den komischen Rollen. Aber dennoch stellte sich mir angesichts der zum Teil clownesken Engstirnigkeit des Stils die Frage nach möglichen Funktionen meiner Sätze und Formulierungen. Sklavensprache! rufen die Experimentalisten. Ja, was bliebe von den Sätzen, wenn der Hintergrund ihrer Wut verlorenginge? Wozu könnten sie sich noch eignen? Kein Epigraphenkatalog, Aphorismenjournal, kein Zitatenlexikon ließen sich aus meinen Sätzen rekrutieren. [Ich sehe schon wieder, wie die Rezensenten, zu deren Qualitätsmerkmal es gehört, *alles* wenigstens partiell schlecht zu finden, um vor der Welt die eigne uneinholbare Qualität zu be-

[2] z. B. eine Situation, da keiner mehr das Wort REISEN lesen oder hören möchte, weil es Schnee vom vergangenen Jahr ... Wie sollte ich dann dies Büchlein schnell umbenennen? in REIBEBILDER oder REICHE BILDER, REINE BILDER oder gar REITERBILDER?

[3] »... Den tragischen Dichter trägt sein Objekt, der komische hingegen muß durch sein Subjekt das seinige in der ästhetischen Höhe halten ...« F. Schiller, Über naive und sentimentalische Dichtung

weisen, ich sehe sie an dieser Stelle ihre Messer wetzen … legen wir eine Gedenksekunde für sie ein, lieber Leser, für ihr nutzloses, neidvolles Leben … denen mans schon an der Wieke sang: Eiapoppeia, der Klügste bist Du / Die andern sind Eier / sind Ochs oder Kuh …] Die alte Trennung zwischen Bericht und Reflexion, jene der modernen Schizophrenie ebenbürtige Zweischichtigkeit habe ich nicht aufrechterhalten können, und so blieb mir oft nur die IRONIE, um wenigstens die alte, deutsche Doppelzüngigkeit von Amt und Person mit einbeziehen zu können in die zerrissene Weltsicht des *homo gutenbergensis.* [Das Problem dieser Prosa: ihre Funktion ist unklar, scheinbar nur dem Augenblick vertrauend verliert sie sich oft in den unordentlichen Details. Welche Halbwertszeit würde ihr zugestanden werden?[4]] Aber der Leser will natürlich wissen, warum dieses Manuskript seinen 5jährigen Geburtstag feiern mußte, ehe der Autor das geahnte zweite Vorwort verfassen würde! Könnte als Grund dafür gelten, daß Heinrich Heine für *seine* Reisebilder ebenfalls fünf Jahre benötigte [1826–1831]? Ach, viele Gründe könnt ich sagen. Der geneigte Leser weiß, daß hierzulande Literaturpolitik gelegentlich von Zufällen abhängig ist; vielleicht, wenn der belesene Leser sich erinnern will, erschien einige Zeit nach erstem Abschluß des Manuskripts ein satirisches Büchlein eines hoch verehrten Kollegen über einen Fahrer und seinen Vorgesetzten, das einige Unsicherheiten darüber auslöste, ob denn der fortschrittliche Mensch so einfach, ohne vorherige genaue Diskussion über die Fehler seiner Gesellschaft lachen dürfe … Auf diese Weise entstehen oft besonders gereizte Zonen des Bewußtseins [mit Allergiegefahr], die danach eine Zeit lang geschont werden sollen … Und so entsteht dann Literaturgeschichte [planvoll]. Aber nicht nur dieser Grund ließe sich aufführen: auch die mangelnde Weisheit des

[4] Diese Sätze können von Kritikern abgeschrieben werden. Alle Rechte liegen beim Autor.

Autors ist verantwortlich zu machen für den langen Entstehungszeitraum, sowie –––– [jetzt sag ichs!]: Ich habe meine Unschuld verloren! In der ersten Fassung dieses Buches gab es nur Berichte über die erdachten Reisen in die Ferne hinter den Grenzen ... plötzlich aber geschah es, daß die Wirklichkeit Möglichkeiten eröffnete, die mein *Verhältnis das Reisen betreffend* grundlegend änderten; ich schrieb neue Teile dazu, nahm Teile heraus und über allem stand die Unsicherheit, ob ich denn überhaupt noch die unbekannten Orte beschreiben dürfe, da einige Orte, die mir zu Beginn der Arbeit unbekannt waren, später bekannt wurden ... offen gesagt: meine Unschuld *[das Reisen betreffend]* habe ich verloren! Ich frage dich, lieber Leser, darf ich nun noch darüber schreiben? Ja als ich dereinst mit der Niederschrift begann, da war ich noch jung und unberührt und rein und viele meiner Landsleute gleichen Alters teilten diese Jungfernschaft ... dann aber kam ich über die Grenzen hinaus ... unsereins löst eben alles nur auf dem Papier, und was blieb mir andres übrig, als auch darüber zu schreiben und auf diese Weise wurde es ein anderes Büchlein, als jenes, das ich dereinst begann; und ich bin froh darüber, nicht nur, weil ich einiges mehr kennengelernt habe, sondern auch, weil die Jahre mich bestärkten in meiner Betrachtungsweise: denn ich erkunde immernoch die unbekannten Dörfer und Städte unter der Frage, ob ich dorthinziehen möchte. Was sollte es auch für ein anderes Kriterium geben als die Bewohnbarkeit, die Lust, an den schönen Orten leben zu können, besser als anderswo; aber zugleich ist diese Suche nach anderen Plätzen Ausdruck der Unzufriedenheit mit den gegenwärtigen Aufenthaltsorten, Kritik an der Gegenwart; welchen anderen Anlaß zur Suche sollte es sonst geben als die Unaushaltbarkeit des augenblicklichen Lebens? Vielleicht wird es dereinst Bewohnbarkeitsatlanten mit Lebensbedingungspunkten für Länder und Städte geben, eine Art Baedeker für die unteren Schichten. Auf dem Weg dorthin werden einmal alle, die sich um die sogenannte

Reiseliteratur bemühten, einen Ehrenplatz erhalten in der Allee der Bewegung. Dereinst auch werden sich die Wissenschaftler fragen, welche Gründe es gab, Reise-Bilder zu schreiben. Heute können wir nur über Heines Gründe genauer Auskunft geben, aber dereinst auch über die unseren. »Die frühbiedermeierliche Reiseliteratur bekam daher für all jene, die sich das Reisen versagen mußten, fast den Charakter einer Ersatzfunktion. In ihr versuchte man zu erfahren, was denn hinter den Bergen eigentlich vorging. Da sich die Zeitungen nach den Karlsbader Beschlüssen [1819] in ihren politischen Berichten aus Angst vor der Zensur immer reservierter verhielten, wollte man sich wenigstens in den Reiseberichten über die Schicksale anderer Völker informieren.«[5] Der heutige Autor, ausgestattet mit einem 6programmigen TV-Apparat, informiert sich über die Zeiträume der Entstehung der Heineschen Bilder; als Franz Schubert und Franz Krüger [beide 1797 geboren] über den Sinn ihrer Kunst nachdachten, als Lenau verzweifelte, als Goethe starb, Hegel ... das Ende der klassischen Kunstperiode heraufzog ... die Julirevolution in Frankreich die Gemüter erhitzte ... und während dieser 5 Jahre, da Heine an den Reisebildern schrieb, was geschah nicht dereinst; betrachten wir es aus heutigem Abstand: ... und was geschah in den letzten 5 Jahren? Mir fällt der Begriff Ludwig Salomons ein, der die Jahre nach 1819 als Ära der »kläglichen Oberflächlichkeit« betitelte[6], und war nicht gerade die Form des Reiseberichtes ein Verweis auf die kurzweiligen Kommunikationsstrukturen jener Zeit? Vielleicht gehört es mit zu den tragischen Mißverständnissen der Literatur, daß oft die Meinung vorherrschte, das reale Kommunikationsgefüge habe keinerlei Bedeutung für Sprache und Denkungsart

[5] [»Der frühe Heine / Ein Kommentar zu den ›Reisebildern‹ von Jost Hermand, München 1976, S. 9]

[6] Ludwig Salomon: Geschichte des deutschen Zeitungswesens

der Dichter bzw. Leser. Heines Hinwendung zu dieser Form bildet eine rühmliche Ausnahme; die des heutigen Autors ist eingelöste Traditionsbeziehung. Über die inhaltlichen Hintergründe wissen wir nichts zu sagen. Die Gedanken haben sich festgefressen, wie ein Bohrer in zu hartem [oder zu weichem!] Material. Ein neuer Bohrer muß erfunden werden, dazu sind die kostspieligsten Experimente vonnöten. Der Erfinder versuchte selbst Bohrer aus HOLZ [Holzweg] für dieses Experiment. Wir brauchen dringend einen neuen Werkstoff. [Verzeiht mir mein mechanisches Modell!] Eine Patent-Nummer wurde noch nicht erteilt. Die Reise ins Ungewisse beginnt immerzu. Auch die Vergangenheit ist ungewiß.

Berlin Februar 1988

P.S. Damit von Anfang an Klarheit herrscht: dieses Buch besteht aus 57 383 Worten. Die anfänglich geplante Kennzeichnung der ironisch gemeinten Stellen [damit sich der Leser besser zurechtfinde] wurde aus *inneren Gründen* aufgegeben. Ähnlichkeiten mit dem Autor sind rein zufällig und nicht beabsichtigt.

ERSTER TEIL

REISE NACH POETANIEN

Der Geheimbericht eines ästhetischen Kundschafters

Unsere Reiselust, unsere Begierde, fremde Länder zu sehen, besonders wie wir solche im Knabenalter empfinden, entsteht überhaupt durch jene irrige Erwartung außerordentlicher Kontraste, durch jene geistige Maskeradelust, wo wir Menschen und Denkweise unserer Heimat in jene fremden Länder hineindenken und solchermaßen unsere besten Bekannten in die fremden Kostüme und Sitten vermummen.

H. Heine

KAPITEL I

Was die Deutschen betrifft, so bedürfen sie weder der Freiheit noch der Gleichheit. Sie sind ein spekulatives Volk, Ideologen, Vor- und Nachdenker, Träumer, die nur in der Vergangenheit und in der Zukunft leben und keine Gegenwart haben.

H. Heine

London? Nein, bitte nicht London. Stewardeß: Doch, London! Ich: Ich will ins Unbekannte! Stewardeß: Bitte anschnallen. Landen. So begann alles. [Literarisch unbrauchbare Begebenheiten. Vorbei mein Traum: *Reisebilder.* Vorbei: Ruhm.] Eine alltägliche Flugzeugentführung. Und gerade London, diese Kälte, dieser Smog des vorigen Jahrhunderts. Ich komme einfach aus Europa nicht raus. Dalli, dalli, aussteigen. Eine Pistole im Rücken, Hürdenlauf über die Gangway. Dich nehmen wir mit, sagt so ein Großer, Breiter mit Handgranate. Hopp ins andere Flugzeug [so ein kleiner silberner Hubschrauber]. Guten Fang gemacht, das ist einer mit Büchern. – Johlen im Hubschrauber – Mensch: *Gangster.* Fessel, fessel, Arme auf den Rücken. Ein Knall. Bin ich schon tot? Nein, Sekt saufen die und geben nichts ab. Alle erheben sich, ich nicht, bin gefesselt. Der Boß kommt: Prosit! [Gluck, gluck, gluck] Ab gehts in die Luft. Darüber wirst du schreiben, Fremder, über alles, was wir dir bieten. Fessel ab [unökonomisch]. Gewohnter Griff nach den Zigaretten bei mir, rechte Hosentasche. Der Dicke: *Kämpfen? Fight?* – Ja! [endlich Dialog!] rufe ich: für *Frieden und Fortschritt* kämpfen wir! [Unverständnis. Die Zigarette ist feucht. Angstschweiß] Ich junger Revolutionär, duverstehen? Ich auf seiten von Fortschritt. [Stille] Bei mir jeder zweite Herzschlag, du hören, das seien

Kultur. – Reisetasche auf! Wühlarbeit. All die wunderschönen Ausweise. – O, Bücher, Bücher, seht Brüder, Bücher! [warn die defekt im Kopp?] – Ich frage dezent: Du Maffia? – Ja! Zweigstelle Literatur international! – [ach so] Sie finden meine Reiselektüre: Abenteuer von Hardy Würk. Jetzt werden die mich umlegen. Scheiße. Plötzlich Stille, einer, mit dem Buch in der Hand stellt sich auf, Mütze ab. Stille. Schweigeminute. Hochgehoben die Reliquie: *Deutsche Klassik*! o, du verstehen das? Schwer. Klassik soooooooo schwer! Wo ist Grabmal von diese Dichter? Weimar? Berlin? – Ergriffenheit in diesem Augenblick. Erhabene Sekunde einer bisher verschwiegenen Geiselnahme. Ich, in den Lüften mit unbekanntem Ziel; und jener mit dem Buch in der Hand. Meine Chance ist gekommen. Ich: Glaube, er lebt. Geht ihm gut. Preise, Auflagen, Leser. Viele Freunde, wenig Feinde, wenig Ärger. Gibt Ton an, bei Literatur. In meinem Land und mit anderm Namen all over the world. Das ist die wirklich einzig internationale Weltliteratur!. – Ihre losbrechende Freude: *Er lebt! Er Lebt!* Da fiel sich weinend die Maffiosi-Armee in die Maffiosi-Arme. Zack – – – – – – – Hab ichs Buch verschenkt! [endlich bin ichs los. Schlepperei!] *Freunde*! Wir Freunde, ja? – Ja! Dann aus der dunkelsten Ecke der mit dem düstren Gesichte fragt: Fremder, kennst du ein Buch mit Gedichten geschrieben von einer Dame, die in deinem Lande, o Fremder, einigen Ruhm erfährt. Weiß weder Namen noch Titel, ach meine Mutter, schon liegt sie Jahre im Sterben und kanns nicht, kanns nicht, solange sie nicht ein Buch von IHR bekäme, von großer Dame der Literatur. Ich selbst opfere hier in der Firma mein Leben, dies Büchlein zu finden, Krone der Poesie! [bittende Augen] *[Poesie, hier wird sie noch wahrhaft gebraucht, als letzte Gabe der Götter.]* Ich frage: Beginnt sie, deren große lyrische Werke du suchst mit ST...? Und er nickt und wir haben uns schon verstanden. Ich werds dir besorgen, Bruder, s ist schwer zu erreichen. [Adressentausch] Ich schicks dir. Hoffnung.

Warum bin ich eigentlich entführt? – Schweigen. [Ach, die fernsten Ganoven kennen die Literatur meiner Heimat besser als einige in ihr!] Also dann unterhielten wir uns, als wäre ich nicht in Gefahr, sondern säße, wie sonst in einem Café; [Künstlergespräche helfen immer über Krisen]. Sie bieten mir traumhafte Jobs. Eine Stelle beim Deutschen Fernsehfunk der DDR, als was, hab ich vergessen, ist ja auch unwichtig, oder Verlagsmensch, Reisestellenleiter im Schriftstellerverband ... oder was willst du denn eigentlich, Fremder? Können wir alles machen, wir steuern Kulturprozesse. Willst du wissen, wie sich die Kulturpolitik entwickeln, oder sagen wir genauer, sich verändern wird? – Nein! Nein! Nein! Bitte nicht! Nur das nicht. Tut mir das nicht an. [Oder es waren Agenten? Spione? Was wollen sie wissen? Themen vom Grundlagenstudium der Philosophie? Oder was trinkt Herr Deutsch am liebsten, oder wo wird ein Schriftsteller erfolgreich ... die können ja alles gebrauchen.] Feines Maffia-Gespür, merken die Skepsis in mir. Da gossen sie Sekt, für mich, zur Verbrüderung, in den *Zahnputzbecher*, auf welchem mit großer Schrift stand *Jott. Er.*— — O, du Unkultur des zwanzigsten Jahrhunderts. Siehst du nicht, lieber Leser, wie die wunderschönen Perlen am rauhen Rand des Bechers bitter verenden, wie sie ersterben am Stumpfen, am Rohen! Sie klammerten sich hilfesuchend an meine Zunge! o ich klage um all die Perlen Sektes auf dieser Welt, die an einer dummen Plastikwand, eines nach Zahncreme schmeckenden Bechers ersterben!! — — Prosit! Trink. Leichter wirds Herz. Ach, die Landung merkte ich kaum. Im Funkgerät geheime Zeichen. Dann der Dicke zu mir: So, alles klar. Das ist *Poetanien.* Keine Verbannung. Du wirst das kennenlernen und dann drüber schreiben, sonst gibt es viel Ärger, verstanden? – Ja, viel Ärger! Verstanden! [sowas verstehe ich] – Er: Das ist ein Auftrag unserer Gesellschaft. Wenn alles gedruckt, hörst du von uns. Auch hier werden wir dich beobachten! – Tür zu. Ich auf dem Rollfeld allein. Wo? *Poetanien*? Was ist das? Der Hubschrauber ist schon weg. Allein in der

Fremde ... [guter Anfang für eine Erzählung, aber wie weiter?] Das Rollfeld gleicht einer Spielwiese, keine Maschine weit und breit. Du sollst verschwinden, unbekannte Welt. Nichts half. Es lag also wieder einmal nicht am Bewußtsein, sondern an der Realität.

Was da ist, könnte wahr sein, und gilt es zu beschreiben. Das Flughafengebäude in der Form einer Gänsefeder. Der Tower erschien wie ein Tintenfaß. Keine Menschen, nur ein Deutscher. Schnell wenigstens ein Gedicht *machen.* [Erkenntnistheoretische Leistung lyrischer Art vollbringen, die Wirklichkeit durchschaubar machen, sich immer und überall als Botschafter der Heimat empfinden, auch in der Schwimmhaut von Pegasus. Muse komm und mache die Bäume wieder grün. *Nur mein »R« rollt übers Rollfeld / Einsam bin ich aber / In Poetanien selbst ...*] Ein gelber Bus hielt. Nach Poetin [Hauptstadt]. Ich steige ein. Schnuff, Tür zu. Pffff. Abfahrt. Heller Morgen. Tau und Sonne [im Norden. Sonne im Norden. Verrückt!]. – Also: Plan machen. Hotel suchen. Stadt besichtigen. Botschaft melden, Mittag essen. Zeitung kaufen. Freundschaftstreffen ... so dachte ich vor der Zahlbox im Bus. [Was wird denn hier für ein Tarif sein?] Blick umher – wegschauende Leute. Nur nicht bescheißen, du bist noch neu hier. In meiner Tasche liegen die Berge fremden Geldes, das mir die Maffia-Kollegen hineingetan, [Hilfe! Ich bin gekauft. Verrat. Bestechung] für die Bücher [entspannt die Revolver, Zeitgenossen!]! Hoher Antiquariatswert hierzulande. Also: Lieber mehr als gar nichts. Zehndollarschein geknickt und hinein in die Zahlbox, zack und der Fahrschein in der Hand macht die Seele leicht. Da aber kam ein bulliger Mann auf mich zu: Den Fahrschein bitte! – Bitte! – Er, rotköpfig, lacht: Erwischt! Haben wir mal wieder einen erwischt! – Im Bus alle, abschätzig sahen sie auf meinen Kopf, worinnen angeschaltet wurde eine Lampe mit roter Birne. – Aber ich hab doch da, entschuldigen Sie, daß ich nur Dollarnoten ... [Vielleicht mögen sie diese Währung hier noch nicht, können sich diesen Luxus noch leisten? Ist ja sowieso alles so anders hier] – Erwischt! Ihre Tasche bitte! – [Jetzt ist alles versaut. Reisepapiere, Staatsbürgerschaft, Ausweise, Meldung an den Verband, an die Eltern, die Stammkneipe, Kreuzchen auf die Autoanmeldung, Musterungsüberprüfung ... ich bin geliefert, versaute Karriere!] Der bullige Mann aber schüttet Geld, Scheine und Stückchen ins Maul meiner Umhängetasche. Hand um Hand, Berg um Berg wirft er hinein, und dabei lacht er. Alle im Bus lachen mit. Hämisch. Ich: [fassungslos, was soll denn das schon wieder?] Ein Almosen? Ist doch nicht nötig, ich habe –– Noch frech werden? So nicht, junger Mann! – Zack, noch einen Stoß freikonvertierbarer Rubel. [In meinem Gehirn summts: suchsuchsuch Lösung] *Hier im Land der Poesie*, daß ich nicht gleich drauf gekommen bin, hier ist alles verkehrt, und Geld ist eine Strafe. Der Bus bremst. Haltestelle. Ich – nichts wie raus. Diese Schmach hält keiner aus. Du denkst, du machst das Richtige, aber es ist falsch. Du denkst, du wirst gelobt, aber du wirst ja bestraft. Verrückt. Hilflos hin- und hergeschoben. Objekt der neueren Geschichte. Nichts klappt, was du auch anfaßt, alles ist immerzu falsch. Und zu allem Übel geschiehts in *Poetanien*, dem Land der Poesie, dort ist es, wo dem Deutschen ewig diese Mißgeschicke passieren.

KAPITEL II

Flaches Land du der Poesie. Wie eine Tischplatte mit Krümeln [*mein* Kopf und der Kopf des Mannes, den ich traf, der mir diese Welt erklärte]. Warum ist hier alles so nüchtern, so sachlich? Ich träumte von großen Theaterkulissen, Felsen, Wolfsschluchten, Roßtrappen und A-Trappen, Landschaft, in der sich die Vernunft austoben kann, bewußtlos träumen, als Ersatz für die von den Wissenschaften geraubte, geheimnisvolle Poesie des Unergründbaren ... Aber nein, das wirkliche Poetanien ist ganz anders. Nur dort, wo eine ausgestellte, formale Sachlichkeit herrscht, die übertriebene Vergötterung von Kennziffern und Plänen, die sich zu unergründbaren Prinzipien eines postulierten Fortschritts wandeln, dort, wo die Rechenlust der Buchhalter Energien fesselt, und das Wort *Revision* wie *Revolution* klingt, ja *dort* müssen sich die Musen mit alten Theaterkostümen maskieren, weil sonst jeder glaubt, sie seien Revisoren; sie müssen im Kunstnebel, unter *tückischen Märschen* vorüberdefilieren und ihre Botschaften hauchen und säuseln im Rausche der schönsten Gegenwart, wo die Welt zum Parkett wird und die Bühne zum Himmel ... Wo soll das sein? Pst! Nicht in *Poetanien* jedenfalls. [Künstlich oder künstlerisch, das ist hier die Frage!]

Der Mann, den ich auf der Straße traf, fragt mich: Heimweh? – Ach, ich habe meine Ehre im Bus verloren. Immer diese blöden Situationen, wenn wir häßlich werden, weil wir irgend eine Konvention nicht befolgen. Darüber hilft auch nicht das platte Land der Poesie hinweg. [Ein Landeplatz für Pegasüsse!] — Er [wie ein Kassettenrecorder, nur besser gelaunt] begann seinen Vortrag: — Das Land ist aufgeteilt in die Provinzen *Prosanien, Balladanien, Lyrisanien, Dramatanien, Essayanien*, einige unbekannte Grenzprovinzen [von denen sich zum Beispiel der Bereich um *Trivialisanien* besonderer Beliebtheit erfreut], sowie in die um ihre Unabhängigkeit ringenden Freistädte *Journalistanien* und *Rhetoriko.* Einige Regionen des fläche-mäßig schier unendlichen Terrains sind noch niemals von zivilisierten Menschen betreten worden. Dort finden wir interessante Mischformen, Beutegreifer, Musen, Gerätschaften, ganz zu schweigen von den überaus komplizierten, weil naiven Sprachen, die unseren Augen und Ohren, gewöhnt an das Kauderwelsch von Auto-Elektrik-Schaltplänen, Rätsel von ungewohntem Ausmaß aufgeben. Eine Vorahnung für die elementare Einfachheit zukünftiger Kunstformen und den Lernprozeß ihrer Aneignung. Im nördlichen Teil des Landes liegt die Versuchstadt *Nova Media*, das extreme Gegenteil der naiven Provinzen. — — — — Undsoweiter. Der wußte *Alles*, der Recorder mit Herz. Verrückte Gegenden gibts noch auf Erden. Unbekannte Gebiete. Auch wenn es Geographen, Verkehrspolizisten und andere Spezialisten verleugnen und uns Überweisungen schreiben in Nervenkliniken, wenn wirs behaupten. Aber ich habs ja selber gesehn! Glaubt es mir! Soll ich die Stichpunkte vorlesen, die ich mir, während des Vortrags, im Gehen, gemacht? Also:

Wasser siedet bei 123 Grad Celsius; Schwangerschaftsdauer drei bis vier Tage [praktisch, da der Vater meist noch in greifbarer Nähe]; lesen lernen Kinder ab 18. Monat, schreiben nach Vollendung des 16. Lebensjahres; gemäßigtes Klima; Ordnungsfunktionen des Staates — selbstregulierend, Kontrollfunktionen durch Auswahlsystem des Computers im Vierteljahreswechsel, — jeder muß mindestens einmal kostbare

Lebenszeit als …[1] sinnlos verplempern; politische Situation der Gesamtregion – angespannt: Hauptfeind Nachbarstaat *Vereinigtes Pragmatentum [VPT]* mit Grenzbefestigung *Speakers Corner*, Kampf um die Erweiterung des Einflußgebietes von *Menschlich-Es-Bewußtsein* bis zu den Gebieten um *Futurien*; direkte Tätlichkeiten von *VPT* in der letzten Zeit seltener, statt dessen Provokationen, Abwerbungen, *[Kommt ins Schlaraffenland!]* dadurch Verschärfung der inneren Situation in *Poetanien*; Furcht vor direkten Auseinandersetzungen; verschiedene Konzeptionen wurden zur Erwiderung entwickelt: a) defensive Abwartetechnik [theorethische Quelle: *Poesie bringt Schönheit und Lebensfreude* oder *Poesie kann helfen* oder *Glückliche Menschen überall* oder *Auch die Poesie hat ihre Hierarchie*] bzw. b) offensiv

[. . . .
. . . .
{([*diese Zeilen gingen leider auf unbekannte Weise* . . . . . .
verloren, eine Chance, sie wiederzufinden, besteht nicht])}
. . . .
. . . .];

teure Abhör- und Abschreibmechanismen kontrollieren ständig die erkenntnistheoretischen Leistungen der anderen, Erarbeitung von Gegenwaffen, Entstellungen, Richtigstellungen, Kommuniqués und Bankette … Zusammenfassung: angespannte Lage. Notizbuch zu. Verabschiedungsszene vom fremden Mann. [Ich nannte ihn liebevoll: *Kassettenrecorder.*] Kein Handschlag. Wir tauschten Füllerpatronen. Bei uns gibts doch keine mit schwarzer Tinte. Jetzt hab ich zwei. Halleluja. Adieu. Dort ist die Hauptstadt. Leben Sie wohl.

Poetin = Unordnung. Schreck für jeden, der einmal aufgeräumte Wohnzimmer betreten durfte. Typisch Künstler. Kniehoch die Straßen gefüllt mit Knüllpapier. Beim Gehen dies ständige Rauschen und Brausen, wie Meer. Zeitlupenbewe-

[1] bitte selbständig eintragen

gung. Erhaben heben die Leute die Füße. Oberkörper gerade. Nur nicht hinfallen! Wegen Papieren sind schon so viele hingefallen. Bei Regen verstärkte Rutschgefahr. Pampe aus verdünnter Poesie [alles beschriebene Zettel]. In schlechten Zeiten ist Poesie wohl immer hinderlich. [Und welche Zeit gilt jetzt?] Diese komische Stadt am Morgen, Hauptstadt voll Unrat, wie eine Dichterwohnung nach Haussuchung, wie eine Arbeitskammer nach Wutanfall. Gibts keine Müllabfuhr hier [O, ästhetische Müllabfuhr, du Retter der Not, warum bleibst du aus?] – oder streiken dieselben immer noch? Fragende Augen, meine, im fremden Bauche der Stadt.

– Das sind die sinnlos beschriebenen Blätter, der Schwachsinn, das eitle Gefasel, das Wiedergekäute, Protegierte, zu Tode geförderte, neunhundertneunundneunzigste Aufgüsse von dünnen Gedanken, – sagte die alte Frau, die mich stehen sah, *ungläubig*. – [So viel?] – Es obliegt uns, sämtlichst auf dieser Erde erscheinende Bücher oder als Bücher geplante, geschriebene, aus weiß was für Gründen nicht erscheinende Manuskripte durchzusehen, und zu entscheiden, ob ins Archiv oder auf die Straße [Hierher!], um den Satz zu erhärten, daß die Stoffe nur so auf der Straße lägen. Dort kommen diejenigen, die von dort stammen, wie Sie sehen, auch hin. Wir sind die Heimat der Literatur. Der guten wie der *weniger guten*. Eine echte Mutter verstößt auch die mißratenen Kinder nicht. Im Gegenteil. Ihnen gebührt die größere Aufmerksamkeit, wie Sie sehen, denn diese Arbeiten sind jedem ohne Leihschein zugänglich, ohne Giftschein, Sondergenehmigungen. Hier ist des Lesers wahrer Himmel. Haben Sie sich schon einmal gefragt, was mit der ganzen seit über zweitausend Jahren geschriebenen Literatur geschieht? Wofür das alles? Wer liest es? Wer, außer fleißigen Studenten und Professoren, Doktoren, Lektoren, Zensoren, Toren und Leiter von Foren. Von wem kann die Menschheit verlangen, das Leben derart eintönig verbringen zu müssen? Aber es besteht keine Aussicht auf Besserung. Dieses Zeug vermehrt sich von Jahr zu

Jahr, schlimmer als Katzen. Die Schriftsteller reißen sich Seele um Seele, Meinung um Meinung aus den ausgemergelten oder verfetteten Leibern, gefällig oder provokant, modisch oder altmodisch, alles egal. *Wir* habens auszubaden, wir, das literarische Gedächtnis; wir dürfen nichts wegwerfen, wie Sie sehen und spüren, denn es geht die Sage, daß dem geschwächten Schreiber, wenn er die Erde voll Knüllpapier mit seinen Füßen berührt, neue Kräfte wüchsen! Eine Legende. Die meisten stürzen. Manchmal geschiehts, daß ein weitgereister Professor kommt und nach dem in seinem Lande zur Zeit populärsten, wichtigsten Schriftsteller fragt, oder gar nach den durchs Volk geflüsterten Geheimtips. Und wäre es nicht eine Schande, wenn wirs nicht besäßen? Wir überlegen kurz, oder sehen die Karteien durch, sagen ihm eine Straße mit Hausnummer, und dort befindet sich dann das Schriftstück. Oft beginnt so der sogenannte Desillusionisierungsprozeß der Literaturwissenschaft. In speziellen Regionen unseres Landes werden solche modisch-literarischen Modelle geprüft; dort gibt es Menschen, nur aus Köpfen oder starken Armen oder nur aus *Gliedern* oder Frauen; rührselige Menschlein, nachbetende Wesen, selbstgebastelte Gurus, überdisziplinierte Maschinen, Äffchen mit schicken Kleidern, Städte, die nur aus einer Losung bestehen … Natürlich für Touristen unzugänglich. Ich empfehle Ihnen einen Besuch im *Literatur-Hygiene-Museum.* – Sie holte schnell Luft, ja nicht unterbrechen lassen von Fragen. Auch hier gibt es erst die Antworten und Tage später dürfen die rekonstruierten Fragen nachgeliefert werden, als Ornament. In Papieren versunken, knietief, was sehr komisch aussah, die Dame und ich, intellektueller Disput auf dem Müllplatz. Luft ist geholt, also sie spricht weiter:

Die Menge hier auf der Straße erschreckt zuerst jeden. Was, soviel? fragt er ungläubig. Wohin man blickt in dieser Stadt, überall Papier, Papier. Das meiste aus Deutschland, lange Tradition im *schriftlichen Weltverbessern*, hat sich bis heute gehalten. Der allgemeine Trend zur *Überschriftlichung*, wie wir dieses Phänomen nennen, seit der bürgerlichen Revolution, Alphabetisierung, Marktgründung, Nationalsprachen, Kommunikation, Vergesellschaftung ..., konnte bisher von neuen Gesellschaftsmodellen nicht abgeschafft werden; Ausdruck fehlender Sinnlichkeit, Mangel an Direktheit, Spontaneität, Gestus, Welthaltung, übermäßig theoretisch produzierte Verbissenheit, Übersystematisierung ohne Systemdynamik, veränderte Relation von Schrift- und Alltagssprache ... etc.pp. Informieren Sie sich bitte darüber im pathologischen Museum, eine Treppe über *Lazarett-Literatur.* Außer montags täglich von 10 bis 17 Uhr geöffnet.

[Erstaunt übers genaue Wissen zufälliger Passanten. Welch Terminologie!] – Welche Berufsgruppen sind hier vorrangig ansässig? Hauptindustriezweige oder Äste? [Schon spürte ich Mißtrauen. Ists indiskret? Peinlich? Spionageverdacht? Aber sehen Sie: Können *diese* Augen spitzeln?] Ich bin nämlich Berlin, speziell, Hauptstadt, rein zufällig auch literarisch ... ––––– [Blicke wie Legionen!] – Hier in *Poetin* sind alle Menschen Literaturprofessoren. Was sonst. Und Sie, Sie sind aus der Dedeerliteratur? Heißen Sie *Wenzel*?

– Sie kennen mich? Woher? Bis hier also? Die Weltliteratur ist ein Dorf! Kennen Sie auch einen Herrn *Leibner* oder *Leidner.* Der hat mich sogar analysiert, paraideologisch von der einen Seite auf die andere Seite gestellt [wie Marx es damals mit Hegel getan hat]. Bestimmt bin ich durch *seinen* Artikel hier in aller Munde. O wem wir nicht alles unseren Ruhm verdanken! Nennen Sie mir bitte Ihren Namen, gnädige Frau, da Sie den meinen auszusprechen wußten, hier in der Fremde. Aus dunklen Kanälen wurden mir Gelder zugespielt, und die, Allergnädigste, werden wir jetzt verplempern beim Essen, nach dem bekanntlich die Moral [abhanden-]kommt. Darf ich Sie einladen zu einem Gespräch über Tendenzen, gnädige Frau, Ihre Theorien und Verallgemeinerungen würden mir sicher zu Hilfe kommen.

– Ich kenne Sie, weil ich eine neuaufgefundene klassische

Schrift aus Versehen ins Fach *Auf-die-Straße* gepackt, eine bisher unbekannte Goethe-Handschrift. Ich dachte, wiedermal der allbekannte Spaß eines vergnatzten Jungpoeten, der einer Redaktion fingierte Manuskripte schickt, um sie im nachhinein der Unkenntnis zu bezichtigen; ich dachte, diese Schrift läge, längst inventarisiert, im vollständig aufgefüllten Magazin der Klassik, bedürfe keiner neuen *Nachsicht.* Man muß sich die Arbeit schließlich nicht selbst erschweren, und jeden Goethefurz kennt nun wirklich nicht jeder auswendig. Aber nein, der Text war unveröffentlicht, neu und mehr als echt, aus der Zeit des Hacksismus, Antischlegelismus, vom Meister selbst mit Pe Lacks unterschrieben. Ich hatte mich geirrt und wurde aus der Geschichtsabteilung zur Gegenwart, Abteilung *jüngste Literatur der DDR* strafversetzt. Deswegen kenne ich sie alle, und ich hasse sie mit ihren Muskelkatern vom Traurigsein, dem lokalpatriotischen Selbstmitleid; dieses Epochengelabere, diese Provinzrevolutionäre, Operettenhelden, europäischen Eigenbrötler, Verantwortungsschranzen …

— Sachte, sachte. Ich schlage zwar keine Frauen, aber bitte bremsen Sie sich. Ich muß doch alles mitschreiben. Lassen Sie mich auf Ihre Anschuldigungen eine Erwiderung …

— Sie besonders, lieber Herr Wenzel. Sehen Sie doch selbst zu, wie Sie Ihr Geld loswerden können. Suchen Sie sich einen anderen Idioten, der mit Ihnen essen geht, den Sie vollplappern können mit beschränktem Vokabular. Nicht mit mir. Ich kenne Sie viel zu gut. Wir haben nichts miteinander zu bereden.

Weg war sie, verkühlt und unnahbar. Totale Einsamkeit.
1. das Mißgeschick im Bus.
2. das Mißglück meiner historisch-konkreten Individualität, völlig beziehungslos in der Hauptstadt der Poesie. Im Herzen [oder in der Seele, im Klein-, Groß- oder Mittelhirn oder im Weißnichtgenauwo] strudelten Wehschreie. Aber ich konnte keinen Menschen anschreien. Wen auch. Ich war allein, völlig abgetrennt von der Tradition meines Bildungskreises und sei-

ner elliptischen Erben, völlig gelöst vom institutionellen Hickhack, ohne echte Kritik, ohne Rezipient und Markant-Skribent, ohne Definitionen, an keinen Mitstreiter gebunden, ohne Sprache also, ein völlig vereinzelter, einzelner Mensch. [Na das kann ja eine tragische Reisebeschreibung werden, wenn das so weitergeht, bis morgen frühjafrüh] Ich schrie das einzig greifbare Wesen an: *mich.* Ich schrie ohne Mund, ohne Stimme, ich schrie direkt über meine Bioströme und meinte natürlich die Welt [als Ganzes]:

– Und die Feuerbachthesen? He, ihr Klugscheißer aus der Besserwisserwelt! Was ist mit den Feuerbachthesen [von Marx, natürlich]? Der primäre Einfluß des [gesellschaftlichen] Seins auf Moral, Denkweise, geistige Produktion? Was ist damit? Ihr Faschings-Dialektiker mit der auf Sitzungen ausgeklügelten Meßlatte der Güte, ihr Feuerbächlein. Über das *Ende der Kunstperiode* sind wir uns ja wohl einig. Und weiter? [Ich war vielleicht in Brast. In einer Versammlung wäre ich sachlich geblieben. Bestimmt. Aber niemals in *Poetanien.* Denn ich stand *mir selbst* gegenüber und hatte die Pflicht, *aufrichtig zu sein*, denn wenn man es schon zu anderen nicht sein kann, verlangen es die alten Ästheten um so mehr *von sich selbst* zu sich selbst] Ich bück mich, Papier, Papier. Ich könnte diesen ganzen ideologischen Salat wegputzen, auffressen, Phasenverschiebung, worum gehts denn, ihr Primaten und prima Primaner? Es geht ums Leben, zu allererst ums Leben, und deswegen vielleicht auch um die *Konventionen der Schönheit und Güte.* Ich heb das Papier auf, halte es in der Hand, fein säuberliche Maschinenschrift, Stempel auf jeder Seite mit der Adresse des Autors ... Nein, das darf ich nicht sagen, auf jeder Seite, da fand ich, das darf ich nicht sagen, das würde mir keiner zu Hause verzeihen; ich kanns nicht beweisen, keinen Fotoapparat zur Seite, keine Vervielfältigungsmaschine im Koffer. Wer würde mir diese Geschichte glauben? Daß ich in *Poetanien* von der Straße, wo der Ausschuß liegt! Nein! Nein! Nein! Ich schreibe es nicht hierher. Auch wenn es mir auf den Fingern brennt: *Der große ... gehört eigentlich zum literarischen Ausschuß* [nicht zu verwechseln mit dem Literaturausschuß!] *und liegt im Land der Poesie im Dreck, während er sonsten in Samt und Orden ...* Nein, ich tue so, als ob ich nicht lesen kann und lege das Zettelchen fein säuberlich wieder hin. Ich konzentriere mich ganz *auf mich*, höre sozusagen *in mich* hinein, und wahrnehmend profanen Hunger blicke ich um mich ... [typisch sozial-politische Lösung!]. Wen sollte ich fragen, wo sich ein gutes Restaurant befindet, und wie hierzulande bezahlt wird; Äquivalente welcher Art. Der Bus-Skandal war mir eine Lehre. Kein Zeichen, kein Omen oder Omelett und um mich brauste die hoch gebildete Menge der sogenannten Bevölkerung. Mein Stolz aber half mir. Ich sagte mir: Dann mußt du hungern. Setze dich hier auf die Bank und hungre. Wen willst du fragen? Welcher Poet würde je einen Literaturprofessor fragen, wie er zu Essen kommt.

KAPITEL III

Eingenickt bin ich, auf der Bank, es raschelten lieblich die Blätter, von ferne hört ich das Klappern der Schreibmaschinen. Was für eine Stadt! Nur der Poesie geweiht, völlig ohne praktisches Leben, unglaublich [das glaubt mir kein Kulturpolitiker, daß die Erfindungen der Kunst …]. Ob es als Gegenstück dazu ein Land …, in dem Poesie keinerlei … Ach ja, hatte ich ganz vergessen, gibts ja, leider. – Immer diese Extreme, dachte ich, diese verbohrten Einseitigkeiten, als ob es nur darum ginge, wer recht hat und wer nicht. Derweil geht es doch eigentlich ums Leben, obs Recht bekommen wird, oder nicht … die Lügen oder die formalen Beschäftigungen.

Die Bank war bequem, der Hunger vergessen, vertrieben mit [bis zum Magen] tiefgehenden Gedanken.

Wenn Poesie im Leben nichts Entscheidendes bewegt, das Unversöhnbare von Schönheit und Wirklichkeit nicht dauernd behauptet und Unordnung stiftet in den Köpfen, wenn sie sich nirgends anschließt, keine Arme bekommt, keine Freunde und keine ehrlichen Gegner, dann beginnt die Poesie über sich selbst nachzudenken [aus Langerweile], referiert die eigenen Probleme mehr denn die ihrer Gesellschaft, und schert sich schließlich kaum noch um das wirkliche Leben, dessentwegen sie überhaupt erfunden wurde von Menschen … – sprach über mir eine liebliche Stimme. Wer bist du? – Ich bin eine Muse, und zwar eine ganz bestimmte, komm! – und sie nahm mich zwischen ihre federleichten poetischen Brüste und nährte mich mit der Muttermilch der Dichtung [ein Sirup, der die Zunge aufrauht, wie wenn man zuviel geraucht], derweil sie liebliche Ammenmärchen erzählte. So schlief ich satt und zufrieden in der Hauptstadt der Poesie, betrug mich ergo genau so, wie es sich für einen echten Staatsbürger in der Fremde schickt. Solange uns die Musen nicht im Stich lassen, können wir einiges an Unwirtlichkeit ertragen und kompensieren. O gebe der heilige Pegasus, daß dereinst auch die Institutionen verläßlicher werden, genau wie die Musen, und uns zur Arbeit aufwiegeln! und nicht mehr die Laune nehmen und die Hoffnung und die Lust. [So dachte mein Unter{-grund}bewußtsein vor sich hin.] Ich hörte die süße Stimme meiner guten Fee, wie von einer alten Grammophonplatte; immer entfernter, als liefe sie, während ich in ihren Armen lag, fort durch ein Kellergewölbe, wo Stimmen nachhallen …

– Einmal werden nichtmehr die Klugscheißer in unserem Namen, ehe sie auch nur einen INHALT, einen Gedanken gefunden, mit dem es sich lohnt, weiterzuleben, zuerst über die mögliche Form debattieren, in der das UNBEKANNTE daherkommen soll. All die schweren Leisten-Brüche jener in den deformierten Klassiker-Kopfball-Vereinen; jene tragischen Traditionalisten, die nichts suchen, sondern deren Leben einzig im Sortieren seinen Sinn findet, all jene, die längst Platz genommen auf der vermoderten Auswechselbank der Weisheit aus zweiter Hand; einmal, wann es nicht mehr als Schwäche gelten wird, zu suchen, einmal, da man nicht mehr *so tun* muß als ob: Mein-Gott-jetzt-hab-ichs-Zeit wäre, einmal, wenn die bewußten Mißverständnisse und die ausgedachten Provinzlügen nicht mehr *über* der Not stehen, eine Sprache finden zu müssen, einen *gemeinsamen Sinn*, der uns das Atmen des Nebenmannes nicht zu einer Belästigung, sondern zu einem Genuß werden läßt … dann werden wir Musen unsere schönsten Kleider anziehen und unter das Volk gehen in allen Teilen der Welt und Küsse verteilen …

Ganz fern klangen ihre Worte, und die Bilder hinter den Lidern erstrahlten farbig, bis plötzlich in all der Schönheit zwei nobel gekleidete Herren auftauchten, die, mit Fingern auf mich weisend, nach der Polizei riefen: Hallo! Kommen Sie, Hilfe. Der da ist ein Aufschneider. Kein wirklicher Dichter. Glauben Sie uns, wir habens studiert, und nehmen Sie den Mann fest, der tut nur so, als ob er arbeite, doch er sitzt den ganzen Tag herum und schult sich in der Kunst der Feldwebel [mehrere Stunden aus dem Fenster schauen, ohne einen Gedanken zu haben], so hockt der täglich an seinem Schreibtisch, und die ihn küßt, ist auch keine Muse, sondern – seine Geliebte, das ist Vetternwirtschaft. Abführen. Sowas ist kein Dichter!

Man schleppte mich in ein Gebäude vom Aussehen der Humboldt-Universität zu Berlin, in den großen Wartesaal. Es roch nach Lorbeer und frischen Deo-Sprays, ja wahrhaft, als ich meine Blicke in den Raum schickte, erkannte ich: *die Jugend*! Gänsekiele im Mundwinkel, zerlesene Bücher in ausgebeulten Taschen, neidische Blicke, feindliche Gespräche, gespielt-freundliche Begrüßung [Tag auch, wie gehts?] Literaturwettbewerb? kombinierte ich sofort. Aufnahmeprüfung in den *kleinen Kreis der Kenner*? So viel funkenschlagende Intellektualität. Da sah ich sie alle, die Kiezmatadore der Szene, die ästhetisch einwandfreien *décadence*-Nachahmer, die sich prügeln und die Gesichter blau schlagen, nicht, weil sie wütend sind, sondern weil Rimbaud und Verlaine sich ebenfalls geschlagen haben; wie sie brav wartend da standen, als warteten sie auf einen ausländischen Kunstpreis. Einer, mit wachen Augen: er kenne Herrn Üller von besagten Festen, jener habe in seiner Gegenwart geäußert, *er* hielte *ihn* für den Nachwuchs an sich. Ein andrer: Ich stehe mit Herrn Soso in Briefwechsel. Schließlich zwei gutherzige Avantgardisten, Avantgardisten aus *gutem Geschmack* [es war immer schon etwas

Besonderes, und etwas teurer, einen guten, avantgardistischen Geschmack zu haben]. O, ich möchte an dieser Stelle die Intoleranz besingen, die von all jenen Musensöhnen wie der Strahlenkranz der Sonne ausging, so daß der riesige Raum mir eng und stickig erschien, denn jeder von ihnen wollte *alles* haben und *alles* bestimmen, wollte beliebt bei den Oberen und zugleich illegaler Geheimtip in den subkulturellen Kellern sein, wollte völlig *in sich hineinhören dürfen* und nebenbei die Welt erklären. Nie werde ich den jungen Mann vergessen, der sich mit Hansika vorstellte, ein ehemaliger Puppenspieler, der die ganze Welt mit dem Aufkleber ›Opportunisten‹ bedachte, sich ausgenommen. Er entwickelte einen absurden Haß gegen all jene, die nicht die formelle Kultivierung der *innerlichen* Töne [was ist das nur] mitvollzogen, zu einer auf das abstrakte Individuum bezogenen allgemeinen Güte paarte sich schließlich die Arroganz gegen die konkrete andere Anschauung des anderen. O Gott, betete ich still vor mich hin, schütze uns vor dem Falle, daß dieserart Modernisten und Stadtbezirks-Homers einst auf einem Platze sitzen, von welchem sie ausüben Macht über andere mit anderen Prinzipien und Geschmäckern. Siehe, die Bekämpfer der Intoleranz sind oft die Intolerantesten. Ich möchte jetzt kein Genre-Panorama-Gemälde entwerfen, in dem der gutgesinnte Leser die genauen Gesichter ausmachen kann, die sich in diesem Wartesaal befanden, es muß ihm dieser Geruch reichen, die Beschreibung einer Enge, einer indirekten Proportionalität [was ist das?] …

Ein Brett ging auf, durch zickige Dame an Stirnseite des Saales, Unsinnlichkeit in Person [keine Muse, das Gegenteil, eine Meduse] erscheint im Türrahmen, ruft geheimen Namen, der dazugehörige Mensch erhebt seinen schlaksen Körper sofort [gute Arbeit, ihr Unteroffiziere!], schmuddliges Hemd übern Stuhl geworfen, neue Schuhe anziehend [blitzblankgeputzt], gepflegten Pullover überstreifend, weglegend alten Mantel [der ist ja toll!], hervorholend Schweinslederaktentasche; nun mit neuer Ausstattung hinterherschreitend Kalfaktordame.

Klapp. Tür zu. War das nicht etwa der Schwager, nein der Freund der Schwester von des Königs Großmutter? Tür zu! – Münder auf. Quasselquasselquassel. Der kann nix.

Hochgedienert. Und es kam die Stunde der Gerüchte, von denen jedes Gemeinwesen zehren muß, das seine Zeitungen sauber hält von Nachrichten und direkten Informationen. Professor Smutje hätte den Präsidenten eines Kunstvereines öffentlich geküßt; nein, nicht geküßt, ruft ein andrer, geohrfeigt, nein ruft ein andrer, nicht geohrfeigt, sondern geschoben, als sein Auto auf der Kreuzung vor dem S…-sratsgebäude nicht mehr anspringen wollte, weil gerade die Straße abgesperrt wurde; daß dies alles Unsinn sei, erwiderte ein vierter, denn Smutje sei ca. 276 Tage und Nächte spurlos verschwunden, und keiner wisse, wo er sich befinde, denn er hätte sich mit Dr. Dünn geschlagen … Lieber Leser, ich will dich nicht damit langweilen, womit der Bürger seine Zeit verbringt, denn schon öffnet sich wieder die Tür an der Stirnseite und wieder erscheint diese *Dame*, hochschuhig, abschätzigen Auges, fühlt die Blicke der Dichtung auf ihrem Teint [Beatrice des Dante, Weigel des Brecht, Lotte bei Walter], ruft: meinen Namen, abschätzig, daß himmelangstundbange wird meinem unsicheren Gemüt. Wohin ruft die fremde Stimme nun mich? Musterung meines Körpers? Wertkreiskommando? bis einer sagt: dieses ganze überliterarische Zeug von Leuten mal kleinlauter machen, diese verweichlichten Schmerzposaunisten, Meckerköppe, zeigen, wo der Hammer hängt, wo Schluß ist, meine Herren, weil wir [ja, sagt *wir*, aber meint mich] so schön gemäkelt haben, mal n paar Tage in' Schlamm, bis die Eier spitz werden, so kriegen wir den Kopf wieder klar und basteln einen neuen Charakter; hopp! und Aufundnieder und Kommsekommse. [Macht gegen *Geist*! welchen Geist? Weingeist oder Lachgeist?] – Übel wurde mir bei dem Gedanken, während sie rief meinen Namen, die häßliche Dame; ich schnell fragend meinen Nebenmann: Worum gehts? Er: Na um den Posten! – Welchen Posten, ich will nicht auf den verlorenen Posten geschickt werden, nein bitte … – Herr, Wenzel, würden Sie vielleicht die Ehre haben zu kommen, es warten noch andre, nehmen Sie sich nicht zuviel heraus, sonst ist schnell mal eine Aktennotiz notiert und Sie sind geliefert. Gucken Sie nicht so blöd auf meine Socken! [Die warn *soooo* häßlich!] schrie die Vorzimmerzicke. [Ich kam nicht mehr zu Wort, aber später fiel mir ein, wo ich diese Frau schon mal gesehen: auf der Post Nummer 58, Berlin, Eberswalder Straße. Diese Hinterm-Schalter-Hocker mit weißen Kniestrümpfen über der Seele, wütend auf jeden Mann. Geschlechtslose Rache fürs Patriarchat. {Emanzen! Verzeiht mir diesen Ausbruch!}]. So nicht, sprach ich ihr wider, immer die Beine hübsch zusammenlassen, es zieht! – Das war zuviel. Sie schubste mich, wie es Polizisten gern tun, in ein Zimmer, worinnen am langen Präsidiumstisch mehrere hochgestellte Persönlichkeiten saßen: Goethe erkannte ich, Heine und Hölderlin, Tucholsky, Schiller, Brecht, Kafka [!], Mühsam, Becher, Marx [?], ja, Marx *und* Engels wegen Raummangel auf *einem* Platz, Büchner, Grabbe [wieder besoffen!], Benjamin, Lenau, Lessing, Toller, Kramer, Döblin, Schmidt [Arno], Trakl, Heym, Hegel, Kant [Immanuel], Horvath, Weiss, Winckelmann, Offenbach, Schubert … [einige erkannte ich auch nicht]. Sie saßen gelangweilt hinterm Tisch in ca. dreißig Meter Entfernung von der Tür, an der Stirnseite eines riesigen Saales, festlich, erhaben und hoch. Jeder, der durch die Tür trat, ein Bittsteller vorm König, ein Schuldiger vorm Gericht, ein Unter-Legener. Dahinein, in die feudale Kälte, der demagogische Satz der Zimmerzicke: Der Herr verlautbarte, die hohen Herren könnten ihn am Ar…me lecken! – weg war sie, in eine ganz kleine Luke, wo ich Hauskatze vermutete. Die Schönheit muß nicht lügen, sie besticht! Aber dieses verwahrloste Wesen. Aber ich habe nichts zu verlieren als, ja, als was? Die hohen Herren sahen übermüdet drein; man sah ihnen an, daß sie seit frühem

Morgen, vielleicht schon die ganze Woche, den Monat, das Jahr, das ganze zweite Leben hier saßen, sich einen nach dem andren anhörend der *uninteressanten Generation*, diese viel zu subjektiven Nachzügler und Sitzenbleiber der Revolutionen. Warum dieses Tribunal? Um zu bezeugen, daß *sie* die Größten sind? Wen suchen sie heraus aus dem vielfältigen Einerlei der Gegenwart? Welcher Posten wartet? Irgendwelche Leute wissen immer Bescheid, und mindestens einer weiß immer nichts. Die Weisen saßen, wie zur Zeit meines Studiums die armen Dozenten, die Wochen mit gespielter Aufmerksamkeit Prüfling um Prüfling anhörten, wahnsinnig über der Einsicht: WashatdieganzeMühegenutzt? Da kam Mitleid in mich, wie Rheuma, ein bohrender Schmerz: sie taten mir leid! Warum müssen in dieser sonst so ökonomischen Welt die Genien ihre Zeit mit nutzlosen Dingen vertrödeln, während die Wichtigtuer, Karrieristen und Großverdiener faul auf der Machthaut liegen?

Die hohen Herren tuschelten, zeigten zu mir, als ob mein Hemd aus der Hose hinge, und einer rief: Hexameter klopfen! Mitm Fuß! Los!

Ich stampfte:

x'xx x'x[x] x'xx x'x[x] x'xx x'x!!!!! [ich stampfte laut]!!!

Gut! Einer nach dem andern fällt durch. Dich schaffen wir auch noch, rief Brecht; was ist Realismus?

Ich: Brecht Seite 256 und 387 und 198 sowie das mit dem gegen die Ideologien führen und Goethe Seite 321 und 422ff. und …

Gut. [Mir zitterte Knie; Aufmüpfigkeit verflogen, nur Furcht, vor Großen Männern keine Fehler! Ach, schon hatten sie mich zum Sklaven gemacht. Sklave der Liebe.]

Sinn der Kunst?

… hm, Kunst ist eine besondere Weise … [Marx verzieht das Gesicht] … die Entideologisierung der Wirklichkeit … [Brecht dreht sich weg] … eh … Zweckmäßiges ohne Zweck und darum … [Kant muß wohl mal und geht einfach] …

also … [betretenes Schweigen] … interesseloses Wohlgefallen … [so ein kleiner Mann lacht neidisch und eklig, er hustet sogar dabei] … die Hölle wird durch … [Trakl kritzelt Mickey-Mouse-Figuren aufs Papier, er scheint sich sehr zu langweilen] … also, das Kunstschöne ist im Allgemeinen … [Hegel lacht über einen Witz von Brecht. *Na los, junger Mann, mal zu, hier sind Sie gut aufgehoben,* ruft er] … am Beispiele der griechischen Plastik, weiß und stille Einfalt … [Winckelmann juckt sich den Hintern] … der arbeitsteiligen Gesellschaft, Kunst entgegensetzend, als eine Art Widerstand gegen … [Peter Weiss bindet seine Schuhe, demonstrativ!] … die Verhältnisse zum Tanzen bringen … [Offenbach imitiert {mit dem Mund} eine Trompete, er scheint zu komponieren, als wenn ich gar nicht da wäre] … was in der Wirklichkeit nicht existiert, wenigstens als möglichen Tendenzpunkt im Kunstwerk anzubieten, antizipatorisch und damit … [Lukacs, ja, jetzt erkenne ich ihn, hat einen Pups gelassen, bekommt einen roten Kopf, weil er sich vor Brecht schämt] … also, ich weiß es nicht.

Und da kamen mir einfach die Tränen. Ich wußte es nicht. Hatt ich vergessen zu lernen, Herr Brecht, Herr Goethe, Herr Heine, entschuldigen Sie vielmals, das soll nicht mehr vorkommen, ich werde mein ganzes Leben diesem Problem opfern; der Schwur ist schon geschworen! doch Nachsicht, auch ich bedinge mir Nachsicht aus, denn in meinem Land, wo das Licht des Geistes so hell strahlt, daß unsereins schnell geblendet ist und die Durchsicht verliert, sind solcherart grundsätzliche Bestimmungen schnell gesagt, und doch, ich müßte die Repräsentationsfunktion bestimmen, und ein paar gutgemeinte Definitionen hervorkramen und mir viele Feinde machen, wollte ich das Kunst-Stück der Beantwortung Ihrer Frage vollführen, ach verzeihn Sie meine Diplomatie in dieser Beziehung, denn beschreibe ich, *was ist*, dann entgehe ich nicht dem Vorwurf der Schwarzmalerei, doch beschriebe ich, *wie es sein könnte*, so könnte ich …

Die alte Schrulle kam aus ihrem Versteck und beäugte mich zynisch: Na, hats geklappt, Herr Großmaul?

Das hohe Gericht saß verbogen vom Lachen an der Stirnseite des Saales. Ich, der Schuldige, hatte versagt; Krokodilstränen über den fehlenden Sinn der Kunst. Und nochmals nahm ich die Kräfte zusammen, wütig, jetzt werd ich euchs zeigen; spitzte die Lippen, stützte Luftsäule übers Zwerchfell [wie bei Sprecherziehung], den verteidigenden Satz zu brüllen, etwas ganz Großes, wie: *Wenn ich der Dei von Tunis wär, schlüg ich, bei so zweideutgem Vorfall Lärm!* was mir grad in den Sinn kommt, Zorn soll nicht gezügelt werden durch vorheriges Denken [sonst kommt zuviel Einsicht auf!]; ich blickte scharf ins Auge Herrn Kleist, ja, dich meine ich: *Über die mähliche Verfertigung der Gedanken beim Reden!* hob an, zeusgesichtig, Maske des Bösen:

– – – – aber – ein jämmerliches Autohupen entsprang meinem Munde. Die Genien überholten sich lachend, ohne sich jedoch einzuholen, und, als explodierte der Ätna über den Mutterwitz Gaias, erscholl ihr Lachen wie das Wiehern freigelassener Pegasüsse. Und erneut setzte ich meinen Racheschrei an:
TuuuuuuuuuuuuuuuuuuuuuuuuuuuuuuuuuuuuuuuuuuuuuuuuuT.
TuuuuuuuuuuuuuuuuuuT. TuuuuuuuuuuuuuuuuuuuuuuuT.

Ein Spaß! rief Grabbe, ich kann nicht mehr, jetzt hab ich mir eingeschifft.

Ich, zunehmend unversöhnlicher, kampfes-lustig, baue in meinem Mund das Wort VERRAT! aber ich rufe: TuuuuuuuuuuuuuuuuuuuuuuuuuuuuuuuuuuuuuuuuuuuuuuuuuT. Mein Mund – eine Hupe. Die Vorzimmerdame mit x-Beinen und Pickeln tanzte vor Freude und vor ihrer Katzentür, bog sich im Lachen, rutschte aus, fiel auf den krummen Rücken, patsch, zing, zaff, [auch Comic-Leser sollen Freude an meinem Bericht haben! Ich bin kein Hermetiker!], lag auf dem Rücken, und man konnte, wenn man keinen Helm aufhatte, von den vorderen Plätzen unter ihren Rock sehen [was, wie sich der liebe Leser sicher denken kann, viele der Anwesenden taten, denn Kunst und moralischer Verfall gehören ja wohl {im Kopf des Biedermanns} zusammen]; aber ich, nur: TuuuuT. [Vielleicht ein experimentell verkürzter Satz: Tut was!?] Nein, dummes Einerlei aus dem Ding auf meinen Schultern:

TuuuuuuuuuuuuuuuuuuuuuuuuuuuuuuuuuuuuuuuuuuuuuT.

Da konnte ich nicht mehr denken. Keinen Satz. Keine Silbe. Stift und Zettel helfen. Schmährede aufschreiben. Wenn die direkte Verständigung nicht klappt, greifen wir immerwieder gern nach den Papieren des Teufels; und ich setzte den Filzschreiber an: TuuuuuuuuuuuuuuuuuuuuuuuuuuuuuuuuT. Auch er hatte sich der allgemeinen Tendenz des Sagbaren angeglichen. Ich wollte raus, raus. Raus!! Doch meine herzallerliebste Kalfakteuse hatte die Tür verschlossen und die Klinke, den Hebel zur Lösung des Problems versteckt [wie Begriffe versteckt werden, können also auch Griffe verschwinden!]. TuuuuuuuuuuuuuuT. TuuuuuuuuuuuuuuuuuT. [schon kraftloser und kürzer, doch immernoch Tut.] Das Präsidium erhob sich von den Plätzen und bildete einen Reigen um meine verlorene Individualität. Ich: TuuuT. TuuuuuT. Wie Tanzmusik! Zwei Avantgardisten riefen: Ihre Poesie, junger Mann, nicht zu verachten. Auf jeden Fall originell und sich selbst treu!

TuuT. TuuT. Tür ging auf, Trubel, Gequassel der anderen Scholaren und Adepten aus dem Wartesaal; jubelten über meine einfältigen Sentenzen, dieses dogmatische TuT.

— Hallo, junger Mann! Sie da. Na, das gibts doch wohl nicht. Sie da! Merken Sie nicht, daß einer nach Ihnen hupt? Dort!

Ach, ja. Augen auf. Die Bank steht in Poetin; an der Straße ein Auto; Fenster heruntergekurbelt, winkt der Mann: Alles klar? Sind Sie soweit? Guten Schlaf gehabt? Ich bin Ihr Schofför. Auftrag der Gesellschaft, Sie wüßten schon; soll Sie durchs Land fahrn.

Erleichtert umarmte ich ihn, lief zur Bank, Tasche holen, und blickte nochmal auf das Knüllpapier: Namen! hier im Dreck, Größere, die sich sicher glauben, und nie solche Prüfungen machten ... Gleich gings mir besser. Ins Auto steigend sagte ich zu mir [halblaut, erklärend die schnelle Verbesserung meines Gemütszustandes]: Typische Reaktion des Mittelmaßes! interpretierte ich meine Schadenfreude.

Was? fragte der Fahrer, nach Mittelasien?

Nein, nein. FahrnsemanimmerderNasenach! Ich muß alles sehen.

KAPITEL IV

Auch die Maffiosi, wie andre Mächte, stellten mich vor die schier unmögliche Aufgabe, die sich widersprechenden, paradoxen Einzelheiten der mir zur Verfügung gestellten Welt in einen *Einklang* zu bringen, ihnen eine innere Logik *ab*zuringen, aus der die Totalität unseres Lebens ab*lesbar* wäre. Was die Politiker nicht schaffen, dafür muß dauernd die Kunst einspringen, und wehe dem Schreiber, wenn die in den Blick auf die Welt mit hineingezogenen Wunschvorstellungen der Mächtigen nicht in schöner Ordnung in den Romanen und Berichten wieder auftauchen; wehe dem armen Poeten, der den wesentlichen Zusammenhang all der Einzelteile nicht findet, der sich verliert in den mannigfaltigen Splittern, der nicht das große Prinzip erkennt, sondern überall bloß Menschen, deren Zeit leider immer knapp ist.

Auch ich war in Eile, viel zu kurz die Besuche der Stätten mit Sehenswürdig- und Absonderlichkeiten, viel zu klein der Speicher meines Gedächtnisses. Was habe ich mir merken können von der Orwell-Stadt-City-1984? Während Wein mit zunehmender Zeit an Qualität gewinnt, verlieren die Utopien [auch die negativ-warnenden] mit den Jahren an Schärfe, und gelegentlich überlebt nur der schwebende Ausdruck, das tastende Formulieren. Warum die *Schöne Neue Welt* und *city-1984* zu den ersten Stationen meiner Poetanien-Rundreise erwählt wurden, kann ich mir überhaupt nicht erklären, denn ich machte damals sicher keinen übertrieben optimistischen Eindruck, mir fehlte dazu jeder Grund. Wohin uns die Phantasie treiben kann, wenn wir ein paar Jahre nicht weiterkommen mit unseren Plänen und Hoffnungen, aus Angst vor der eigenen Zerrissenheit. Die Träume arbeiten all die Unvernunft nicht mehr ab. Und so also entstehen diese Städte, in denen Unteroffiziere hinter den Verkaufstischen stehen, unkontrollierbare Kontrolleure die winzigen Regungen unserer Sehnsüchte beobachten wie Schlachtenverläufe, da Weitsicht verwechselt werden muß mit Vorsicht und Kontinuität mit Stille. Ich mochte dieses Übermaß an Skepsis noch nie. Es sitzt mir zu nah auf der Zeit, trotzt ihr nicht, fügt sich, bequem. Auch nach dem Besuch des Sonnenstaates der Insel Utopia à la Morus und anderer Versuchsstationen konnten meine Vorbehalte nicht abgebaut werden. Liegt es an dem zur Zeit wiedermal modisch belächelten *Prinzip Hoffnung*, das ich in meiner neandertaler Manier nicht lassen kann? Oder entspringt all diese Kritik gar aus doppelter Skepsis? Skepsis gegenüber einer skeptischen Weltsicht? Ich muß sagen, daß all diese Utopien sich bedeutend besser gelesen hatten. [Womit hinterrücks der Beweis geführt werden könnte, daß dieses komplizierte Verhältnis zwischen Kunst und Wirklichkeit nicht mit einem Analogie-Schluß erklärbar ist; sondern zwei verschiedene Wirklichkeiten treffen aufeinander, prallen, schlagen ... welches wir wiederum als eine dritte Wirklichkeit, die Prall(e)-Wirklichkeit bezeichnen könnten] Diese Stätten wirkten tot und papieren, während sie auf dem Papier lebendig waren. [Ist das nun ein Beweis der Lebensnähe der Ideologie oder der Weltferne?]

In einem kleinen Dorf am Rande der großen Straße erlebte ich, wie eine konterpoetische Bande aus dem Feindgebiet den Gemeindevorstand einnahm, Fernsehstation, Rundfunksender und Verlage verbot bzw. neu gründete, und die Intelligenz des Dorfes zur kampflosen Kapitulation zwang, da dieselbe keine Kunst-ist-Waffe-Broschüren zur Gegenwehr vorrätig hatte.[1] Der Rundfunksender beschallte das ganze Dorf mit leichten Musen-Cocktails, darunter auch liebliche Klänge aus der Heimat, die das Gemüt ganz friedlich machen und den großen Seelenwunsch nach Ruhe, Ruhe und nochmals Ruhe erzeugen. Ich weinte dicke Tränen Heimweh, denn ich hatte plötzlich meine nationale Identität wieder. Poesie. Welch gigantische Kraft erwuchs aus dieser Rasiermusik vor der Henkersmahlzeit! Ich sah sie wieder alle vor meinem geistigen Auge (sic!) auf und ab marschieren, siegesgewiß, die verstockten Optimisten: Die Welt ist schöööööön ... Ich schreckte aus meinen zivilisationskritischen Überlegungen auf, als ein Zeitungsjunge jener Konterpoeten mir in die Rippe boxte [keine Eva entstand!]: »Hier! Das Neuste. Faß zu, Spinner!« – Harter Ton. Eben Putschisten, da ist das so Sitte.[2] Die Zeitungen waren sehenswert! [Nicht lesenswert!] Die Journalistanier auf dem Vormarsch. Man kämpfe gegen Überpoetisierung, gegen das Zersetzende der Reflexionen. Obwohl die Konterpoeten wie ein zerstrittenes Völkchen erschienen, konnte ich meine Verwunderung über die klare Eindeutigkeit ihrer Zeitungssprache nicht verbergen. Der Chefredakteur hatte wahrscheinlich in Leipzig die Journalistik studiert [oder schrieb sich mit einem von dort], denn die Seiten waren so spärlich mit Informationen und so reichlich mit Worten gefüllt – ein Kunststück besonderer Qualität, und als ich den gut gekleideten Herrn danach fragte, warf er sich auf die Knie: »Oh Leipzig. Sie kommen aus Leipzig? Wo die große Journaille? ich selbst war leider nie dort. Oh diese Füße, die Ihren

[1] Anleitung: Vierzig Broschüren gleichzeitig in die rechte Hand nehmen und dem Feind auf den Rücken oder die Fontanelle schlagen. Vorsicht! Umgang mit Kindern, Jugendlichen und Schwangeren strengstens verboten! Schutzbrille tragen!

[2] Sitte?

standen in Leipzig? Diese Nase in Ihrem Gesicht roch die feinen Dünste der Metropole, dieses Gesäß saß auf historischer Statt?« – »Nein, es war Messe, ich fand keinen Platz in den Restaurants und mußte drei Tage stehen.« – [Der Mann war nicht mehr zu bremsen.] »Mein Leipzig log ich mir! Dort wo die moderne Plastik des Journalismus steht, J. S. Bach, der Erfinder der brandenburgischen Offerten, der Fugentechnik, der wohltemperierten Büros. Wo noch ein echter deutscher Kayser regiert![3] Wo die echte Messe der Meister von Gestern ...[4] Leipzig, dieser kleine Pariser. Ich bin außer mir ... Und das ist *mein* neuer Schreibtisch!«

Wörterbücher, Lexika für Zeitungsleser und -schreiber, Aufschlüsselungstabellen der Kommuniquésprache, Tabuwortregister, eine Tabelle mit internationalen Rekorden bei der konsequenten Anwendung von Nominalkonstruktionen [der gut gekleidete Herr hielt den Landesrekord!], ein Bund Stil-Schlüssel und viel, viel Papier. Ich fragte, ob Presse und Medien meiner Heimat so eine *Art Richtschnur ihres Handelns* wären. Zu einfach gefragt. Er begriff nicht, was ich wissen wollte. Nochmal. »Schreiben Sies bitte auf. Keine Kurzmeldungen. Jetzt haben wir Platz gewonnen. Der Sieg ist unser. Bitte ausführlich.« Ich fragte: Ist die Frage nach syntaktischer Einheit, nach Sauberkeit der Schrifttypen, sowie die Frage Ordnung als auch die Frage Sicherheit, gemessen am internationalen Maßstab zur weiteren Erhöhung von weitgehend proportionalen Prozessen der Umgebung durch Kollegen Müller, der auf dem Foto den Vorsitzenden beim Brausetrinken übers Vorhaben der Weiterbildung der Werktätigen der Landwirtschaft der umliegenden Gebiete der nächsten Jahre der weiteren Steigerung der Erträge der gesamten Volkswirtschaft der

[3] Nur im Theater, entgegnete ich ihm.

[4] Er spielte auf die vielen Gäste aus den kapitalistischen Staaten an, sprach sozusagen im Epochenzusammenhang.

Agrarbezirke der Sommermonate aufklärt von entscheidender Bedeutung für die Anordnung der Artikel und die Reihenfolge der Nachrichten sowie ihre Länge? – »Ja«, sagte er siegesgewiß. Wir hatten uns ausgesprochen. Ich stieg ins Auto. Ab die Post.

In der Nacht hatten wir eine Panne: die vordere Achse brach. Ich saß am Straßenrand, wartend, mit der berühmten Bemerkung auf den Lippen: Ich bin nicht gern, woher ich komme und wohin ich fahre ... jedenfalls sah ich mit Ungeduld der Reparatur zu, denn das Schlimmste war, daß es selbst in der Nacht immer Morgen blieb, immer die Sonne im Norden, wie eine Provokation. Anfänge en gros! Weshalb hier [mir verständlich] ein Überdruß an Aufbruchsstimmung, Jubelgeschrei herrscht; die Nachtgesänge und frühen Gedichte [zwischen zwei und vier Uhr morgens geschriebene] oder die Schlaflieder [jene modernen Kampflieder der linken Bewegung der 80er Jahre] werden abgöttisch geliebt.

Kunstlicht erfährt die gleiche Wertschätzung wie bei uns zu Hause der Künstler. Auf Jahrmärkten verbringen Leute für teures Geld eine Stunde im Dunkeln, glücklich über ihre geweiteten Pupillen [wenn schon der Blick nicht geweitet wird!]. Im Sommer neiden sich die Bürger ihre Blässe. [Mein Urlaub in diesem Jahr: 2 Monate lichtdichtes Zelt im Keller, mit Familie. Es war toll. – Nein, *wir* waren dieses Jahr im Orkus. Ach hatten wir herrliches Wetter, nicht einmal schien die Sonne. Aber zu teuer. Viel zu teuer für den Service!]

Lieber Leser, ich muß des öfteren so konkret werden, damit Du nicht denkst, Du befindest Dich in einer bekannten Gegend. Nein, es ist die verkehrte Welt; ich saß am Straßenrand, während der Fahrer bastelte in dieser verdrehten Welt, wo die Autos fahren und die Dichter nicht schlafen können vor lauter Morgenröte, Aufbruchsstimmung und Neuem, daß sie sehr übermüdet aussehen und gar nicht glücklich über den ewigen Sieg des Lichtes.

KAPITEL V

Landauf, landab der Fahrer fuhr, vorbei an Städten, Dörfern mit ungewöhnlichen Namen; so vielgestaltig die Welt; Augen, unersättliches Paar, tanzten touristisch durch Gassen. Gegen Mittag erreichten wir eine fast menschenleere Stadt. Dort sah ich solch eigentümlich Pferd, oder gar Esel, dem wuchsen zu beiden Seiten der Flanken Flügel, ähnlich den Schmetterlingen. Unförmig und tapsig. Soll so ein Dingansich fliegen können? kaum vorstellbar. Ohne Nutzen für die Volkswirtschaft. Eigenartiges Monstrum mit Verdauungsapparat. Güldene Äpfel fielen dem hinterher gehenden Chevalier vor die Füße, und aus den Nüstern des Tieres wehte ein staubiger Odem mit bibliothekarem Geruch; Büroklammern hielten das klaffende Herze zusammen, das schillernde Joch umspannte die Schultern. Hinter ihm schritt ein blutjunger Greis, gebunden um seine Stirn Lorbeerblätter [die Tüte zu zweiundzwanzig Pfennigen], saubren Gewandes, wie ein Herrscher, die Augen gerichtet in nahende Zukunft, murmelnd Verse und blind der Umgebung, den Leuten, die vorbeigingen an ihm; nüchtern und ruhig die Gesten, wie eine Pflanze, ein Inspektor beschritt er die Straße, besah sämtliche Kleinheiten mit einem Abstand, der all seinen Gesten Größe verlieh; sicher der Schritt, der Weg wichtiger ihm als das Ziel und Gegenstand seiner Grübeleien [das sah ich, als er über einen Pferdeapfel gebeugt, die

Zusammensetzung der Welt und Geschichte durchdachte, der Apfel, der nicht weit vom Stamm Vater ...], geduldig blickte er auf den unveränderten Morgen, sah *schon sich röten den Tag, schimmern die Nacht*, denn auch die Zeit ist poetischer Stoff, auf daß der Mensch sich wiedererkennt im erhabenen Ausdruck des Bekannten, wo *alles* seine Bedeutung hat, seinen Sinn; und voll Disziplin der komisch-tragische Gaul [der bestimmt nicht zum Pflügen des Feldes taugt!] geht einher unter majestätischen Blicken des Herrn, der unterm Arme ein wunderschön eingeschlagenes Buch trägt [rotes Leder, Goldbuchstaben, Erstausgabe, Originalstiche etc.]; ein junger Mann mit der Weisheit eines Greises, ein Greis mit der Naivität eines Jünglings, als wäre ihm das *Mittelalter* erspart; Kind bis an den Rand des Todes. Glut und Mittag lagen über der Ortschaft, die wohl hieß *Ästhetika.* Stille. Totenstille. Lebensstille? Das Nichts. Bürger verfenstert ziehen Gardinen, Jalousien, Türen klappen, Schlösser knacken. Kinder reinrufend: Kommjetzt! Ruhe vor Sturm, *kein Hauch.* Nur der Chevalier hinterm Pferdeähnlichen [halb Zug-, halb Flugkraft! Und Lug-Kraft?]. Schritte hallen. Staub fliegt. Ists der Kaiser? Gardinenschiebend schaut Mann durch Spalt: Zigarettenladen im Blick. Der ästhetische Sheriff – außerhalb heut. Glocken bummen, zwölf mal. Mittag. Wir sehen am Gürtel: Federkiel tödlich gespitzt. Locker sitzet die Hand am Gurt. Unheil, bist dus? Ich vernische mich Hauptstraße Zehn. Blick frei. Geradeaus. Marktplatz platzt in meinen Blick. Hier wirds geschehen.

Jeder Ort ist zweiseitig. Ich wend mich: da, das gleiche Bastard-Vieh [halb Nutz, halb Unnutz], ohne Geschirr, aber mit anderem Partner: Torkelnder mit in zerbeulten Manteltaschen Flaschen tragenden Händen, trauerumrandet die Fingernägel, rülpsend und grölend, verbrüderungssüchtig; dieses soziologische Individuum im Rausch, unsicher, aber aufgebracht und schnell läuft es voll Ungeduld und alles Bekannte wird wieder Unbekannt, in neuem Zusammenhang; z. B. der Stein zu Füßen, schonmal gesehn, aber hier neben dem andern Stein, wirds ein andres, ein zu erforschendes Ding. Alles bleibt Fragment! brüllt er besoffen, das Ziel ist wichtig! der Weg ist nichts! Hauptsache hinkommen, wie ist egal, und wenn ich torkle, hinfliege, krieche; und er lallt: der Gegenstand ist wichtiger als die Art und Weise des Denkens! Hick! [Rhowdy! Hic Sancho!] Alles, was ich *nicht* sage, meine ich.

Alles Abwesende spricht in mir durch seine Abwesenheit. Ich bin ein Spieler, ein Bluffer, ich riskiere mehr, als ich könnte.

Er fällt um. Blutnasend. Der/die Halb-Gaul-Halb-Schwalbe [die keinen Sommer macht, sondern Äpfel] leckt ihm die Kratzstirne. Hochkommhoch! Du stellst doch was dar. Du möchtest die Welt umarmen und verzweifelst an deiner unbesiegbaren Unkenntnis. Hick Rudolf! Hic Saldo!

Aber auch jener: die Federkielspitze geschnitzt im Gurt und locker die Hand dran. Kein Bürger sieht was [kommen]. Wenn das nicht Duell wird, Frau Bürger, Meister, in unserer Stadt ist gegeben dabeizusein beim alten Fight: Lump gegen Edelmann, Soziologie gegen Gnosiologie, Lebemann gegen Lesemann; Auge um Zahn, Lust um Brust. Unheil steht dem Städtchen bevor. Was ist so still, Mutter? – Ruhe. – Schon beider Schritte höret jeder.

Der ist kampf-untüchtig! schreit einer. Ruhe!!! *Der* ist zerbrechtlich und schön, gebildet, seht doch! Solln denn die Knochen ... vereinzelte Einzelne? *Der* ist voll wien Amtmann, fällt selbst ins Messer. Raufbolde. Saufbolde. Schnauf, Holde! [Kauf Nolde, Emil!], Knauf, goldne. OHHHHH TRAGIK! In unseren Breiten *das*! Der Markt: Treffpunkt. Links Suffkopp, rechts Edelkopp. Stehenbleiben. Topp. Zwanzig Meter Abstand. Langer Atem. Bürger verzitterts Foto vom Schlafzimmerfenster: Beide nochmal lebend.

– Hey, du Arsch!

– Willkommen, du Nichts.

– Heute leg ich dich impotentes Schwein um!

– Das wolln wir sehen.

[Sonne volldrauf leuchtet, zitternde Gardinen im Sommerwind, weil Hände sich festhalten dran. Hohe Herzfrequenzen. EKG-beunruhigend. Adrenalin-Plan-Übererfüllung. Persönliche Verpflichtung: Pst, still bleiben!]

– Komm doch! [übergibt sich. Schluck auf neu, macht der Mai.]

– Zieh!! [Zeck zeck zack tack zack zack! Einen Schritt vorwärts, {zwei zurück?} und noch einen. Papi, brings Kind weg. Sowas solls nicht sehen können. Zack, pro Schritt eine Sekunde; macht bei gleichzeitigem Entgegenkommen: 10 Meter pro Mann und fliegendem Unterpfand; ergo: Sekunden Zehn, einsechstel Minute; also bald Kollision. Da freut sich aber Hegel. – Kopf weg! Alle ihr Fritzen: Kopf weg! Bald fliegen die Federn. Wie abgemacht, retardieren zum letzten Male die Elemente und beide stehn wie Kolosse von Rhodos [Hick!]: Zweisäulig, Sohle drückt schwer auf Sandboden, pH-Wert 5,8.]

– Du fürchtest nicht die Dinge, du Ideologem, doch die Zusammenhänge, in denen die Dinge sich verändern und unerkennbar werden für dich, unbeschreibliche Angst befällt dich angesichts der vielgestaltigen und geheim verbundenen Welt. *In Staub! Dahin! Dahin, sollst du, o mein Verräter ziehn!*

Der beleidigte Trunkenbold öffnete seinen Trompetenmund und schmetterte dem feinsinnigen Angriff seine Attacke entgegen:

– Auch du meinst, die Dinge zu kennen, auch scheinbare Zusammenhänge benennst du, fein abgetrennt die Bereiche und Klassen, die Ordnungsgruppen und Gattungsghettos der Schubladen und Tabellen.

O Ordnung! holde! gütiggeschäftige!

Die du das Haus der Trauernden nicht verschmähst, …
Aber die Menge! Die Menge der Dinge schreckt dich, die Unendlichkeit, die keinen Platz findet in den Aktenordnern. Wie Herakles die Menge des Mistes bei Augias schreckte. Deine

Todesangst, Bruder! Was du auch trennst, um es zu besitzen, mit dem Skalpelle, es wird dir nichts nützen, denn *wie die Dissonanzen* sind die, und *alles Getrennte findet sich wieder. Es scheiden und kehren im Herzen.* Leben ist alles. *So dacht ich. Nächstens mehr!*

[So luden sich beide auf wie die Antipoden einer Batterie und schritten {zack zack} aufeinander zu, *noch fünf* Sekunden *bis Buffalo*! Bürger lagen unter Schränken, als hätte in flagranti der Buhler gehöret die Tritte auf ferner Treppe ...]

Ich sah diesen Kampf jenen Tages, und wills nicht desweitren beschreiben, denn wie hundert Jahre schien es mir, dauerte dieser Streit [oder achtundzwanzig? das ist die für mich bisher längste mit meiner Anschauung untermauerte Zeitspanne!]. Der Streit wütete, und die lieben Bürger hintern Fenstern, gardinenvermüllt und schweißhändchengreifend, Kind ins Bett, Tür zu geschlossen, ach, die trugen das größte Leid: Türschlösser rosteten, Kinder verhungerten, Frauen wurden unruhig, weil sie keine Wäsche mehr aufhängen, keinen Mop aus dem Fenster ausstauben durften, vielleicht ein Schuß, der geschnellte Federkiel, ein obszönes Wort, ein intellektuelles bon mot, ein dekadentes Bazillchen, das ihnen in die Augen, in den Sinn hineingeflogen käme; immer sicher! Lieber sicher beengt, als unsicher und frei. Adam laß den Apfel hängen, wir bleiben! Das Match: Epikur gegen Immanuel Kant wurde gerade im Fernsehen übertragen; in der Ferne das Lied: *Ich haatt einen kranken Maaagen, einen bessren findst du nicht.* Sie aber schlugen sich, schlugen sich. Wie Don Quichote vor den Windmühlen stand ich, sah nach den süßen Pegasüßen, die saßen am Straßenrand, sich leckend, neckend, streichelnd mit den Flügeln, alberten, küßten sich auf die Pferdelippen, juchzten! Welch göttlicher Anblick. Wären sie nicht gestört worden durch die Kampfhähne, sie hätten sich glatt begattet [auf der Straße!], und so ein kleiner, ganz reiner und feiner [meiner und deiner!] wär herausgekommen dabei, und bestimmt noch vor Ende des Kampfes die Straße entlanggelaufen und hätte die Buben und Mädchen herausgelockt, denen in der gut geheizten Kinderstube über Tierchen und Herrchen erzählt ward, daß sie nachts davon träumten; und in Schulaufsätzen, zum Lobe der Lehrer, sich zu distanzieren lernten: ›Wir wollen anständig und ordentlich sein! Wir wollen achten, was uns die Opas hinterließen und die Papis brav übernahmen; dankbar wollen wir werden und uns erweisen als treue Adepten der paradiesischen Gemütlichkeit.‹ Aber hier, unter diesen Ausnahmezuständen, hätten sich die Kinder vielleicht einfach angefreundet: Killekillekillekillekillekille! Wir sind alle Hic Cophonder. Hic Oglyphen. Ob du, ob ich, seit Jahren schon, seit wir herausbekommen wollen, was uns traurig macht, was uns zurückschleudert in die Schmollecken der Privatwohnungen … *Nachdem die Sonne jüngst seit zweimal fünfzehn Tagen die neu geblümte Welt beständig angelacht Schwamm alles was man sah in Wollust und Behagen … es schien Luft Wiese Wald und Feld Ein altes Eden noch und eine neue Welt …*

Oft, wenn ich im Schlaf hochschrecke, denk ich: ob sich die beiden immernoch prügeln? Während die *normalen Leute* versteckt hinter Habseeligkeiten das Ende der Zeit erwarten?

KAPITEL VI

Allzu oft schon gelangen uns keine neuen Gedanken und Schlüsse, weil es an der Form mangelte, diese denken zu können; und allzu oft auch retteten wir uns aus Furcht vor den neuen Wahrheiten in einen folgenlosen Streit über unbekannte Formen.

»Man ist um den Preis Künstler«, meint Nietzsche, »daß man manches, was alle Nichtkünstler ›Form‹ nennen, als Inhalt, als ›die Sache selbst‹ empfindet. Damit gehört man freilich in eine verkehrte Welt: denn nunmehr wird einem der Inhalt zu etwas bloß Formalem, – unser Leben eingerechnet.«

Schon sehe ich die Welt erneut entzweireißen, und zu beiden Seiten des Schlachtfeldes nehmen sie Aufstellung, und die einen tragen die heilige Kuh der Form vor sich her, und die anderen die anderen Kühe ...

So wird das Leben aus lauter Rechthaberei auseinanderdividiert, bis nichts mehr lebensfähig ist, nur noch die Chirurgen mit ihren Messern ...

Aber retten wir uns jetzt schnell nach den gefährlichen Relativierungen in eine Losung, einen Satz, den sie alle unterschreiben können, selbst die einmalklugen Rezensenten, die so oft wie Fleischbeschauer die Sätze beargwöhnen und mir erscheinen, als wären sie gar keine lebendigen Wesen mit Nöten, Hoffnungen und Lieben.

Jeder poetische Stoff verlangt *seine* Form! [unterschreibst Du ihn auch, Du mein alleswissender klugkackernder …[1]?] Hätte Goethe den Zauberlehrling als Theaterstück, als Erzählung, als lyrische Herzergießungen eines Scholaren darstellen können? Woher wußten Johann und Wolfgang, daß dieser Stoff eine Ballade werden muß?

In Poetanien kannst du das Formempfinden schulen. Du gehst zum Kulturministerium und sagst: Ich möchte eine Studienreise zur Bestimmung meiner exakten Form [wie es Sportler seit Jahren den Ministerien sagen]. Du legst deinen Stoff, deine Geschichte, deine Idee vor und erhältst einen Sonderpaß, einen Fahrer, und los gehts: Prosanien, Balladanien, Dramatanien, Lyrisanien, Essayanien … und wenn das alles nicht hilft: bekommst du einen Paß [ohne Rückvisum] nach Journalistanien und Rhetoriko. Du kannst deinen Stoff prüfen lassen und feststellen, wie er zu bearbeiten wäre. Schwierige Entscheidungsprozesse express und unmittelbar vollzogen. Ich notiere: Institution in die Heimat exportieren! daß nimmermehr klitzekleine Anekdötchen als Dramen ausgewalzt, private Briefgedanken an Mutti oder den Herzallerliebstenmein zu Gedichten aufgeblasen werden, Satzumsteller und Vorführer ausgefallner Grammatik Dudenschlagender Oberlehrer … [ich werde pauschal!]. Also: Es ist nicht alles exakt! das wird jeder unterschreiben. Denn neben der Beschaffenheit des Stoffes bestimmt auch die Beschaffenheit des Mediums, in welchem welche Form zur Erscheinung kommt: Ist das Theater verschlampt? hat schlechte Dramaturgen, Regisseure, Schauspieler? ist das Interesse am Theater gering? ist der Verlag, der Lyrik herausgibt, besetzt mit besonderen Geschmacksmenschen? werden lieber Romane gelesen? wird überhaupt noch gelesen? ——— Wichtige Komponenten, sagt der Stoff! *Sehr* wichtig! Ich wollte mir solch Studienreise auf keinen Fall

[1] Ich schreibe Deinen Namen nicht hierher, es würde meinem Büchlein nicht bekommen, derart schlechte Gegenstände in sich zu wissen!

entgehen lassen, nahm einen Stoff ... nämlich mir war vor Jahren eine Geschichte eingefallen, beim Zugfahren, ein Märchen, wegen Überfüllung, ich bringe alles durcheinander.

— Aber in Poetanien gibt es keine Eisenbahn!

— Nein, es war noch zu Hause.

— Wo?

— Auf der Fahrt von Berlin-Bernau nach Anklam.

— Was wolltest Du dort?

— Ich wollte nach Schmuggerow, welches ein kleiner Ort im Kreise Anklam ist, wo sich mehrere Häuser, eine Kneipe, ein Konsum, Kühe, Schweine, meine Katzen Ödipus, Ophelia und Antigonae, ein Wald, eine Kirche, ein ehemaliges Schloß befinden.

— Warum wolltest Du Dich in diese Gegend, die abgeschieden von den Errungenschaften der Zivilisation, begeben?

— Zum Zwecke der Arbeit und Erholung.

— Warum fiel Dir die Geschichte ein?

— Weil sie mir einfiel??????????

— Warum ist das ein Frage-Antwort-Spiel?

— Weil wir Nachahmer sind, und jetzt ahmen wir James Joyce nach, nur klettern wir nicht über die Mauer.[2]

— Könntest Du dieses Märchen erzählen?

— Ja.

— Jetzt?

— Nein.

— Warum nicht?

— Dazu bedarf es einer Vorgeschichte. Wir befinden uns [das poetische ICH zumindest] in Poetanien. Ich müßte einige Kapitel einschieben [und das bei der Papierknappheit!], beschreiben, wie ich ins Flugzeug stieg, ein Ticket kaufte zuvor [Rückblende], wie ich durch den Piepshowapparat muß, wegen der Entführungswaffe, die ich wieder vergessen habe [in diesem Augenblick merke ich es], wie ich mich im Transit-

[2] Vgl. J. Joyce »Ulysses«

raum in ein Fräulein verliebe ... wir können aber einander nicht bekommen, weil sie aus Frankreich ist und dort in einer uns wohlgesonnenen Partei für den Fortschritt arbeitet, auf ihrem Platz bleiben muß, jeder an seiner Statt, sein Bestes geben, Abschied, Tränen und Einsicht, und schließlich: wie ich zu Hause meinen Geschwistern und Verwandten alles erzähle [Vorblende], und als sie noch nicht gehen wollten, die Geschichte vom Dornröschen herauskramte; so in etwa die Überleitung. Ausführung ca. 2 345 Seiten.

— Ist das nötig?

— Ja, das Kunstwerk muß in sich geschlossen sein. Dreieinigkeit mit sich selbst, ein Mückenkosmos innerhalb des Makkenkosmos. In sich verschlungen, als totale Welt sozusagen ...

— Versteh ich nicht.

— Ich auch nicht.

— Warum nicht einfach erzählen?

— So billig nagelt Ihr mich nicht fest. Es sollte mal ein Theaterstück werden. Aber was ist Theater?

— Die Fragen stelle ich.

— Bitte!

— Was ist Theater?

— Theater ist ein mehrteiliges Gebäude mit einer Kasse neben dem Eingang und galt früher als Wirkungsstätte kollektiver Produktion und Rezeption. [Jetzt werde ich wütend!]

— Warum so ungehalten?

— Heute ist der 27. Juli. Jahrestag des IX. Thermidor. Robespierres Kopf fiel ab. Ist das nichts?

— Die Fragen stelle ich.

— Wir tuen gerade so, als ob wir uns wirklich unterhalten, derweil sitze ich in jenem Schmuggerow und tipse diesen Buchstabensalat in die Maschine; überarbeite iks-Mal, verschwende den Sommer, denke, daß ich in Poetanien bin. Unser Gespräch ist fingiert, lenkt ab vom wirklichen Thema; das ist von der zweiten Seele in meiner Brust eine inszenierte Provokation, die ästhetischen Ergüsse meines gebildeten Kopfes zu stören, meine Kreise und Kreisleitungen, meinen Stoffwechsel und Wechselstoff.

— Hier gehts um mehr als um Deinen Stoff, jetzt gehts um alles!

— Kann sein …

— Du hältst den Mund! Jetzt rede ich. Immer redest nur Du! Deine gestelzte Sprache! Nur weil Du Bücher gelesen hast. Ich durfte nicht nach Poetanien. Mich hast Du zu Hause gelassen, obwohl wir *beide* in Deinem sorglos verplemperten Körper wohnen. Du fällst über alle möglichen Kollegen her — nur Du dünkst Dich das reinste Gold; lästerst über die Literatur Deiner Heimat — nur Du bist der Unerkannte, der zu Unrecht Verdonnerte, ders schwer hat. Mich kotzt[3] Dein Gefasele an.

Lerne erst mal einen richtigen Beruf. Alle, die Du beschimpfst und anmeckerst, tun nur ihr Bestes. DU bist der Miesmacher, der Überkritiker, der keinen Namen nennt, aus Furcht, es wird keiner drucken, der sich mit seinem kritischen Gehabe einschmeichelt bei bestimmten Lesern, Du witzelst über die tragischen Belange des Lebens, willst die Leute nur zum Schmunzeln bringen, daß alles beim alten bleibe, Du Ventilator, Du Ventil.

— Bleibe ruhig, mein Bruder. Dir durchbrannten wohl die Sicherungen. Wenn Du auf solche Art und Weise persönlich Anvertrautes, in schwachen Momenten geäußerte Selbstzweifel und Deinen Neid vermischst, hier in der Öffentlichkeit, um selbst ins rechte Licht zu kommen, dann könnte auch ich *auspacken*: Wer hat neulich zur Regierung gesagt, als sie im Fernsehen zu sehen war, sie sei …? Na? Und wer hat neulich …?

— Keine Denunziationen! Ich warne Dich!

[{Lieber Leser, bitte greife helfend ein! Eingreif. Gehst Du

[3] Entschuldige, lieber Leser, aber ich will in dieser harten Situation authentisch bleiben. Das Wort *kotzt* bedeutet: ÜBERGEBEN

weg! Eingreif. Einkneif. Au. Weggehn. Werdet Ihr wohl. Eingreif ...}]

– Danke.

– Danke.

[{Lieber Leser, jetzt sage laut und deutlich: Vielleicht wollen wir mal die grundlegendsten Anstandsregeln beachten. Ja? Auch wenn wir uns gestritten haben, kann man sich ja doch wohl zuhören; und etwas mehr Sachlichkeit, meine Herren, die Emotionalisierung bringt nicht weiter. So und nun immer der Reihe nach. Sie *beginnen, und dann* Sie*!!}]*

– ?

– ?

– ! – ! {*[Jetzt wieder Du, lieber Leser: Aha. Eingeschnappt. Ja? Demokratie ist anstrengend und schließt immer ein, daß man sich auch Nichtigkeiten stellen muß, wenn Mehrheit ist oder Gleichheit. Na, wer möchte als erster sprechen?}]*

– *Ich* habs nicht so gemeint. *Der* redet immer von Schmuggerow, und wenn die Leute dort läsen, was er schreibt, der jeden Tag wien normaler Mensch in den Konsum geht oder zur Post, die würden sich an den Kopf fassen. Der ist doch nicht mehr normal, erzählt solch wirres Zeug wie:

Man kann schlecht realistisch mit Gegenständen des Alltags umgehen, weil sie stets *ihre* Logik fordern, die Logik der unmittelbaren Verhältnisse; die Chance der Prosa: entweder andauernd abzubrechen, Kapitel-, Ebenenwechsel, durch Einbeziehung der Autoren- und Entstehungsebene des Textes, oder durch Psalmodieren, Monologe, Dialoge, rhythmische Zwänge, formale, oder Assoziationsprinzip; auf jeden Fall muß der einfachen Logik der Alltagsbegebenheiten etwas entgegengesetzt werden, sonst verschwindet jede Antizipation oder Analyse im Kleinlich-Authentischen in einer heilig gesprochenen Unmittelbarkeit ... so denkt ein über-flüssiger *Lyriker im Selbstgespräch.* Der Leser will nur eine Geschichte oder ein Gedicht, und das muß *gut* sein. Das andre interessiert nicht. Selbst von Poetanien kann er uns viel erzählen. Wir waren nicht da. Das kann kein Realismus werden, wenn wirs nicht überprüfen können. Da macht ers sich wie immer leicht, wie früher schon, wenn er die Treppe wischen sollte …

{[Lieber Leser, du mußt wieder eingreifen. Bitte sprich resolut und freundlich, wie ein Beamter, wie ein ganz hoher Beamter zu einem Irren:

Sooooooooooooooo! (ganz warm muß das klingen)

Sooooooooooooooooo. Jetzt haben wir aber genug erzählt. Na sieh mal, der andre Onkel will doch auch noch was sagen. Nein. Nein, wer wird denn. Nicht spucken. Nun laß doch. Dieses Mikrophon ist für jeden da, daß euch die Mutti hören kann, ja? Nun laß ihn doch auch mal, hab dich nicht so. Du sollst loslassen. Siehste. Jetzt hab ich dich gebissen. So, und nun blutest du auch noch. Siehst du. Und dafür bekommst du auch noch eine Ohrfeige, und jetzt noch einen Kinnhaken, weil du heulst, damit du einen Grund dazu hast. Wirst du das Mikro loslassen. Jetzt beißt der rein:

Krrrrrrrrrrrrrrrrrrrrrrrrrrr. So. Jetzt ist der Zahn raus. Wer nicht hören will. Ist der aber bockig. So. Und So. Und den Schlag für vorhin, und der ist für jetzt, und noch einen prophylaktisch. Und da.

Da. Da. Da … HILFE! KANN DENN KEIN ZWEITLESER DAZWISCHEN GEHEN? DER SCHLÄGT DEN JA TOT STOP BITTE EIN FREIWILLIGER STOP IST DENN KEINER HILFE! JA SEHEN SIE DOCH MAL STOP HELFEN SIE IHM DER SCHLAEGT IHN TOT BITTE **NA ENDLICH, EHE SICH HIER MAL EINER FINDET, DAS DAUERT.**

KÖNNEN SIE DIE BEIDEN DA MAL WEGNEHMEN UND IN DEN NEBENRAUM BRINGEN, DASS DIE AUFNAHMEN WEITER LAUFEN? WAS SOLLN SONST UNSRE HÖRER DENKEN. TECHNIK! DIE SENDUNG GEHT WEITER. JETZT SPRICHT WIEDER DIE EINE SEITE VON

DEM MANN, MIT DER WIR ANGEFANGEN HATTEN. DIE ANDRE UND DER LESER SIND SICHERGESTELLT. AB!}]

— Also ich kam von der Problematik der richtigen Form für den richtigen Stoff, welches man in Poetanien lernen kann und zwar praktisch in eigens dazu eingerichteten Formschmieden …

{[HALT! JETZT KOMMEN DIE ZWEI PRÜGELKNABEN WIEDER REIN. DIE SIND JA GANZ ZERBISSEN, DIE BLUTEN JA. WAS SOLLEN UNSERE FERNSEHZUSCHAUER DAZU SAGEN. GEHN SIE SOFORT AUS DEM BILD. WIR MACHEN LIVE. RUFT DEN WERKSCHUTZ: MEINE DAMEN UND HERREN, WIR BITTEN, DIE KURZE STÖRUNG ZU ENTSCHULDIGEN.}]

— Eigentlich ist alles gesagt. Den Stoff hatte ich seit einer Zugfahrt nach Anklam. In den überfüllten Zügen muß wenigstens die Phantasie ein Stück spazierengehen können.

{*[Achtung, hier spricht die Technik: Ists möglich, dem Herren zu sagen, daß er zu dicht am Mikro ist? Danke*}*]*

— Diese Geschichte trug ich zum Kulturministerium.

{*[Achtung, jetzt sind Sie zu nah dran, die Kamera hat dauernd einen schwarzen Strich vorm Gesicht. Seitlicher setzen, mehr links.*}*]*

— Also diesen Stoff …

— Diesen langweiligen Stoff?

— Ja, wenn Du nichts dagegen hast.

— Die Fragen stelle ich.

— Entschuldige.

— Kurzum. Für welche Form hast Du Dich entschieden?

— Für keine. Ich kann alle Formen nehmen. Die reinen Formen lügen, wenn der Schein regiert. Dann ist Form Schein, Phrase. Also regiert Form. Aber Form ist Scheiße.

— Bitte?

— Ja, Form ist totale …

{*[Wo kommt denn der zweite Mann schon wieder her? Ist der Kerl dauerschizophren? Oder hat der andre sich bloß wieder reingeschmuggelt? Laßt mal versuchshalber den anderen Spinner mit dem zerkratzten Leser wieder rein. He, Technik, hört ihr mich? Den anderen Typen. Das Tor macht auf. Ach, du je ... da sind sie ja alle beide wieder. Jetzt geht der Kampf von neuem los. Ich halts nicht aus. Die reißen mirs Mikrophon aus der Hand. Mann oh Mann, vier Verrückte im Studio, das ist zuviel*}

– Wieso vier?

– Wer bist du denn?

– Na fünf! Ich stelle die Fragen!]

KAPITEL VII

Der Zug war überfüllt und roch nach Schweiß, Zigarettenqualm, Bier, Erbrochenem und Kölnischwasser. Wir harrten aus auf einer zwanzig Zentimeter großen Fläche, eingekeilt von Koffern und bösen Blicken. Hinterm Profil eines massigen Mannes erkannten wir ganz in der Ferne, durchs Grau der Fensterscheiben: die sommerliche Landschaft. Ich versuchte [man muß der Prosa des Alltags trotzen!] ein Gespräch über das Buch *Der XVIII. Brumaire* … [von Karl Marx], wo, was ich besonders hervorhob, geschrieben stand, daß die Revolution nicht aus der Vergangenheit, sondern aus der Zukunft schöpfen solle, nämlich ihre Poesie … usw., jedoch erlangte ich die Aufmerksamkeit meiner Freundin nie länger als Sekunden; einmal mußte sie sich Senf von der Bockwurst des Nebenmannes vom Ärmel wischen, der an der Stelle *»kritisieren beständig sich selbst«* durch die jähe Wendung einer Kurve vom Pappteller herübergesprungen war; ein ander Mal hatte sie den spitzen Regenschirm einer älteren Dame im linken Lungenlappen, als ich ihr den Rechtsruck der Demokratien, Ähnlichkeiten zwischen Hitler und Napoleon III. und überhaupt Verbürgerlichung durch gesetzmäßiges Übergewicht des Mittelmaßes, Kleinbürgertums … etc. erklären wollte. Es war schier unmöglich, in diesem Gedränge nur einen vernünftigen Gedanken von Marx zu Ende zu denken, geschweige denn weiter! Ich streichelte meine Liebste, denn zunehmend überkam uns Übelkeit durch die ungewohnte Vermischung der Gerüche, was uns auch die Klarsicht nahm, so daß wir die auf den Bahnhöfen in Zehntelsekunden vorbeihuschenden Marxbilder nicht immer als solche erkannten . . . .

. . . .

So in etwa begann die Geschichte, die ich mit den Erfahrungen meiner Studienreise schrieb. Jetzt aber, da ich sie abtippe für Dich, lieber Leser, und weiß, daß sie die Kapitel VIII, IX und X benötigt, überspringe ich dieselben, da sie ganz und gar nicht ins Konzept meines Reiseberichtes über Poetanien gehören. Der Leser kann [wenn es ihm nicht mehr gefällt] Seiten überschlagen, und warum sollte ich nicht auch [sprechen wir nicht dauernd von Demokratie? Üben wir unser Verständnis davon!], warum sollte der Schreiber nicht auch von dieser Methode Gebrauch machen dürfen?

KAPITEL VIII

...

KAPITEL IX

...

KAPITEL X

... und so geschah es, und was ich beschrieb, war die reine Wahrheit, nichts als die Wahrheit und soll uns allen für späterhin eine Lehre sein.

KAPITEL XI

Zurück zum Thema! schrein die Ästheten. [Selbstverständlich!] In Poetanien wanderte ich also eines Tages auch in romantischer Manier durch die Natur und erfreute mich an den Schönheiten. Die Natur ist überall, und so kann es in ihr kein Heimweh oder ein Gefühl von Fremde geben. In diesen Momenten möchten wir uns mit jedem Blatt, jedem Käfer verbrüdern, möchten wir uns zu erkennen geben als *ihresgleichen* und um Nachsicht bitten für die Vergeßlichkeit des Menschen, [für die Hybris] die Arroganz in unseren herrischen Gesten, mit denen wir den Planierraupen befehlen, den Wald zu betonieren.

An einem Ameisenhaufen auf dem platten Land Poetaniens indes verweilte ich und setzte mich, das Rheuma [der Zivilisation] zu heilen. Alternative Ideen spazierten durch den Kopf, so daß ich die in vielen Büchern beschriebenen, oft gesuchten intellektuellen Waldameisen erst sehr spät [zu spät] ausmachen konnte. Eine gefährliche Art – die mit scharfen Giften ausgestattet – das gesamte Denksystem des Menschen verändern kann. Ach, hätte ich den Warnungen der Kulturbroschüren geglaubt! Als zwei dieser Tierchen meinen Körper erstiegen, befreundete ich mich mit ihnen, führte einen [hochgelahrten] Disput, und seltsame Argumente entsprangen meinem Gedächtnis, die sicher durch das Ameisengift hervorgerufen waren. Vielleicht wurde ich auch dadurch vertrauensselig, denn ich merkte nicht, wie sich das eine Tierchen fest in mein Ohr einfraß. Später bestätigten mir studierte Ärzte die Existenz der Ameise in meinem Gehörgang. Selbst den Spezialisten mißlang die chirurgische Entfernung; viele Operationen mußte ich über mich ergehen lassen, aber alle kamen zur Einsicht: das Tier habe sich zu tief eingefressen und ich sollte lieber einen Psycha-Tor konsultieren, der mich an die Dauerexistenz der Emse gewöhnen könne. Ich bin, wie man so sagt, seit dieser Stunde nie mehr ganz alleine. Und dieser Fakt wirkt sich entscheidend auf die Gedankenproduktion aus; das kann man mir ruhigen Herzens glauben. Was würdest Du tun, lieber Leser, wüßtest Du von der Existenz eines ständigen *Spitzels* in Deinem Ohr, einem Mikrophon, einem Manipulator? Nichts ist mehr so, wie es vorher war. Das ganze Verhalten verändert sich, Du fühlst Dich beobachtet, willst keine Schwäche zeigen, fehlerfrei wirken; wer weiß, wer dahinter steckt? Vielleicht eine Behörde zur Festlegung von Honoraren, zur Eintragung in das Guinnes-Buch der Literatur oder zur Preisverleihung? In solchen Momenten, da man beobachtet wird, hüte man sich zuallererst vor echter Anteilnahme, vor jedem echten Interesse. Es ist gefährlich, Schieber und Schleusen offen zu lassen für die Ströme der Empfindungen, wie schnell kannst Du von ihnen fortgerissen werden und zerschellst an den Klippen des Mißtrauens. Völlig frei mußt Du werden und die Trauer vergessen oder die Wut über die Geliebte, den Freund, die Dich verraten haben, den Lehrer, den Du verehrt hattest, und der am Ende sagte, es war alles nicht so gemeint. Aus Furcht vor Enttäuschungen heißt es, sich klassische Hochgefühle abzugewöhnen. [Klein aber mein!] Keine Angriffspunkte liefern. Die Ameise wartet nur darauf. Eigentlich dürfen wir, wenn wir von der Existenz der Ameise wissen, gar nicht mehr richtig leben; wir müssen nur *so tun*, als ob wirs täten, um die Ameise auszutrixen, denn sie weiß *alles*.

Schlimmer als das Weinen ist, dabei gesehen zu werden. Unsere öffentliche Erscheinung steht auf dem Spiel, das Bild, das sich die andern von uns machen, steht höher im Kurs als unser eigenes Bild von der Welt. Der Mensch muß in solchen Momenten der genötigten Öffentlichkeit den Göttern gleich sich über die Schmerzen lächelnd hinwegamüsieren, sie als *Triebkräfte* bezeichnen und lernen, mit der Beherrschtheit eines Inspektors, mit Ignoranz gegen das Leben, den strahlenden Helden zu spielen, auch wenn das altmodische Herz es gar nicht möchte. Aber in den Stunden, da die Ameise ihren gesetzlich zugesicherten Schlaf in Anspruch nimmt, außerhalb ihrer Dienstzeiten also, kann der Mensch ungestört seinen wirklichen Neigungen nachgehen, seine wirkliche Meinung äußern, seine unwirklichen Träume träumen. Die private Existenz sollte jedoch sofort nach Erwachen der Emse abgebrochen werden. Schnell wieder die sozialen Posen einnehmen und Desinteresse bekunden, was unsere kleinen Taten, die wir trotzdem vollführen, umsovieles aufwertet. Lernen deshalb hierzulande die Schüler schon frühzeitig den feinen Unterschied zwischen Schlaf- und Wachstunden? Sie bekommen Zensuren darauf, daß sie in den festgelegten Dienststunden nur das Geforderte äußern ...? Eine große Anstrengung, die mit der privaten Sicherheit der Persönlichkeit belohnt wird. Denn die Ameise lacht über all unsere ungelenken Bewegungen, über unsere Mißgeschicke, Zweifel. Sie ist immer im Vorteil; tut nichts, weiß alles besser, weil sie alles sehen und hören kann. Lernen wir also, die Geliebte kühl zu umarmen, indem wir uns eingestehen, daß es viele bessere gäbe, die wir nur noch nicht kennen. Wir müssen erklären: die Liebe zwischen Romeo und Julia ist ein belangloser Fakt ... Gefangen in den feudalen Schranken bekommt diese Beziehung nur deshalb einen so tragischen Charakter, weil beide in einer beschränkten Welt wohnen, ohne Vergesellschaftung, also wenige ihresgleichen [und -alters] kennen konnten und sich deswegen so ineinander verbissen [ja, verbissen!]. In unseren modernen Zeiten ist diese Leidenschaft einfach unpraktisch und altmodisch, lächerlich. Wir haben endlich erkannt, daß uns das eigene Leben überhaupt nichts angeht. Als ob wir völlig gefühllos wären. Der neue Mensch interessiert sich nicht mehr für seine Zeit. Er lebt notgedrungen in ihr, weiter nichts. Vor allem will er nichts, nichts ändern oder beginnen, er will seine Ruhe [gesetzlich gesichert durch die Dienstpläne der Tierchen], so erspart er sich Niederlagen, die ihn schwächen und der Ameise Angriffspunkte bieten. Vor einer Situation allerdings hat die Ameise Angst: wenn wir lachen. Humor macht sie unsicher und wehrlos. Sie sitzt dann in unserem Ohr ... und hält sich die Ohren zu. Wenn wir uns gar in einem Saal befinden, wo neben uns noch einer lacht und noch einer, wo eine Lachgesellschaft entsteht von Lachern, die einen Augenblick [ein Lachen lang] alles vergessen um sich her und nicht mehr darüber nachdenken können, was sich schickt und was entwicklungshemmend sein könnte. Dann würde die Ameise sich am liebsten aus unserem Ohr stehlen. Denn sie versteht nur die Sprache der Anweisungen und Losungen, des Mißtrauns. Sie ist die Polizei des Kopfes. Ich bitte Euch, liebe Mitmenschen, nehmt dieses Lebewesen ernst! denn nur dann können wir einst darüber lachen. Daß es solche Käfer und Manipulatoren gibt, sogar in unserem eigenen Kopf, braucht uns nicht sonderlich zu schrecken. Sagen wir es offen: Die Angst blüht stets dort, wo wir uns nicht eingestehen, was wir eigentlich schon längst wissen.

Ich ging aus dem herrlichen Wald, der unberührt geblieben war vom allerorten zeitgenössischen Waldsterben. Auf dem Parkplatz wartete der Fahrer. Er beobachtete ungläubig, wie ich mich mit dem Kugelschreiber im Ohr kratzte. Das lästige Jucken – wie ein schlechtes Gewissen. Wir wollen aber weiterhin nicht drauf achten bei unseren Fahrten durchs Land, sagte der Fahrer, der mein neues Leiden wohl [damals] schon klar deuten konnte. Er startete den Wagen, und los gings über die holprigen Straßen der poetischen Welt. Das laute Schlagen der Räder über die Unebenheiten, jene *Mühen der Ebene*, verschafften mir kurzzeitige akustische Exile, in denen ich die durch den Verzehr von wilden Zwiebeln im Wald hervorgerufene Ansammlung schlechter Luft in meinem Bauch mittels muskulöser Ventilation regulieren konnte, ohne daß der Fahrer etwas merkte; also ohne daß etwas von meiner vergötterten, dunklen, für ihn unklaren Persönlichkeit abblätterte. Schwächen behält der kultivierte Mensch doch lieber für sich und tut vor seinen Bediensteten, als wäre er unfehlbar.

Der Fahrer bremste; er würde mich in zwei Stunden an selber Stelle wieder abholen, machte die Tür auf, und schon stand ich auf staubiger Straße eines Dorfes [oder kleinen Ortes]. Ich ließ nochmals Luft aus meinen strapazierten Därmen und urinierte zufrieden an einen Lorbeerbaum, bis mein Blick erstarrt inne hielt! Schreck fuhr in meine Glieder. Im unscheinbarsten Ort stand ein wunderschönes Gebäude im Stile des neuen F.-stadtpalastes zu Berlin; mindestens genau so neu, obwohl mich das Gefühl beschlich, einem Schatz aus alter Zeit gegenüberzustehen. War ich in dieser trostlosen, spartanischen Landschaft einem sagenumwobenen Märchenschloß begegnet? Woraus sofort ein alter Frosch kommen würde – welchen ich durch keinen Kuß entzaubern könnte – mich nach meinen Papieren zu fragen? Doch anders geschahs, aus dem Schloß kamen einfache Menschen, die sich, wenn man sie sprechen hörte, als komplizierte entpuppten. Und teilweise zu Fröschen wurden, quakig und nörgelnd. Ich ging dem unbekannten Gebäude einige Schritte entgegen, wollte das Schild lesen über dem Eingang, damit sich das Rätsel nun löse. Mit großen Lettern stand über dem Tore: ROMANTISCHE HILFSSCHULE. Wie angewurzelt stand ich vorm großen Portale und wünschte mich in den Schmutz zu meinen Füßen; aus Ehrfurcht, aus Reue. Hier also steht sie. Ich habe es immer gewußt. Zwei Stunden Zeit! bis der Fahrer zurückkommt, bis ich das in Geheimdokumenten erwähnte Institut durchforscht haben werde [vollendete Zukunft].

KAPITEL XII

Irgendwann muß es doch damit angefangen haben, daß man für alles, was man tut, belohnt werden will. In der Schule mit Zensuren, bei der Geliebten mit Küssen und Nächten, für die Freundlichkeit mit Trinkgeld, für die Ordnung und Anerkennung der Ideale mit Orden und Abzeichen, für den Gehorsam mit Aufstiegschancen, und für die Unterordnung mit ein klein wenig Macht. Auch ich wollte, daß mich im nachhinein jemand belobigt für diese schwere Zeit in der Hilfsschule der Romantiker. Diese Lobessucht trieb mich ins Verderben, und ich bereue es tief; ich hätte mich einfach nicht darum kümmern, sondern wie ein Landstreicher durch den Garten schlendern, den Blick abwenden und in den Himmel richten sollen ... Warum war ich so naiv und sprach mit dem Direktor, der auf mich zukam, als ich im Staub stand, allein und verwundert? Altertümliche Verantwortung? Ich wußte doch damals schon recht genau, daß mir kein Mensch für diese Exkursion eine Auszeichnung zukommen lassen würde. Unglück nimm deinen Lauf. Einnehmend herzlicher Direktor dieser verborgenen Bildungsstätte, warum warst du so freundlich? Warum habe ich dich bestärkt mit meinem Interesse? Ich höre dich immer wieder, selbst im Schlaf, wie du mir alles erklärt hast; daß hier eine *besondere* Traditionslinie der Romantik *besondere* Beachtung erfahre, junge ästhetisch feinsinnige Menschen die Gelegenheit hätten, im engsten Kontakt mit der Poesie, einer Zwangsromantisierung unterzogen zu werden, um dem wirklichen Zwang zu romantischen Positionen späterhin [wo auch immer, ob im postmodernen Labyrinth oder im bequemen Einfamilienhaus] gewachsen zu sein; sozusagen Vorinfektion zwecks Bildung [sic!] von Anti-Körpern und Anti-Geistern, weil die Zeit zur Resignation treibe, zu gestörtem Subjektempfinden; Dichtung, nicht als gesellschaftsverändernde Kraft erfahrbar, führe in zur Etablierung treibenden Sozialisationsformen zu extremem Etablierungsverzicht, zu Aussteigerpositionen. Wo der Schein regiert, werde die tragische Figur zum Gespött. In Kunstschulen dieser Art könnte jede Gesellschaft ihre hochexplosiven Elemente abfackeln, wie man in der Chemie sagen würde. Das Gefühl des besonderen gesellschaftlichen Status, einer offiziell sanktionierten Asozialität. Da keine Öffentlichkeit vorhanden sei für dieserart Gedankenformen der Poesie – gegen den wachsenden Zwiespalt zwischen kritischer und genießender Haltung im Rezipienten – vollführe man hier eine Art der kneippschen Abhärtung; den Dichter mit einer dicken Haut ausstatten, daß er nicht erstaunt sein muß über Realität, sondern sagen kann: Kennen wir! Denn *alle weltgeschichtlichen Tatsachen ereignen sich sozusagen zweimal* ... manchmal eben auch, hat Marx vergessen hinzuzufügen, vier oder fünf Mal [und mehr?] ... also wird wohl damit zu rechnen sein, daß immer in Zwischenphasen, vor oder nach großen Ereignissen, Revolutionen, Katastrophen eine Generation oder zwei nicht so recht zum Zuge kommen. Wir sagen immer, später wirds die Welt uns danken, daß wir hier eine Stätte der Widerspieglung geschaffen haben, eine Heilanstalt. Nirgendwo erfährt der dumpfe, innerliche Schmerz solch Kultivierung wie in unseren Hallen; nirgendwo sonst auf der Erde begreifen die jungen Autoren so schnell, daß ihre der Verzweiflung entrissene Poesie nur das Privileg der Echtheit erreichen, niemals jedoch eine Veränderung der Verhältnisse nach sich ziehen kann. Unsere Schule unterdrückt bewußt die Veröffentlichung einzelner Arbeiten, so daß ein Logen-Selbstbewußtsein des Untergrundes entwickelt werden kann und schließlich eine Ablehnung allen Veröffentlichens zur Folge hat. Dadurch steuert die Schulleitung die ästhetisch-politischen Wertbildungsprozesse in ihrem Sinne und treibt die Literatur in die literarischen Gefilde zurück; alles aus der Einsicht, daß die von der Avantgarde angestrebte Neuvermählung der Kunst mit dem Leben ein schöner Traum war mit bösen Folgen für die *einfachen Menschen.* Für echte Verzweiflung und Resignation entwickelten wir totale soziale Sicherheit, eine Art höheren Mäzenatentums. Die Schüler bekommen ein festes Stipendium und ein eigenes Zimmer ...

Ich könne die Schule selbstverständlich besichtigen und mich, falls ich den Wunsch verspüre, eintragen in Listen für 7jähriges Studium, welches mit international anerkanntem Romantikerdiplom beendet wird, das unter Kollegen hohes Ansehen genieße. Meine List war plump.

[Ich wußte, daß man bei Betriebsbesichtigungen wohl kaum die Wirklichkeit zu sehen bekommt!] Ich schrieb mich — O! gefährliche Neugier! — ein in die Liste der Studenten, obwohl ich keine weiteren sieben Jahre unter der Fuchtel einer Schulordnung verbringen wollte, um das zu suchen, dem ich schon mein ganzes Leben geopfert [klingt gut, was? *geopfert*!]. Ich habe genügend Antikörper produziert — mittels Gattungsgedächtnis und mit Hilfe meines *historisch behandelten Enthusiasmus.* [Vielleicht hab ich auch die nötige Anzahl Kriminalfilme gesehen, wo dieserart Finten immer zum Erfolg führten.] Ich schrieb meinen Namen undeutlich ins Studienbuch [mehr wie: Schwenzel] {Rätsel für meine Biographen} und kreuzte dabei unterm Tisch meine Beine [bedeutet: das Versprechen ist ungültig, die Unterschrift falsch!]. Viel zu spät erinnerte ich mich des Hinweises meiner Biologielehrerin vor vielen Jahren, daß sich mit der Zivilisation Füße und Zehen über Kreuz vertauscht hätten, und ein Mensch einen Schwur gültig erklären muß, wenn er ihn eigentlich ungültig machen möchte ... Zu spät. Die Unterschrift, geschrieben stand sie vor mir! [Ich hätte ja bloß mal an Marx' Entfremdungsbegriff denken brauchen, ich Trottel --- aber auch dafür wird man nicht belobigt.]. Auf diese Weise wurde ich zum ordentlichen Mitglied der Romantischen Hilfsschule und durfte, wie die Schulordnung bestimmt, einige Zeit den Ort erkunden, an welchem ich nun laut Dekret 7 Jahre verbringen sollte. Die List war also geglückt. [Der Fahrer würde mich schon wieder retten! – stoischer Optimismus!]

Das Gebäude, von außen altertümlich, erstaunte [erstaunlich] innen: Hypermodern. Komfort der modernen Zivilisation: Duschkabinen, Fernsehräume, Videostudios, Kameras, Computer, Recorder, Klimaanlagen, Zimmertelefone mit Bildschirmkontakt. Vervielfältigungsmaschinen auf jedem Gang und in jeder Art. Lobeshymnen durchschwebten mein Hirn. Endlich eine Schule, wo der Dichtung nicht nur Inhalte referiert werden, nein, hier gibt es Gelegenheit mit neu entstandenen Formen, mit neuen Medien, neue Gedanken zu entwikkeln, von denen wir mit unserer althergebrachten Dichter-zu-Pferde-Manier kaum zu träumen wagten. Vorbei die Zeit der schulmeisterlichen Reinheit. Die wirkliche große Suche nach unseren Ursprüngen und Grenzen könnte beginnen! Die vielen Künste finden endlich wieder zueinander, lernen neue Sprachen und neue Leidenschaften. Die fachidiotischen Experimente verlieren ihren Reiz und die wirklichen Experimente können beginnen. Ich schwebte über Wolken und wollte, da mir zu Hause keine solchen Möglichkeiten zur Verfügung stehen, sofort damit beginnen ...

[Gut! ich gestehe, liebe Heimatfreunde, es handelt sich um ein Versehen, einen Sprung meiner Nationalsicherung, nur eine Sekunde. Ich meinte diese Sehnsucht nicht ernst. Nein, zu Hause ist alles viel, viel schöner. Bitte, bitte verzeiht mir, ich sage sowas nie, nie mehr! Laßt mich doch wieder aufs Völkerschlachtdenkmal hochklettern, in die Rübelandhöhlen kriechen und hebt das Brockenhexenembargo gegen mich auf. Ich wollte doch nicht eure Heimat verraten und werde wieder singen, wenn ihr wollt jeden Tag: *Wo die Ostseewellen trecken an den Strend* ...] Meine Finger kribbelten. Ausprobieren, Filme machen, Bücher herausgeben, publizistische Blätter, Glossen, Polemiken, Aktionen. Mich ärgerte schon immer, daß Dichtung in diesem Jahrhundert oft so altertümlich wirkt. Einen kurzen Augenblick überlegte ich, ob ich die teuflischen 7 Jahre hierbleiben sollte. Meine Freude war von kurzer Dauer. Die Schüler benutzten die modernen Medien überhaupt nicht. [Deswegen fehlte den Gerätschaften auch jene Patina des Gebrauchs, die Schönheit der Aktionen.] Ja es schien mir, daß diese Dinge nur zum Beweise herumstanden, daß der romantische Dichter ohne sie auskommt, daß der homo sapiens durch diese Errungenschaften beschädigt würde, Urteilsvermögen und Menschlichkeit verlöre, sie wurden betrachtet als Indizien des kulturellen Verfalls, denn jede Äußerung könne auf diese Weise eine künstlerische werden. Ich erinnerte mich an Hegels Prophezeiung, daß Kunst in einer höheren Phase der gesellschaftlichen Entwicklung vielleicht einmal völlig aufhöre, Kunst zu sein, weil jede Äußerung eine künstlerische wäre. [Selbstverständlich ist das Unsinn, liebe Kunstpolitiker und Kulturpäpste. Kunst ist doch keine ornamentale Handarbeit, sondern Arbeit, und warum sollte die aufhören? Aber vielleicht meinte Hegel nichts anderes als Brecht, der später von der *Lebenskunst* sprach.] Diese These bestritten Schulleitung und Gewerkschaftsführung mit aller Macht. Ich zitiere die Schulordnung: »Die Studenten müssen angesichts der neuesten Errungenschaften und Erkenntnisse die Versuchung überwinden, vom Baum der Erkenntnis zu naschen, sich in unnütze Gefahr zu bringen. Das Schlaraffenland liegt in uns selbst verborgen. Der Mensch wäre gut, wenn er nicht so klug sein wollte ...«

Für welches Seminar nun sollte ich mich entscheiden? Das Angebot war breit gefächert: Gefühlsagitprop. [3 Wochenstunden]; Lektorentricks [2 Stunden]; 2-Jahreskurse: geschundene Einfachheit; Kurs zur Überanstrengung von Volkstümlichkeit, Unterkurs a) Kunst, die selbst für die Katz verständlich, oder b) für den gebildeten Ochsen; Kurs für Kunstverwaltungskunst [Mache es allen recht!]; das äußere Erscheinungsbild der Dichter; Zynismus für Jedermann; der Kampf um die Träne; alte Witze neu gemacht [Nutze die erfolglosen Kollegen, die sich wegen ihrer Kompromißängstlichkeit ins Abseits stellen, stiehl ihnen die besten Gedanken, entschärfe sie und schreibe Deinen Namen darunter!]; wie mache ich die Wirklichkeit in meinem Kopf noch beschissener und prosaischer als sie sein dürfte [Wochenendkurs]; der beliebte Kunst-ist-Scheiße-Geschichts-Kurs; Irrationalistische Gruseleien für friedliche Zeiten; Existenzangst, das Markenzeichen des modernen Menschen; wie verhalte ich mich beim Auffinden einer Mode? …

Auch gab es einen Raum, in dem besondere ontogenetische Entwicklungsstufen des homo poeticus auf riesigen Schautafeln dargestellt wurden: 1. Folge: sofortiger Sprung vom Jüngling zum Greis, häufig in Zeiten, da die eine Generation die Jüngeren nicht an die Posten läßt, so daß der Vergreisungsprozeß für Vater und Sohn parallel verläuft; lang blieb mein Blick auf dieser Tafel [Jugend ohne Mittelalter], ich erkannte einige drauf Abgebildete. [Wen, verschweige ich selbstverständlich, denn dafür würden mich nicht einmal die Mediziner belobigen, wenn ich dies jetzt berichtete.] Im Lehrgang *Ästhetik des Nichts* hielt ichs keine 3 Minuten aus, denn die Adepten vollführten ein *Nothing*: die Kunst der Untätigkeit. Sie saßen beieinander und taten … nichts. Die vollkommenste Kunst. Völlig fehlerfrei. Dialektische Einheit von Inhalt und Form. Ehrlich und verständlich für *JedeRmann.* [Aber wie stehts im Extremfall mit diesem reinen Konzept? Etwa: Ein Mann zielt mit einer geladenen Kanone auf eine Nothing-Gruppe …] Nothings im Wandel der Zeiten, ein gutes Dissertationsthema, sagte der Dozent.

Tragt mich Füße nun durch die feudalen Räumlichkeiten, daß ich endlich Ungewöhnliches entdecken möge zur Bereicherung meiner Reisebilder. [Ob mich wenigstens die Maffia für meine Schmerzen belobigt?]

Als ich die mit griechischen Ornamenten gezierten Kellergänge, die an ein Luftschutzbunkermuseum erinnerten, entlangging, hörte ich schon weit vor einer Tür Brodeln und Schreie. Dieses Haus war überhaupt so unpraktisch und skurril, daß man sich über gar nichts wundern konnte. Nichts paßte zueinander oder verwies auf seine Funktion. Alles verkleidete sich. Selbst die Heizungsrohre hingen als Bockwürste im Gang; und so überrascht es eben den Menschen auch nicht, wenn er durch diese Art Ästhetik verschleiert hinter einer ganz normalen Eisentür eine Hölle findet, inmitten der schön und heroisch maskierten Welt. Wie eine Falle schlug die Tür hinter mir ins Schloß. Peng. Die hauseigene Hölle! Die romantische Bestrafung. Inspektorenhaft stand ich im hitzigen Raum. [Verzeiht mir meine Überheblichkeit! Ich konnte den Sachverhalt nicht recht ernst nehmen.] Theaterkulissen? [Wenn wir über die Gasse der Schauspieler die Bühne betreten, betrachten wir die höllischen Requisiten mehr mit dem fachmännischen Auge des Bühnenmeisters; wir fühlen uns dem illusionsproduzierenden Ensemble zugehörig, brauchen nicht an das Vorgespielte zu glauben; wir wissen ja, wie es gemacht wird; wir sehen den toten Prinzen wieder aufstehen, wenn der Vorhang sich schließt, wir sehen ihn in die Kantine gehen, Kaffee trinken; wir lächeln überlegen, wenn das Publikum weint, und sagen: *Na siehste, hat ja wieder geklappt!* Bis wir merken, daß auch wir über etwas weinen müssen, und die anderen sagen: *Na, hat ja wieder geklappt!* nur in anderen Kulissen, vielleicht auf einem Schlachtfeld oder in einem Zimmer mit Schreibtisch; und die anderen gehen diesmal durch die Seitengasse, aber wir sehen die Toten nicht mehr aufstehn und weggehn. Alle Graumsamkeit beginnt wie ein Spiel, hat Spielregeln, und mancher merkt den Ernst erst, wenn es zu spät, wie z. B. mein Onkel irgendwo an der Ostfront, der auf eine russische Tellermine getreten ist und ganz schnell, ohne daß er es merkte, wie man Spielkarten aus der Hand fallen läßt, wie man sie auf den Tisch wirft, weil einer geschummelt hat, so schnell war er auseinandergeflogen; 1944 geschah es; … auch eine Art *Belohnung* für die Nichtbeachtung von Nebensächlichkeiten] Ich konnte diese Hölle zu Anfang nicht recht ernst nehmen, weil ich wußte, daß dort, wo der Schein, die Illusion, die Verschönerung der Funktion, das Kostüm regiert, dort ist alles Wirkliche fremd, z. B. die Angst. Straf-Studenten sahen mich bibbernd an. Ob ich nicht etwa der Teufel wäre oder ein Retter [in solchen Situationen sind beide identisch!]. Mit Untertänigkeit blickten sie an mir empor, erbaten ihre gerechte Strafe. *Ich werde diese Realismusdefinition niemals wieder in meinen Mund nehmen!* rief der eine, *Schlag mich, erniedrige mich, aber hilf!!!!* [Diese Kunstsekten allen Orts, diese internen Gruppierungen, was haben die für eine Strenge in ihren eigenen Reihen. Bei Strafe des Untergangs. Bedroht vom sozialen Sprengstoff der Realität, ohne den die Kunst ein Salat wäre, gut genug für Blähungen.] Ach, diese armen, schwitzenden Scholaren neben mir auf der Höllenbank mit ihrer extrem subjektiven Sensibilität, so klagend und verlassen; die endlich jetzt, da sie ausgeliefert sind, erkennen, wie wenig der Mensch ausrichten kann, [obwohl sie vergessen, daß diese Ausweglosigkeit von einer bestimmten Person produziert wurde, nämlich vom Direktor!], diese Armen, die für ein Verbot büßen müssen, als würde sich die Menschheit wie eine Schulklasse entwickeln und nicht aus ihren Fehlern. Nur das Unregelmäßige, die Fehler, der Verstoß, die Undiszipliniertheit oder die Fehlentscheidung eines Königs [worauf die Leute einfach eine Revolution machen] bewegen Geschichte und Gemüter. Nein, in wirklich humanen Schulen müßte ab einem bestimmten Jahr für jeden aus der Risikobereitschaft erwachsenen Fehler eine Belobigung erfolgen, daß die Fehler endlich geachtet werden. Die Schüler sähen dann niemals so aus wie die Strafsünder neben mir in der künstlichen Hölle. Wahrlich, lieber Leser, als ich die Knaben und Mädchen dort sitzen sah, kamen mir Tränen [auch vom Gestank des Schwefels]. Um all die Strapazen des 7jährigen Studiums aushalten zu können, entwickelten sie eine Art jesuitische Moral, mit deren Hilfe sie ihre Schmerzen und Strafen besonders genossen [welches den Schmerz erhöht!]. Wenn es mir z.B. beim Zahnarzt nicht weh tun sollte, dachte ich schnell an etwas anderes. Sie aber denken unaufhörlich an ihre Vergehen und ihren Schmerz. [Später mußte ich darüber schmunzeln, aber erst sehr viel später; nämlich beim Zahnarzt.] Hier aber hielten sie ihren Enthusiasmus übermäßig in der Höhe, viel übermäßiger, als sie ihn mittels ihrer prosaischen Wirklichkeit produzieren könnten. Eine Innen-Energie-Produktion gegen die Abenteuerarmut ihres Lebens.

Über uns brodelten die auf das modernste beheizten Bleikessel [mit Sicherheitsbremse]. Die Delinquenten werden darunter gestellt, und ein ästhetischer Feind derselben, einer der nicht zum Stilkreis gehört, dreht den Bleikessel an einem großen Rad [es sah aus wie das Rad der Geschichte] so weit in Schräglage, daß man nur darauf warten mußte, wann das heiße Blei sich ergießt ... [aber da tritt die Sicherheitsbremse in Kraft!] Sicherheit steht auch in der Hölle an oberster Stelle, wie überall auf der Erde. Ich zog mein Hemd aus. – Warum fürchtest Du Dich nicht, Fremder? fragte ein Blasser. – Was soll ich mich vor euren weltfernen Höllen des Altertums fürchten? ich weiß von anderen Höllen auf Erden, zu denen kein Besucher kommt, ohne daß er nicht selbst zum Opfer würde. Was kümmern sich einige, die Poesie hübsch sauber zu halten, während in den Höllen der Erde nicht einmal die Leichen ordentlich weggeschafft werden. Ich brauche nicht die künstliche Furcht der künstlichen Strafen. Die täglichen Fernseh- und Zeitungsberichte haben mir eine harte Traurigkeit anerzogen, ein Mißtraun gegen meine eigenen Verzweiflungen. [Abgrenzen! bloß abgrenzen von denen – blitzte es durch meinen Kopf.] Hat sich denn wirklich in der Poesie nichts geändert seit der Einführung neuer Zerstörungs- und Vervielfältigungsmechanismen? Welchen Wert kann mein eigenes Empfinden denn noch haben, wenn ich von all diesen permanenten Höllen weiß, von all diesen befreit bin? Die Kunst kann sich dieser Verantwortung nicht entziehen. Sie entzöge sich dabei sich selbst. Ja, diese Höllen bringen den Menschen um seine Vernunft. Die einen verlieren ihr Bewußtsein durch Wahnsinn, die anderen retten sich in Gläubigkeit. Soll ich die Namen all derer aufzählen, denen in der langen Geschichte der Menschheit auf ihren Alleingängen die Hoffnung ausging? Die verzweifelt Vernünftigen. Die Enttäuschungen, die wir mit einer Geliebten erlebten, den Betrug machen wir gern wett mit einer anderen, die unsere Geliebte ganz und gar nicht ausstehen konnte, mit ihrer Feindin. Nur so, glauben wir, nähmen wir wirklich Rache. Eifersucht ist unerbittlich. Und wenn es das eigene Opfer forderte, zum Trotz mit der anderen, ein ganzes Leben lang glücklich sein zu müssen, damit die Lügnerin, deren Liebe noch tief in unserem Herzen verborgen liegt [bis zum Tod], ihre gerechte Strafe bekommt. Auch die Vernunft ist eine schöne Frau, und sie hat uns oft betrogen mit einem cleveren Geldmann, der einen schicken Wagen besitzt, einen Laden und immer wußte, wie der Wind weht. Bei so viel herrschender Unvernunft ist es nicht schwer, an der Vernunft zu zweifeln. Schwerer ist es, diese Welt mit all dem Gewicht an Wissen zu ertragen. Jetzt klackte ein Sicherheitsschloß an der eisernen Höllentür. Mit den Fäusten trommelte ich dagegen: Aufmachen! Aber keiner hörte. Heißes Wasser wurde hereingepumpt [Sauna?], und obwohl es meinem Kreislauf gut tat, schnürte mir die Angst die Kehle; die unbestimmte Dauer macht es, nicht die Art. Ich war gefangen in der Hölle und zu aller Qual zusammen mit Dichterkollegen. Sicher waren die zwei Stunden längst vergangen, der Fahrer, der draußen auf mich wartete, würde nach Rückfrage beim Chef weiterfahren zu irgend einem nächsten Auftrag;

und ich? Ich sollte hier sitzenbleiben? Unterschrieben die Liste zur Immatrikulation. Sieben Jahre Hölle. Und kein Dante würde kommen, von mir zu berichten. Auch meine Kollegen mit ihren dünnen Stimmchen und ihrem großen Gnatz über die Welt ... Ich hob die Arme, ehe ich im warmen Wasser, das nach Schwefel stank, versank. Ich rief aus voller Kehle in die Hölle: Kunst produziert ständig ein Fortschrittsbewußtsein; sie ist dem Künstler selbst, keinem sonst, unterstellt. [Das Schwefelwasser reichte schon übers Geschlecht.] Der Künstler ist den gesellschaftlichen Bedingungen unterworfen; sie bestimmen ihn, sie determinieren seine Persönlichkeit. [Die Kehle war schon ganz heiß vom Wasser.] Der Künstler ist darin einsam, daß er keinen Herren bei der Produktion über sich hat. Er ist sein eigener Sklave und sein eigener Herr ... – So ähnlich rief ich, bis ich im wohligen Wasser der Hölle versank, fest daran glaubend: Hier gibt es keinen Ausweg! *Es ist aus, Diotima! unsere Leute haben geplündert, gemordet, ohne Unterschied* ... Ich bin in der Hölle. Ohne Auftrag. Ohne mögliche Belobigung im nachhinein. O Diotima! Sie werden uns die Mucken noch austreiben. Höllisch.

KAPITEL XIII

Die Befreiungsaktion kann ich aus Sicherheitsgründen nicht beschreiben. Bei meinem späteren Auszug standen die Studenten mit avantgardistischen Transparenten aus Protest gegen mein Verhalten: Vwihr protäßdieren gehgänn düh ferun Glümpfunk un se rer Höeell lee! oder: Ängajierte rauhßs außs un srähr Hil Fschuh Lä! wie auch: Äß Läh Beh Dierayn Ne Poh Äh Süh! Aber das war später. Vorerst steckte ich noch in der Hölle. [Rückblende] Nach der Höllenmittagspause begann die wirkliche Marter, denn es war keine Hölle für Menschen, sondern für Dichter, wie der Leser unschwer erkannt haben dürfte, und dementsprechend die Strafen. Ein vernünftiger Mensch würde darüber lachen. Die Poeten aber sind eigen. Versetze man sich in die tiefe Erniedrigung, die unsereinem in diesen abgedunkelten Kellerräumen der romantischen Hilfsschule widerfuhr, als ein kleiner Teufel, der die Delinquenten einzeln heranzitierte und händereibend mit seinem stinkenden Atem all die mißglückten Stellen der Weltpoesie vorlas und sich vor Lachen bog. Mal eine ganz besonders tragische Stelle! – Er badete sich förmlich im Verhunzen, und durch sein albernes Gekicher konnte kein echtes Gefühl aufkommen, mit dessen Hilfe man sich über die emotionalen Peinlichkeiten hätte hinweg retten können. Scham. Heimatlos saß ich im stinkenden Odem des Teufels, der in historisch aufsteigender Reihenfolge Mißglücktes zelebrierte. Und schon waren wir bei meinen Zeitgenossen. Da konnte ich mir das Schmunzeln nicht verkneifen. Dann aber erstarrte mein Gesicht: Das war ja von mir! Aufhören! Und das auch? Und das! Ich hielt mir die Ohren zu. [Das haben euch die Rezensenten gesteckt!] Auf dem Monitor erschien das Faksimile meiner Schundstellen, ich sah ganz genau, daß ich den Text zum dreißigsten Mal überarbeiten wollte, dort dieser Anfang, die neue Zeile, und dann hatte ich keine Lust mehr. Die Kunst ist lang, die Zeit ist kurz. Ich kann nichts mehr rückgängig machen. Wenigstens die Teufel haben meine schlechten Stellen mit Aufmerksamkeit gelesen. Es gibt also wirklich noch Leute, die genau lesen können. Geehrter Teufel! Ich verbiete mir auf das entschiedenste das Zitieren aus dem Zusammenhang; wenn hierzulande das Urheberrecht schon ... und jeder Gimpel bestimmt, was abgedruckt wird und was nicht, [bloß nicht der Autor], dann fordere ich, die Abschaffung *dieser* Unschicklichkeit in der Hölle. Einige Unterschiede zur wirklichen Welt möchte es ja wenigstens noch geben. O ihr Qualen. Soviel Mist konnte wirklich nicht nur mir in die Federtasche geschoben werden. *Das* stammt von einem Lektor; gefordert im Gutachten; und *das* von einer Organisation mit Sonne am Ärmel; und das ist meine Kapitulation vor dem gierig schlingenden Geschmack der Zeit ... Aber wen interessiert das? Seien Sie froh, Dr. Faust, daß Sie das nicht erleben müssen mit Ihren Selbstzweifeln. Dann geschah das Schlimmste: Durch die große Stahltür trat ein Mann in gutem Anzug, gab zu erkennen, daß er Einfluß besitze in der Welt der Poesie, ließ dabei Briefköpfe von Vertragsformularen aus der Tasche schauen: *Ein Wort genügt von mir und nirgendwo wird auch nur eine Zeile von Ihnen gedruckt, geschweige gelesen!* Er sah gepflegt aus, überarbeitet und trotz seiner scheinbaren Macht trug er Angst in den Augen, als ob er sich ständig beobachtet fühlte, als ob er sich aus Furcht, er könne etwas falsch machen, ständig irgendwo versichern müsse. Er setzte sich freundschaftlich zu den Bestraften und unterhielt sich mit uns über: ——————————————————————————— ———————————— KUNST! Lieber Leser, das war die schlimmste Tortur. Nichts waren dagegen Hitze, Schwefelduft und Kollegendispute! Nein, wenn andauernd in deiner Nähe ein gut gekleideter *Barbar* von -Aussage-Funktion-Zweck-so-ist-unsere-Wirklichkeit-nicht-hast-du-dir-das-mal-überlegt-aber-damit-geben-wir-doch-jenen-Leuten-nur-recht-die-da- ... spricht, das ist viel schlimmer. Ich rate jedem Menschen ab, Fabeln im klassischen Sinne zu erfinden, wo die Figuren stimmen müssen und die Motive klar und auffindbar sind. Immer kommen dann solche wie Herr Ordnung [so stellte er sich vor: Ordnung, mein Name!] und entdecken, daß dein mühsam im Kopf behaltener Held, der beinah in deiner Gestalt mit dir selbst durchgebrannt wäre, gar nicht so handeln *darf*, sondern mehr wissen müsse, als er weiß, mehr tun, als er tun kann, daß die Handlung falsch sei ... etc. pp. Das sind alte Kamellen, ich weiß. Doch den jungen Zwangsromantikern brachen die Tränen hervor, als Herr Ordnung ihre unter Schmerzen geborenen Gedanken aus den Stücken heraus exzerpierte und auf den Kern brachte: wenn die Wirklichkeit so ist, wie sie dargestellt wurde, dann könnte ja gar keine Kunst mehr entstehen! – Na stimmt ja, Herr Ordnung, erwiderte ich, Sie haben völlig recht! – Wir waren beide voller Freude ob der gewonnenen Koexistenz. Aus lauter Hochgefühl holte Herr Ordnung noch seine liebe Abteilungsleiterin, weil Erfolg anwuchs, da könne man sogleich Fräulein Vorsicht eine Lehrvorführung geben! Meine letzten Augenblicke in der Hölle! Die Qualen steigerten sich noch ins Unermeßliche. Ich harrte sehnsüchtig auf meine Befreiung. Doch, lieber Leser, auch Du mußt Dich noch gedulden, bis ich den freien Satz: *ich bin hinaus!* schreiben kann. Da es aber eine solch anstrengende und verteufelte Marter war, will ich sie nicht schmälern, beschönigen oder kunstvoll bearbeiten. Ich gebe sie in allen Einzelheiten wieder und auch in ihrer Länge. Ich kann Dich aber beruhigen. Ja, ich bin am Ende befreit worden. Mit diesem optimistischen Ausblick werden die Qualen erträglicher. Doch vorerst bleiben ausweglos verschlossen die höllischen Türen. *Es ist aus, Diotima! Unsere Leute haben …*

Anstatt

KAPITEL XIV

Eingeschobener Brief
an den Leser,
welcher als Kapitel XIV
gelten kann.

Lieber Leser!

Aus mehreren Gründen ist es mir nun doch nicht möglich, den im Kapitel XIII angekündigten, martyrisch, ewig höllischen Disput mit Herrn Ordnung und Frl. Vorsicht an dieser Stelle bekanntzugeben, da 1. die Sorge schreckt, ich könnte den Leser mit internen Angelegenheiten langweilen, und 2. wären verstärkte Proteste [sind bereits angekündigt] von mit diesen Personen zufällig Ähnlichkeit Besitzenden zu erwarten, welche das breite Bündnis der Kulturschaffenden und Kulturverwaltenden in enormem Maße undsoweiter ——— zu Ungunsten der Künstler! Obwohl es der Leser vielleicht gar nicht glaubt, da er Künstlersein als ein Privileg begreift: ein ins Ausland fahrendes Individuum, umhegt mit Sorge von höchsten Stellen, mit wenig körperlicher Anstrengung, unentfremdeten Arbeitsbedingungen und einem Gefühlsleben nach eigener Fasson ... Die Wirklichkeit ist ganz anders! Jenige, die der werte Leser unter solchen Vorstellungen abbildet, sind die Nesthäkchen von Herrn Ordnung und Frl. Vorsicht, dem bekannten kulturpolitischen Eiskunstlaufpaar [Vorsicht–Ordnung]. Herr Ordnung achtet darauf, daß alles in Ordnung geht, daß sich nichts *Zersetzendes* einschleicht, worunter er die Zersetzung der Gegenwart rechnet, was ja auch *im Sinne einer möglichen Zukunft* einbezieht. Herr O. ist so achtsam, bis kein Mensch mehr ein Quentchen Lust verspürt, die Welt zu verändern, und die ganze Epoche wegen Desinteresse ausfallen muß. [theoretisch!] Lieber Leser, ich mußte diesen Brief einschieben, um einigen Kritiken im voraus die Spitze abzubrechen, denn es wäre leicht möglich, daß sich in meinem Gedächtnis verschiedene Dinge vermischen; z. B. meine Erlebnisse in Poetanien mit meinen Erlebnissen als kulturell produzierender Mensch in einem konkreten Land zu konkreter Zeit. Am Ende vertausche ich Namen, und Frl. Vorsicht hieße dann vielleicht Nowack oder wie eine Kulturtante in Leipzig, oder ich lege Frl. Vorsicht falsche Worte in den Mund, die wiederum eine Kulturdame in Cottbus gesagt hat. Ich will der Zusatzklausel, die es inzwischen in jedem Verlagsvertrag gibt [Ich habe die Zustimmung der lebenden Personen eingeholt, die ich literarisch benutze] nicht zuwiderhandeln. Gesellschaftlicher Fortschritt offenbart sich auch in der abstrakter werdenden Kritik. Konnte Heine noch Herrn Platen, Prof. Schmalz von der Berliner Universität und selbst seinen Zensor auf das genüßlichste beschimpfen – was mache ich? Ich kann den Namen der Professorin, bei der ich die traurigen Stunden des Wissenschaftlichen Kommunismusses verbringen mußte, hier nicht kritisch nennen. Jeder beleidigte Truthahn telefoniert sofort mit dem Verlag, dem Ministerium. Das ist die sogenannte verletzungsfreie Kunstpolitik. O ihr heiligen Musen der Neuzeit. Eingesperrt ist der Spott, umstellt mit Sicherheitskräften und Zäunen alle Lächerlichkeit der Großen dieser Erde, unerreichbar für einen sterblichen Menschen. Warum seid ihr so feige, ihr Musen? Und tut nicht das Selbstverständlichste, und lacht? O wenigstens ihr! oder Du, lieber Leser: Lach über die lächerliche Angst der Mächtigen vor ihren Schwächen, über diese In*toll*eranz, dieses Monopol auf alle positiven Werte. Auch die Feudalfürsten bestimmten den Malern, wie die Fürstin auszusehen habe. Und so kannten die Maler ihre häßlichsten Stellen am genauesten, weil sie mit aller Konzentration darauf achteten, daß sie ja nicht dargestellt werden. [Dazu mußten sie aber erst einmal herausfinden, *was* das Häßliche daran ist!] Es wäre wirklich zum Totlachen, wenn es nicht so traurig wäre und mir meine schöne Heinische Prosa-Imitation kaputtginge. Deshalb dieser Brief, in dem ich Dir schreibe, daß es mir leid tut, das Essen schmeckt, der Herbst vor dem Fenster beginnt zu wüten, meine Katzen sind wohlauf; ich erwarte einiges von Deiner Phantasie, lieber Leser, bezüglich Deines Poetanienbildes! weil ich nicht alles genau beschreiben kann, weil ich undiszipliniert bin, weil ich mir gar nicht vornehme, dieses unbekannte Land so genau zu schildern, daß der Leser diese Zettel für das Land Poetanien selbst hält. Im Gegenteil, ich warne vor Verwechslungen. Ich bin ein ebenso spontaner Mensch wie Du. [Lieber Leser, ich darf Dich doch duzen?! Wir kennen uns schon eine ganze Weile {XIII Kapitel}, und Du hast alles durchgehalten, trotz Geschwätzigkeiten und unsystematischen Andeutungen.] Du siehst es ja selbst an diesem Reisebericht, der lange nicht so interessant wurde wie der eines abgekochten Profiberichterstatters, der nach einer Gliederung arbeitet. Ich bin kein Virtuose auf meiner Schreibmaschine. Ich klapse mir selbst auf den Mund [wie am Beispiel dieses Kapitels], wenn ich vorlaut werde oder altklug [obwohl ich schon alt bin und etwas klug]. Mich langweilt alles technisch Perfekte. Nicht, daß ich etwas gegen Können hätte. Ich mag kein dilettantisches Zeug, Scharlatanerie oder Modekram. Doch beinah schlimmer mißfällt mir das Abgetötete, Sterilisierte in der übermäßigen Sauberkeit der Laboratorien. Ich kann nichts anfangen mit jenen Kunstprodukten, denen man anmerkt, daß sie von einem Handwerker *[aber keinem Menschen]* gemacht wurden. Neben meiner Schreibmaschine liegt ein dickes Buch, eine Biografie über den Operettenkomponisten J. Offenbach [von Kracauer], und ich lese laut in einer Arbeitspause, während meine vollautomatische Schreibmaschine einfach weiter rattert und schreibt ohne mein Wissen, so daß ich den Henschelverlag Berlin nicht um eine Abdruckgenehmigung bitten werde: *So wenig es in einer Zeit Metternichs erlaubt war, die Untergründe des Bestehenden anzutasten – ein Spiel, das sich auf Deutungen einließ, konnte aber leicht die schlummernden Tiefen wecken –, so sehr wurde die Kunstübung begünstigt, die über die Untergründe hinwegglitt und den Nachdruck auf technische Spitzenleistungen legte.* Seite 86. Ja, wann ist einer ein Schriftsteller? – Wenn er den Abschluß einer Literaturinstitutsschule besitzt. Ja, wann ist einer ein Komponist? – Wenn er Absolvent einer Musikhochschule ist. Ja wann ist einer denn eigentlich ein Künstler? – Na, wenn er Kunsthonig ißt. Klar: staatlich genehmigten Kunsthonig. Eigentlich will ich jetzt meinen Reisebericht über Poetanien beenden. Denn ich komme nicht auf die einfachste Lösung. Heute ging ich an einem Buchladen vorbei und sah, wie gut sich doch die Wirklichkeit zwischen zwei farbige Buchdeckel bringen läßt ... aber ich knabbere mir die Fingernägel ab, und wenn ich überreizt auf den Tisch schlage, fällt ein Buch aus dem Regal [von Hegel]. Das sind die Drohungen aus der Geschichte!

Lieber Leser! Dieser Brief ist nur zum Beweise meiner Verantwortungsbereitschaft geschrieben. Denn ich schreibe alles außer Denunziationen, warum nicht auch einen Brief an Dich und Dich und Dich, der Du gerade ein Marmeladenbrot im Mund hast, und an Dich, die Du gerade daran denkst, wie Du heute abend mit dem jungen Mann klarkommen wirst, der so zurückhaltend ist, und einmal muß es doch klappen, und an Dich schreibe ich, in der Straßenbahn, der Du zur Überbrükkung der langen Fahrzeiten etwas liest, zufällig mich, und an Dich und an Dich und an Dich.

KAPITEL XV

Im Walde neben der Straße von Balladanien nach Dramatanien sang ein schönes Mädchen auf einem Findling herzzerreißende Lieder. Loreley ohne Felsen? Verlockung ohne Risiko? Ich weiß nicht, was soll es bedeuten. Galant strich ich [spiralförmig, wie der Fortschritt] um ihren märchenhaften Körper. Hier endlich werd ich über meinen Kurschatten springen. Das ist die Schönheit ohne Makel, die Freude ohne bitteren Nachgeschmack. Poetanien, du wirst ewig in meiner Erinnerung wohnen in Gestalt dieses schönen Mädchens, das sich beim Singen die Haare kämmte. Als ich endlich zu ihren Füßen lag, den Mund voller schwüler Schwüre, die Lippen an ihren reizenden Zehen, pfiff sie in profaner Manier durch die Zähne und zehn Spießgesellen stürzten aus dem Dickicht, banden mich, knebelten mich; und die Schöne lachte, während sie ihre Belohnung nachzählte. Die Männer führten mich in eiserner Kutsche ins Lager vor eine Stadt, die hieß: Surrealin. Im gläsernen Zelt mußte ich warten, bis daß der Häuptling kam [nannte sich HÄ] und mit mir ein ernstes Gespräch unter vier Augen führte, das mittels riesiger Lautsprecherboxen ins ganze Lager übertragen wurde, in dem sich die skurrilsten Personen tummelten.

HÄ: Warum sind Sie hier?

Ich: Denunziert.

HÄ: Warum?

Ich: Wenn ich wüßte, weswegen *Sie* hier sind, wüßte ich, warum ich hier bin.

[Im Ausland immer diplomatisch antworten, sagte mir einer vom Schriftstellerverband.]

HÄ: Keine dialektischen Dreivierteltakte.

Ich: Vielleicht bin ich ein Neandertaler?

HÄ: Seien Sie still! Hören Sie draußen das Volk lachen?

[Wahrlich, ich hörte es, schallend!]

Ich: Schluß mit dem platonischen Dialog. Ich fordere eine Stellungnahme!

HÄ: Helga, sag dem Herrn, was los ist.

Helga: Worin besteht Ihrer Meinung nach der Unterschied zwischen einer Monade und einem Nomaden?

HÄ: Nein Helga, keine Prüfung. Bekenntnisse. Sag ihm, wo er ißt.

[Man reichte mir Zwiebelschnitte mit Marmelade und anschließend eine Tasse Brühe.]

Ich: Nomaden eßt Omen und Nomen est Monade. Und ohne Marmelade bitte.

HÄ: Leibnitz.

[Leibnitz kommt]

Leibnitz: Ja?

HÄ: Sagen Sie bitte Herrn Wenzel Guten Tag.

Leibnitz: Guten Tag.

Ich: Tag Herr Leibnitz. Ihre Limonade sieht aus wie eine Remoulade.

Leibnitz: Aber es handelt sich um eine Rollade.

Ich: Schade.

HÄ: Danke Leibnitz. Helga sag ihm, was los ist.

[Leibnitz ab]

Helga: Ah Quadrat plus Be Quadrat
gleich Zeh Quadrat.

Ich: Eins, setzen.

Helga: Ist nicht richtig.

Ich: Da würde mich doch mal die Meinung von Herrn Pythagoras interessieren.

Helga: Der ist unerreichbar. Heute findet das große Match statt: Fußballmannschaft Descartes gegen Turnerriege Friedrich Nietzsche. Dort würden wir ihn treffen, beim Musikmachen. Harmonieübungen.

HÄ: Wir autorisieren nichts. Ob Pi Monaden oder Li Monaden oder Ski Nomaden.

Ich: Ich bitte um klärende Worte.

Helga: Halleluja.

Ich: Danke.

HÄ: Wie Sie vielleicht wissen, bin ich der Häuptling. Aber ich habe nichts zu sagen. Helga z. B. ist der Häuptling von Helga usw. Falls Sie auch Sabine kennen sollten, die ist wiederum der Häuptling von Sabine. Dann haben wir noch einige Köche hier und Straßenbahnschaffner, obwohl es nirgends Straßenbahnen gibt. Wir sind keine Zivilisationsfeinde, sondern ein Team.

Poetanien kennt keinen Druck. Sie wissen ja, daß *ein* Vorteil der Kunst darin besteht: Nicht autoritäre Rezeption, wie z. B. noch beim Suppenkasper, wo die Mutter immerzu sagt: Iß Deine Suppe. Desweiteren rechnen wir Kunst noch nicht zu den Suppen. Zum Verständnis unserer Haltung empfehle ich Ihnen, von dieser klaren Epochebrühe zu kosten, ohne Nudeln. Allerdings mit Messer und Gabel, so bekommen Sie ein ungewöhnliches Geschmackserlebnis. Form-Inhalt Dialektiktikti. Helga?

Helga: Ja?

HÄ: Sage ihm, daß er sich auf einer Entziehungskur befindet.

Helga: Du befindest Dich auf einer Entziehungskur.

Ich: Was wird mir entzogen?

HÄ: Die falsche Kenntnis, die falsche Ordnung in Ihrem Kopf. Sie werden dieser Galerie von festen Bildern über die Welt verwiesen, wo beim Rundgang durch die stattlichen

Räume der 11. Feuerbachthesenwille nur bezüglich einer anderen Anordnung der Bilder empfunden werden kann. Sie kennen doch die Antwort des Antisthenes, die Diogenes Laertius uns berichtet hat: Auf die Frage, was am notwendigsten zu erlernen sei, antwortete er: Das Schlechte zu verlernen – schreibt Schopenhauer.

Helga: Hiermit entziehen wir Dir die Vorkenntnis.

Ich: Ich komme aber mit meiner Epochenbrühe nicht weiter. Bitte um einen Löffel. Ich geb ihn auch wieder ab.

HÄ: Wenn ich sage: Der Mond ist ein der Schwerkraft entgangener Volleyball, dann sollten Sie überlegen, wie Sie dem in Ihnen aufwachsenden Irrationalismus entgehen können.

Helga: So, jetzt wird gespielt!

HÄ: Die einzelnen Dinge kennen Sie ja. Hier die Toilettenbrille, dort ein Farbfernsehgerät, dort ein Tennisschläger, eine Bratpfanne, ein Knochen, eine Monatskarte für die S-Bahn, ein hartgekochtes Ei, eine Brosche, ein Paket Nudeln. Aber sehen Sie, jetzt bringen wir das alles zusammen. Wir sehen die praktische Existenz der Dinge, die nicht der von uns gestern produzierten realistischen Sicht entspricht. Vor jedem Spiel werden die Karten gemischt. Und nun? Das Bekannte wird durch die Anordnung unbekannt, und Sie können vorbehaltlos nichts beginnen mit diesem Tennisschläger in der Bratpfanne. Jetzt sehen wir genauer hin: Die Bratpfanne stammt aus China, der Tennisschläger aus den USA, die Monatskarte aus der DDR, der Knochen aus Afrika und das Paket Nudeln benötigte ein Europäer zur Bestechung von Eingeborenen vor 100 Jahren.

Ich: Und das Farbfernsehgerät?

Helga: Das ist aus Japan.

Ich: O, so eins möcht ich auch.

HÄ: Dann nehmen Sie diesen aufgeschnittenen Hasen. Die Farben sind um einiges besser als im Fernsehfilm über die Stellung der Stimmlippen des Kehlkopfes beim Vibrato eines Flötisten.

Helga: Haben Sie schon einmal versucht, einen großen Basketballschuh als Mütze zu verwenden?

Ich: Nein.

Helga: Sie sollten aber.

HÄ: Ines?

[Ines erscheint]

Ines: Was gibts, Häuptling?

HÄ: Bist Du verzweifelt?

Ines: Nein.

HÄ: Bitte versuch es.

Ich: Ines?

Ines: Ja?

Ich: Mich beschäftigt seit Tagen nur eine Frage: Hat nun der Wolf bei Rotkäppchen die Großmutter gefressen oder den Jäger?

Ines: Häuptling, wir sollten ihn nach Dramatanien schicken. Er hat die Prüfung bestanden.

[Ines ab]

HÄ: Haben Sie einen Paß?

Helga: Gehen Sie auf und ab. Nein, er ist kein Paßgänger.

HÄ: Also: Sie sind frei.

[Wir fielen einander in die Arme. Großer Abschied!]

Ich: Ich bin geheilt.

HÄ: Bleib schön traurig. Bis bald.

Ich: Bis bald. Viele Grüße an Leibnitz und Ines.

[Ich ab]

Als ich das gläserne Zelt verließ, kam ich nicht um den inneren Monolog. Auf jenem Stein der schönen Loreley saß ich und sprach stimmlos zu mir:

Emanation. Inauguration. Stanislawski. Tombola. Tombola. Umspannwerk. Kautzky. Aber Wahrscheinlichkeit, das ist doch das Maß der mittleren Häufigkeit für das Eintreffen eines zufälligen Ereignisses, zum Beispiel für das Würfeln einer Fünf, wie man experimentell nachweist, die Wahrscheinlichkeit Ein-Sechstel nach dem Gesetz der großen Zahlen. Vielleicht meinte Schopenhauer mit diesem interesselosen Anschauen der Welt durch den Künstler, also seiner besonderen Erkenntnischance im modernen Zeitalter, daß in diesen Koordinatensystemen Null hoch N lösbar wird. Ich meine positiv. Ich meine übrigens alles positiv. Ein Beobachter kann in einem geschlossenen Kasten prinzipiell nicht entscheiden, ob das Fallen von Gegenständen im Kasten durch Gravitationskräfte oder durch Beschleunigung des Kastens bewirkt wird. Der Seidenschwanz ist ein Singvogel Nordeuropas. Der Kasatschok aber ist ein lustiger Kosakentanz im zweiviertel Takt, der paarweise getanzt wird. O du Jahrhundert. Warum ist der Kasuar denn nur ein straußenähnlicher Laufvogel mit hohem knochigen Körper und kein Kommentator für skurrile politische Fragen? Perikles schweigt Worte und auch Kljutschewskaja Sopka schweigt Lava, wie es sich für einen 4750metrigen Vulkan auf Kamtschatka gehört. Doch warum hat das Dauergebiß des Hundes 42 Zähne, während der Mensch mit seinen 32 viel mehr erfunden und hinterfragt? Ungerecht ist die Welt wie mein innerer Monolog. Was werden all meine Lehrer dazu sagen? Was soll ich länger weilen? Mein Mundwasser ist alle, meine Zahnpastatube verstopft. Wer kann unter solchen Bedingungen für eine bessere Welt kämpfen? Ich warte mit meinem glazialen Herzen.

Wollte ich eine Furie oder ein Furnier? Und warum hat Isabella I., Königin von Kastillien nur Ferdinand II. von Aragonien geheiratet? *So viele Fragen. So viele Berichte.* Läuse sind weltweit verbreitete flügellose Insekten und Philosophie ist die Wahrheitsliebe. Mein Zerebrum monologisiert. Brecht die Macht der Monologe.

KAPITEL XVI

Das Theater ist das Psychogramm der Nation. Es ist gefüllt mit interessanten Spielern und Zuschauern, wenn das Interesse des Einzelnen an der Gesellschaft, am Nebenmann in der Stuhlreihe genau so groß ist wie an sich selbst; und sich unten [im Parkett] und oben [auf der Bühne] die für diese Aufgabe Besten befinden und also jeder sein Bestes geben kann und will, wenn die Qualität bestimmt [und nicht eine gekonnte Intrige, eine besondere Information über *den* und dessen Beziehungen, oder einfach das Beischläfchen mit einem Regie-Assistenten]. Das Theater ist immer dann besetzt mit magerem Durchschnitt, mit Töchtern und Nichten, mit blutarmen Schülern, brav und zuvorkommend, wenn die wirklichen Schauspieler woanders gebraucht werden: auf Wohnungsämtern, bei Agenturen zum Zwecke des Einsatzes im Nichtsozialistischen Ausland, [und nicht zu vergessen bei Ehefrauen und -männern], in Versammlungen, in Schulklassen … Es gibt kaum ein Thema, woran man sich so ereifern kann, wie am Theater, und es gibt auch kaum etwas so Langweiliges; den Beweis dazu könnte ich erbringen, indem ich einen Großteil der Aufführungen der Berliner Theater anführe, aber das spare ich mir aus Platz- und Taktikgründen; man redet sich am Ende nur den Mund wässrig und muß dann wieder auf den Bühnenboden der Tatsachen zurück. Ich habe Glück, denn ich befinde mich immer noch in Poetanien und brauche mich den konkreteren Problemen nicht stellen. *Dramatanien* hat mir am besten gefallen. Was ist ein Theaterbesuch gegen *die Stadt des Theaters*! Alle waren wir maskiert mit grausamen und fröhlichen Gesichtern, ein riesiger Karneval; und hoch in den Lüften, zwischen die Türme der Stadt gespannt, die Losung aus Shakespeares traurigem »Hamlet«: *Lieber Herr! Wollt ihr für die Bewirtung der Schauspieler sorgen? Hört ihr, laßt sie gut behandeln, denn sie sind der Spiegel und die abgekürzte Chronik des Zeitalters. Es wäre euch besser, nach dem Tode eine schlechte Grabschrift zu haben als üble Nachrede von ihnen, solange ihr lebt.* — Ach, mein Herz bebte, und ich glaube, kein Mensch hätte sich dieser Spiellaune entziehen können, so griff sie um sich, als bestünde die ernsthafte Welt nur aus Spielern. Selbst der sonst so mürrische Fahrer, der mit Beamtenaugen meine Unpünktlichkeit beklagte, lümmelte locker auf seinem Sitz und lachte: »Ein lustiges Volk!« — Mir fiel sofort der Begriff *Volkstheater* ein! Ja, ja, das Volk [an sich] ist etwas ganz Besonderes, Ausgefallenes, um das sich alle streiten, alle Leute tun etwas für das Volk oder in dessen Namen oder in dessen Auftrag, und nun soll es sogar noch ein Theater bekommen, ein Volkstheater! Wie schön. [Wo wird es gebaut? Wer wird sein Intendant?] Ich ging wie im Rausch durch die Stadt, die groß war wie eine ganze Welt. Auf der Treppe zum Theater Nr. 3 254 traf ich einen jungen Mann, der mir durch seine auffällige, unstimmige Gestik ins Auge stach. Er sah sehr klug aus, doch vor allem kam er unglücklicherweise auf mich zu; ich schaffte die Flucht nicht, so daß er mich mit den folgenden Worten ansprechen konnte: »Ich möchte jetzt mit Ihnen diskutieren, denn ich bin Student der Theaterwissenschaft, oder sagen wir besser: ich habe einige Vorlesungen gehört, ich heiße [den Namen laß ich weg, es handelt sich um eine bekannte Persönlichkeit] und habe mir eine Theorie ausgedacht.« — »Verzeihung! Ich will Ihnen nicht zu nahe treten [ging einen Schritt zurück; versuchte

Flucht mißglückt!], aber ich hoffte hier auf Schauspieler!? Sind Sie nicht der berühmte Dichtersänger und Theatertheoretiker ...?« – »Ich spiele jetzt die Rolle des Theaterwissenschaftlers, verstehen Sie? Hier ist sowieso nichts echt.« – »Nicht mal Ihre Nase?« – »Ach, sprechen wir nicht über meine Nase. Sprechen wir übers Theater.« – »Über welches?« Ich ließ mich auf den dümmsten Streit der Welt ein. Ich sprach von Verfall: Verfall der Darstellkunst, Verfall der Regie, Verfall der Dramaturgie, Verfall der Zuschaukunst; ich verlautbarte sogar, daß ich herausgefunden hätte, der Fernsehschwank wäre ästhetisch bedeutsamer für das gegenwärtige Herumwurschteln des krüpplig gestützten Staats-Theaters als Brecht oder Müller. Diese feudalistischen Flachbauten mit einem Hinter- und Vordereingang, mit Pförtnern und Kartenabreißerinnen und dieser Schwarm von halbseidenen Klugscheißern, die sich über das exquisite Bettlaken eines Einflußreichen in glorreiche Positionen manövrieren, auf die Chefdramaturgie- und Oberspielleiterposten stürzen wie Brutus über Cäsar; diese Gefälligkeit, die zur Mode heruntergekommen ist. Ich lüftete mein geheimes Herz, das bekanntlich immer noch zerrissen ist, wie auch in diesem Falle zwischen Zuschauerraum und Bühne. Aber man möge so etwas nie einem jungen Genie offerieren, denn das weiß, wies langgeht, das kennt seine Pappenheimer, denn das riecht, wos brennt. Und wie auf mein Stich-Wort *Brutus* hielt er ein Messer in der Hand und holte weit aus nach meiner Brust, die vom Rauchen ach so anfällig geworden war für alle Schmerzen. O diese Leidenschaft, wie sie im Leben ab und zu noch ihren Platz findet! o käme sie zurück auf unser geliebtes Theater! rief ich, o wann geht es dort wieder mehr um Leben und Tod als um ein beim Bügeln verbranntes Handtuch. Würden sie nicht mehr die Banalität heroisieren, sondern das Heroische mit dem Banalen des Lebens verheiraten! O wäre doch die Phantasie zu Hause, wo jetzt die Hinstellregisseure wohnen, o Himmel strahlender Amor! gib doch endlich der einstmals so großen Theaterstadt Berlin ihren Atem zurück, sie ist asthmatisch geworden, hohlwängig und krumm von der Aktentasche, in der sie die Frühstücksstullen aufbewahrt für die kleine Pause zwischen den Proben oder den Beratungen im Magistrat. O! Lasset ihr Götter Griechenlands, nicht die bis zur Einfaltslosigkeit geschulten Kader an die Schalthebel und Regiepulte, sondern Menschen, unberechenbare Menschen, mit Haut und Haaren und Verzweiflung und Bitterkeit, mit Geist und ... [was war das gleich?] Da traf mich der kalte Schaft des Messers zwischen dem 6. und 7. Rippenbogen, und ich starb eine klassische Szene auf den Treppen des Theaters, daß zu meinen letzten, geröchelten Worten immer wieder Applaus aufbrauste von den zu Hauf strömenden Zuschauern. Einige große Sentenzen sind mir gelungen und haften geblieben; ich will sie fragmentarisch auch dem guten Leser nicht vorenthalten: Ja, auch Du Brutus: ich weiß, Ausnahmen bestätigen die Regel, und es gibt, Gott sei Dank, Ausnahmen, die mir hier zu benennen die Luft fehlt. Ich kenn Dein Gesicht, blutiger Mörder, ich sahs in der Kassenhalle der Volksbühne, als Du mir vor Jahren die letzten Billetts aus den Händen gerissen, als noch das kleine Fensterlein, hinter dem die Frau mit den mageren Stapeln Karten saß, begehrt war wie der Schoß Julias vom heißen Geliebten; ich kenne Dich, Du bist es gewesen, mit skeptischem, altklugen Lächeln saßest in Deinen samtenen Reihen und todredend in den Pausen, ach Brutus, mir schwindet die Luft, und Deine Zeit wird nicht sein die bessere [Applaus!]; möge die Kunst nicht erstarren zu Repräsentationen und Ritualen, zu Aufstiegswegen und Königsfreundschaften oder kopflos werden zwischen Reklame und Weichspülerduft! [Starker Beifall!] Ernst ist das Leben! Heiter ist die Kunst! [Langer Beifall] Schiller! [stark aufbrausender Beifall] Die Kunst ist Spiel mit dem tödlichen Ernst, der uns bewußt wird, wenn wir die Schminke abspülen [in der Garderobe], wenn wir uns verbeugen, als wäre nichts geschehen und doch alles mit uns geschah, was uns ausloten könnte. Vergiß nicht,

Brutus, das hier ist die verkehrte Welt. Der Tod und Amor haben die Pfeile vertauscht. Was nützt Dir Deine leidenschaftliche Liebe? In dieser verkehrten Welt stirbt der Liebende und der Sterbende steht auf in heißer Liebesglut. ——— Nicht mehr abreißender Beifall. [Die Zuschauer erhoben sich von den Plätzen und schwebten um das Theater, so daß die letzten und wichtigsten Worte untergingen im Taumel und Krach, unhörbar für mich und den Leser.] Dann starb ich.

Ich müßte eigentlich noch so vieles berichten, doch befürchte ich eine Ermüdung des Lesers, der den ganzen Tag arbeiten mußte, während ich mich in Dramatanien herumtrieb, und weiß nicht, ob er es als ein böses Privileg begreift, das ich durch die literarische Ausschmückung verschlimmere. Aber auch der liebe Leser spielt! Denn jetzt spielt er z. B. den Leser, und jetzt, wenn er die folgenden Worte in der Klammer liest und laut vor sich hinspricht, spielt er den Lektor. [{(Dieses Manuskript von der Reise nach Poetanien, das uns der Herr Wenzel eingesandt hat, ist ein wirkliches Chaos. Es trotzt allen Gesetzen irgendeiner Gattung. Die Handlungsbögen stimmen nicht, und es stimmt keine Beschreibung. Stilistisch bräuchten wir ja nur mal die *Erweiterten Infinitive mit zu* zu zählen, und wir sähen, wie weit es mit ihm stünde. Schicken wir ihm eine Liste mit wichtiger Prosaliteratur, daß er sich etwas informiere, ehe er das immer teurer werdende Papier sinnlos vollschreibt. Schreiben Sie ihm, er soll uns schreiben, was er mit diesem Buch eigentlich erreichen will, dann können wir besser einschätzen, ob es ihm gelungen ist oder nicht.)}] Oder aber der gütige Leser spielt seine eigene, kritische Rolle und schreibt auf die hier folgende freie Stelle seine Reklamationen und sendet das Buch, wie man es bei defekten Kameras üblicherweise schon tut, retour an den Hersteller.

Ich reklamiere am Buch Reisebilder . . . .
. . . .
. . . .

. . . .

. . . .

. . . .

. . . .

. . . .

. . . .

. . . .

. . . .

Auf jeden Fall bin ich sehr gut gestorben in Dramatanien, und ich verweise darauf, daß ein theatralisches Geschehen nicht verbal abbildbar ist, d.h. einfach gesagt, daß der Leser meine große Sterbeszene nicht einschätzen kann anhand der aufgeschriebenen Worte, sondern sie war um vieles besser.

KAPITEL XVII

Kurz will ich noch auf den Besuch einer Forschungseinrichtung eingehen, die sich auf hermetisch abgeriegeltem Terrain mit der Neuentwicklung eines menschlichen Organs beschäftigt. Saubere Zimmer. Weiße Kittel mit Menschen drin. [Immer wenn ich Medizinmänner sehe, frage ich mich, was mir fehlen könnte. Schnell, nutze die Chance, frag nach deinem Husten, den Kopfschmerzen.] Der Leiter des Instituts steht Ihnen zur Verfügung, sagte er lächelnd. Nutzen Sie diese Gelegenheit! – Also nutzen! Aber wie? Ich fragte schließlich, ob es eine Absonderlichkeit sei, daß meine Verdauung unter verschiedenen Situationen so verschieden reagiere? – Konkretere Informationen, bitte! – [Ja wie konkret darf ich werden?] Und so erklärte ich lang ausholend: Die Goetheweisheit, daß man sich durch nichts so sicher vor der Welt schützen könne als durch Kunst, und durch nichts so eng mit ihr verbunden wäre als durch Kunst, ist altbekannt, und so brauchen wir uns auch nicht zu wundern, wenn der eine das und der andre jenes aus dem Spruche herausnimmt. Aber für wieviele Künstler besteht die Welt nur aus Künstlern? Das ist eine besondere Tragik, die der eine mit Ignoranz und der andre mit ausgestelltem Interesse und Geschwätzigkeit trägt. Ich aber muß immer versuchen, mich solchen Ansammlungen von besonders schöpferischen Menschen fern zu halten, weil es meiner Verdauung nicht bekommt. Meiner Verdauung bekommt gleichsam nicht, nur in umgekehrter Auswirkung, also durchfällend, wenn ich in einer Ansammlung unmusischer Menschen atmen muß; dort entwickle ich stets so ein Minderwertigkeitsgefühl, als käme Kunst von Kunstfehler, weil Gott bei der Erschaffung der Welt eben eine Nullstelle, etwas Nutzloses eingeführt hat.

Der Arzt überlegte lange, bis er mir sagte, daß meine Verdauung so etwas wie der Seismograph menschlicher Werte wäre auf der nach oben offenen Richter-Skala. Ich sollte stets ein praktisches Gegenmittel bei mir tragen. Für den einen Fall Öl, für den anderen Bananen. Ich sagte ihm natürlich nichts von der Knappheit beider Produkte im europäischen Angebot, sondern ich lauschte nun seinen Forschungsberichten. Er wurde ernst. Eine große Entdeckung gelang hier [Später werden diese Häuser sicher ein Mekka]. Soziale Forschungen hätten ergeben, daß mit der Neuzeit ein sonst nur bei Königen verbreitetes Bedürfnis entstanden sei auf der breitesten Ebene der Bevölkerung: *Nach Ruhm.* Zum Beispiel habe er herausgefunden, daß große Staatsmänner Filmschauspielern den Ruhm nicht gönnten, daß sie ihn selber haben, daß sie ebenso bekannt und beliebt sein wollten wie diese, daß ihr Bild aus eigenem Antrieb in den Zimmern der schönen Mädchen aushänge, daß ihnen auch so mitfiebernd beigestanden werden soll bei den Verhandlungen wie den weltbekannten Sportlern, daß sie als ebenso gebildet gelten beim Volke wie die Denker und Schreiber …

Auch bei anderen Berufszweigen sei diese Sucht anzutreffen. Der Mensch müsse also von Kindheit an mit dem nötigen Ruhm versorgt werden, und zwar als *Selbstversorger*! Nicht zu Lasten der Mitbürger! [Darin bestünde die utopische Aufgabe!] Ein Organ zur Herstellung dieses Ruhmsekretes könne jetzt transplantiert werden. Und er führte drei überaus glücklich dreinschauende Menschen durchs Zimmer, die mich gar nicht wahrnahmen, weil ich nur ein Fatzke für sie war. [Und wie geht die Absonderung des Sekretes vonstatten? fragte ich.] Die Ruhmsekret-Drüse brauche noch einen physischen Anreiz von Außen, damit sie mit der Produktion beginnen könne. Da sich aber die Drüse in der Nähe des Dickdarms befindet, seien die Sensoren in einem Bereich gelegen, der mit A. anfängt, und auf dem die Menschen ansonsten sitzen. Einfach ordinär – würden die Feinsinnigen unter meinen Lesern sagen.

Am nächsten Tag, als ich von einer Versammlung aus Journalistanien zurückkam und auf Grund der Ansammlung von Kunstfeinden in meiner Umgebung jenes oben beschriebene Problem mit meinem Verdauungsapparat verspürte, mußte ich natürlich sofort nachsehen; es hätte ja sein können, daß mir der Arzt, während ich schlief … aber nein, mein leichtsinniges Gemüt bei den schwerfälligen Journalisten mußte andere Ursachen gehabt haben [Vielleicht die baldige Rückkehr?]. Aber wenn einer aus der verehrten Leserschaft gern solch eine Drüse besitzen möchte, so solle er mir unverzagt schreiben, und ich werde das Nötige veranlassen.

KAPITEL XVIII

Mir glaubt jedoch kein Mensch, daß ich in Poetanien war. Das weiß ich jetzt schon. Alle werden denken, ich habe mir das nur ausgedacht. Unverstandener Dichter. Schallendes Lachen der Landkartenzeichner. Heftiges Schluchzen der Wirtschaftsexperten. Garstiges Zerpflücken der Literaten. Zur Tagesordnung übergehende Kulturpolitiker. Händereibende Psychologen. Das sehe ich alles kommen. Ich bin verloren. Keinen Zeugen zur Seite, keinen Namen, der hierzulande was gilt, zur Beglaubigung. Nichts. Nur mein vereinzelter Korpus mit seinem ungenauen Gedächtnis.

Aber ich kenne die Trixe und Tücken, ich lese ja ständig, ich bin ein dynamischer Prozeß, ein sich wandelnder Mikrokosmos und werde den Skeptikern einen Hieb versetzen mit der unschlagbaren Waffe, dem Abgott der Naturalisten – –
: : : – ____ – – – ________
DEM – DOKUMENT! !

[Ich meine nicht Ausweise. Obwohl ich die auch meine.] Bei einem Dokument ist der Wahrheitsgehalt amtlich besiegelt. Es ist ein Zeichen für einen Fakt, nicht für einen Gedanken. Ich könnte z.B. diesen Seiten ein Foto beifügen und jeder Zweifel wäre hinweggewischt: Ja, der war wirklich in Poetanien. Dann könnten die Psychologen wieder an ihre Arbeit gehen und die Historiker sich der Sache annehmen, und die Diplomaten eine Botschaft kaufen. Mit einem Dokument kann alles bewiesen werden.

Als Jüngling mußte ich beim Anziehen einer bestimmten Hose immer daran denken, daß ich in ihr das erste Mal die ganze Nacht bei einer Frau verbracht hatte, wo ich sie natürlich auf ein Sofa legte und dadurch meine Unschuld verlor. Die Hose bekam einen besonderen Wert, der sie von anderen Hosen unterschied, obwohl die von gleicher Farbe und Firma waren. Als ob das Beinkleid einer besonderen konspirativen Weihe unterzogen worden sei, trug ich es auf solchen Exkursionen später noch, denn mir schien, daß es eine besondere Hose war, extra für solche Unternehmungen geschaffen; daß nicht ich, sondern die Hose die Situation schuf. Ich führe dieses Beispiel nur an, um zu zeigen, wie sich der Umgang mit den Dingen auf die Anschauung von den Dingen auswirkt; oder: wie eine Folge von uns selbst zur Ursache verdreht wird. Mit Dokumenten geschieht es ähnlich. Das Authentische hat eine so unwiderlegbare Kraft bekommen, daß es scheint, als regiere es all überall besserwisslerisch und reglementierend, gegen jede Verallgemeinerung.

Die folgenden Belege über meinen Aufenthalt in Poetanien fand ich nach Ankunft in Berlin in meiner Umhängetasche; ich gebe sie unkritisch, mit einigen notwendigen Anmerkungen versehen, *hier*, das erste Mal an die Öffentlichkeit. Alle Rechte liegen beim Besitzer.

DOKUMENT A: »Der bei der Buchmesse in Lyrisanien beim Diebstahl zweier Lyrikbände ertappte Herr Hewenzl möge in seiner Heimat seine gerechte Strafe erhalten.

Dieses Schreiben ist für das Kulturministerium bestimmt und vom Überbringer dort ungelesen abzugeben.«

[Der Schreibfehler meines Namens rührt von meiner undeutlichen Aussprache beim Verhör. Doch wer dies als eine Finte ansieht, dem sei das zweite Dokument zur Betrachtung gereicht, welches die letzten Zweifel besiegen wird, denn es ist unwiederbringlich an meine Person gebunden.]

DOKUMENT B:

»Hiermit bestätigen wir, daß Herr Wenzel in seinem Ohr eine eingefressene Ameise mit sich trägt, die bisher durch keinen operativen Eingriff zu entfernen war.

Oberarzt. Unterarzt. Zwischenarzt. Tierarzt. Insektenspezialist. HNO-Spezialist. Kollektivvertreter.«

Lieber Leser! Liebster Kritiker! Verehrtester Besserwisser! Sagt selbst, wo sollte ich sie sonst herhaben als aus dem poetanischen Walde? Genauso, wie ich es beschrieben habe.

Also: ICH WAR IN POETANIEN!

Ich könnte Euch Sachen von dort erzählen ...

[Hier endet das Manuskript vorzeitig, wird deshalb zu den Fragmenten gerechnet. Also noch eins!]

ZWEITER TEIL

STÄDTEANSICHTEN, REISEPROTOKOLLE, BERICHTE UND ANDERE TEXTE

Wenn du dich bei dem ennuyanten Zeug, das darin vorkommen wird, langweilst, so tröste dich mit mir, der all dieses Zeug sogar schreiben mußte. Ich rate dir, überschlage dann und wann einige Seiten, dann kömmst du mit dem Buche schneller zu Ende — ach, ich wollt, ich könnt es ebenso machen! Glaub nur nicht, ich scherze.

H. Heine

VENEDIG

Venedig hat mich wirklich sehr enttäuscht. In unserer Phantasie blühen alle Städte als klingende Namen aus den Mündern Weitgereister, doch sind sie einen Augenblick Wirklichkeit, müssen wir nur wenige Meter durch sie hindurchgehen über nichtige Straßen und Wege, verlieren sie den Zauber ihrer Unnahbarkeit und werden wie alle anderen Orte der Erde, die wir schon kennen. Und ein Baum ist und bleibt auch dort ein Baum und unten bleibt unten, wie überall. – Ach, die Märchenschlösser zerfallen niemals; in den Märchen gibt es keine fortrennende Zeit, kein hastiges Zählen nach Tagen, gibt es kein Alt-Werden … Und *hier* fiel von den Häusern der Putz. Eigentlich plante ich meine Hochzeitsreise in dieses Paradies, aber meine Geliebte bekam von den italienischen Behörden kein Visum, weil sie unter Terroristenverdacht steht. So mußte auch diese Ehe ins venezianische Wasser fallen. Auf dem Markusplatz, der während meines Besuches halb unter Wasser stand, traf ich einen alten Mann, wie man ihn in jeder Stadt der Welt treffen kann, der mir gegen ein kleines Entgelt die neuesten Sehenswürdigkeiten zeigte; also: *den Untergang der Stadt.* Ach, es roch so faulig und schön, daß ich mich gleich an unser *Gänsevenedig* erinnerte, an den lieben Spreewald, wo der Meerrettich wächst, den ich so gern zur Wurst esse, der so würzig macht, meine nördliche Geschmacksamplitude exzentrisch in die Höhe treibt, revolutioniert und schärft; – oder die eingelegten Gurken!! So gehen die Gedanken in einer fremden Stadt stets nach Hause: Ob der Gashahn auch zu ist? Ob die Fenster geschlossen? Man schreckt nachts aus dem Hotelschlaf mit der Frage: Ob das Flurlicht noch brennt? Immer den Kopf voll mit wichtigen Erinnerungen, daß der Genuß der Fremde nur ein halber ist. Und dann, die großen vergleichenden Überlegungen: Ob Gänse*venedig* nach *Venedig* oder ob *Venedig* nach Gänse*venedig* benannt wurde? [Genauso Spree*athen*, Elb*florenz* oder Sächsische *Schweiz*!] Nachlesen im Reiseführer. Nein! Die Ideale brechen zusammen. Adieu, du schöne Welt! Gänse*venedig* ist einfach nicht zu finden, in keinem Register, unwürdig einer Bemerkung in den Annalen der Sehenswürdigkeiten. O Klage! verletztes Heimatgefühl! Nun verstehe ich den Satz: *Bleibe zu Hause und nähre dich redlich!* Denn Reisen verunsichert, es bringt unser gut behütetes Weltbild ins Wanken, wirkt idyllenzersetzend. Jedes Land hat doch seine eigenen Schönheiten: *Gänse*venedig und *Spree*athen, Kinos, die ›RIO‹ heißen, oder eine Gaststätte ›STADT HAMBURG‹!, welche in meiner goldenen Jugendzeit zu Wittenberg, wo es eine Kneipe selbigen Namens gab, umbenannt wurde! Denn die treuen und übertreuen Stadtvätis und -muttis äußerten in der Zeitung, welche sinnvollerweise ›FREIHEIT‹ heißt, ob es sich hier nicht eventuell um eine Zumutung für Bürger der neuen Epoche in einer Kleinstadt handle, in eine ›STADT [namens] HAMBURG‹ gehen zu müssen nach harter Arbeit an den volkseigenen Pe eM. Pfui! Denn Hamburg gibt es im Bewußtsein eines echten Fortschrittwittenbergers nicht. *Nie gehört!* Nie existiert! Nur nachts träumt sich so ein halbgroßer Mann nach anstrengendem Kreuz mit den kleinen Leuten vorm Schreibtisch nach – HAMBURG ... Auf die Reeperbahn nachts um halb eins, mit Hans Albers [und viel Westgeld], und nur einen Tag will er mal so tun, als ob er nicht pflichtbewußt und überhaupt bewußt ist, und die Zusammenhänge begreift und den Übergang und die besondere Situation. Nein, er will einfach mal. Aber *Venedig* hat mir nicht sehr gefallen. Ich werde keinen Lichtbildervortrag ausarbeiten. Was solls. Andernorts geschehen wichtigere Dinge. Übrigens heißt die Gaststätte heute: ›ZUM RISCHEBACH‹, welches viel poetischer klingt. Ich war jedenfalls nicht begeistert von *Venedig*. Vielleicht war ich auch gar nicht dort, aber da gibt es *jetzt* keinen Unterschied mehr. Welchen sollte es geben zwischen einer erdachten und einer erlebten Geschichte? Die erlebte gibt es nicht mehr, und die erdachte gibt es auch nicht [in der Realität]. Am Ende könnte sie nur in einer Erinnerung existieren, ob erdacht auf dem Fußweg durch Gänse*venedig* oder gemerkt, weil in *Venedig* gewesen. Die Geschichte gibt es gegebenenfalls nur noch als eine Geschichte, die erzählt oder aufgeschrieben wurde; entweder sie stimmt, ist glaubwürdig, also wahr, oder sie ist erlogen, und das kann sie sogar sein, wenn einer mit der genauesten Beschreibung aufwartet, weil er ja leibhaftig dort war, aber hat vielleicht das Falsche gesehen, oder sich ablenken lassen von Gemüseläden, oder etwas vorgespielt bekommen, besoffen von Wein oder Freude, oder er war im Kino den ganzen Tag, Pornofilme ansehen. Gesehen ist gesehen? Die Sinne trügen auch, wenn der Schein trügt, und bedeuten nicht alles.

Als ich die Straße zum Markusplatz ging, seitlich der Händler mit Souvenirs, fuhr ein reiches Pärchen vorbei [man sah es an der Ausstattung]. Immer noch gilt das als romantische Ehre, hier, auf diesem untergehenden Erdteil? Da meine Geliebte das Visum, aber das ist bekannt, bekannt ist auch, daß ich enttäuscht war, denn, ehrlich gesagt, ich hatte gute Erinnerungen von einem frühen Comic-Heft, das ›MOSAIK‹ hieß, und welches ich in der zweiten Klasse gegen vier große Glasmurmeln eintauschte, einen Sammelband, worinnen sich ein Heft befand mit bunten Bildern aus *Venedig*! Da sah ich sie alle: die Paläste und Bögen, die Gondeln, die alten Dogen und Dons und Doggen und wie sie alle hießen. *So* lernte ich *Vene-*

dig kennen und mehr von der Welt, und ich war, wie gesagt, einfach enttäuscht [selbst vom schwarz-weiß-Fotobericht einer Illustrierten über den Untergang]. Damals war alles so bunt, und das Wasser war grün gezeichnet, mit blauen Flächen, wie Pfützen drauf, und der Himmel zwischen den engen Kanälen war sonderbar hoch, höher als über Wittenberg, wo man zwischen der Gaststätte ›ZUM RISCHEBACH‹ und zwei Kastanien nur in den Staub sehen konnte, der aus dem Industriezentrum herüberkam. Fahren Sie bloß nicht nach *Venedig*.

DIE WELTREISE

Auf dem Dachboden meines verstorbenen Nachbarn, unter unmodisch schönen Hosen, Krawatten, Nylonhemden und alten Briefen liegt der zerfledderte Atlas, den ich an der Jacke abwische und in meine Behausung trage; schmutzige Finder die Finger, Staub in der Nase. Ich schiebe die Tassen vom Tisch: Platz da! Unterm schmutzigen Braun kommen mählich Buchstaben ans Licht:

LANGE-DIERKE SCHULATLAS NEUBEARBEITUNG

714. AUFLAGE,

drunter, mit Kopierstift: HEINZ [der Sohn meines Nachbarn].

Finde ich endlich das Kreuz, wo der Schatz liegt, das Land, wo ich hin will, in späteren Auflagen immer verschwiegen? Der Pappeinband löst sich aus der Leinenfesselung. Wie Girlanden baumeln die Fäden vom Tisch, wie Spinnweben, Netze, in denen man sich verfängt, Altweibersommer, Indizien vergangenen Gebrauchs.

Ich finde Neustrelitz, Lübben, Hamburg, Tübingen, Berlin, Stettin, Gleiwitz, Posen, Königsberg, die Anfänge der Apfelblüte in Europa und jährliche Regenmengen, die Maas und die Memel ... Welche Zeit ist das? in der ich durchs Riesengebirge laufe mit dem Finger, wo gerade meine Mutter mit der

Kanne an einem Plakat vorbeischlendert, Milch verschwappend. Ich blättere zurück: Keine Jahreszahl. Schon bin ich gefangen, ein Staubkorn, mangels anderer Karten, in dieser unbekannten Zeit, wandre bis auf die fünfzehnte Seite: *Deutsche auf der Erde* [nicht unter]: Europa 85 000 000, Asien 165 000, Australien 75 000, Afrika 104 000, Südamerika 1 180 000, Vereinigte Staaten 800 000, Mexico 13 000 … Und was ist das eigentlich: ein Deutscher? frage ich meine Großmutter am Fuße der Schneekoppe, ist das was zum Spielen? Denn ich, ich bin der Finger, der übern Atlas kriecht, weiter nichts. Ich kann überall hin. Die Formen der Länder wie Kleckse. Spanien, in der Mitte Madrid. Ich blättere, blättere, ich spucke mich an, denn ich bin nur ein Finger, der die Kontinente umschlägt. Und wo bleibt das Kreuz, das Zeichen für den Schatz? Nur Namen. Wo bin ich? Die Uhr auf dem Tisch ist stehengeblieben. An der kleinen Karte *Deutsches Reich* aber renne ich mir einen Schiefer ein, vom Buntstift, vom hölzernen Buntstift mit roter Farbe, der die anderen Grenzen nachgezeichnet hatte, ein Stück ČSR, Österreich … Mutter schlendert jetzt selbstbewußter mit der Milchkanne heim, man hat ihr das eingeredet, hier, zwischen der alten Grenze und dem roten Strich, wo die Druckerei einfach nicht hinterherkam; Deutschland muß sparen! Der Lehrer ruft durch die Dorfschule: Rotstifte raus. Wir müssen jetzt die Grenzen korrigieren. Das hat uns der Führer geschenkt. Und Heinz sitzt vor der Karte und hält seinen Stift wie eine Forke, die Spitze ist stumpf, er rutscht ab; oho, ein bißchen zu weit östlich, Heinz, noch gibts eine Fünf, aber bald sollst auch du recht haben, so einfach ist das.

Ich, also mein Finger, blättere zurück: die Erde; kaum auffindbar dieser Klecks *Deutschland.* Und die *andere Welt* liegt ganz ruhig auf ihrem Fleck; das Gitter der Längen- und Breitengrade durchdringt keine Insel, ganz still liegt das bunte, flächige Durcheinander der Welt. Aber der Schüler *Heinz* in der Dorfschule zu Schmuggerow verbessert die Grenzen des

Deutschen Reiches von 1937 auf 1938; nur ein Jahr, in dem wie immer die Bäume blühten, das Gras wuchs, der Herbst kam und der Winter, in dem meine Großmutter, wie immer, ungeachtet der großen Veränderungen, die sie in ein angeblich nötiges *Reich* heimbrachten, den Stollen zur Weihnachtszeit auf einem kleinen Rollwagen zum Bäcker fuhr. Und so gingen die Jahre, und der Weihnachtsstollen war längst aufgegessen, und es wurde neuer gebacken; meine Großmutter krempelte die Ärmel hoch und walkte den schweren Teig. Und zur selbigen Zeit erhöhte sich, wie immer, die Zahl der Toten, der Gestorbenen auf den Friedhöfen von Schmuggerow, Trautenau oder Berlin, und der anderen Toten, die nicht einfach gestorben waren. An lauter Kreuze stößt plötzlich mein Finger auf dem Illusionsrelief der physischen Karten; keine Schätze, nur Leichen, am Don, bei Kursk, Dresden, Seelow, Halbe ... Mein Finger trägt einen schwarzen Rand, die Chausseen kennt er.

Hier erzählt man sich nur, daß, nachdem auch in diese Gegend die Nachricht vom Ende des Krieges gedrungen [Morgen! Radiergummis raus! Grenzen wegradieren! *Heinz*, bei dir steht noch ein Rest. Wir haben keine Zeit mehr, bald werden die Flüchtlinge hiersein, und all die anderen], ein Altnazi nebst Familie zu einem Waldspaziergang ausrückte, ganz in der Nähe des Hauses, in dem ich sitze und über den Atlas mich beuge, gingen sie bis zu den stärkeren Bäumen, Frau, Mann und fünf Kinder [Kräftige Zeugung! Volksgesundung!], Papa holt Strick aus der Tasche, ein echter Deutscher gibt nicht auf; schnell sieben Schlingen gebunden, gut gelernt bei der HJ, die älteren können schon helfen, immer der Reihe nach, Frauen und Kinder zuerst, und wie die Halbinsel Kalifornien ins Meer hängt, baumelten sie im Frühlingswind. Während meine Eltern schon hastig ihren Lebenskram zusammenpackten für ihre ziellose Flucht. Ein Kind, das siebte Geißlein am Baum, fiel herunter und kein Wolf kam, es lebte! es fanden am anderen Tage die Bauern das weinende Kind bei den sechs vergangenen Menschen. Das waren *Deutsche*, sagten die anderen, die am Leben blieben und auch Deutsche waren.

Ich schlage Atlas und Hände zusammen, das Reisen verleidet durch die gravierenden Reisen der Wehrmacht. [Einer von hier war sogar in Dänemark] – Die ganze Welt eine giftige Seerose auf dem Ozean, und der Staub an den Fingern, der sich in die Seiten gelegt hat, verdeckt nicht das Rot der Linien, die nicht wegzuradieren sind. Das Rot der großen Städte, die ausradiert wurden; die Namen der eingezäunten Orte, das Unwahrscheinliche. Ein Menschenleben von mir entfernt, zwischen den gleichen Bäumen und Autobahnen, unter dem teilnahmslosen Himmel – ein Bühnenbild für blutige Tragödien, Lerchen und verstaubende Atlanten.

Jetzt liegt die Katze auf der aufgeschlagenen Seite, und im Traum zuckt ihr das Maul, das über der Gegend liegt, wo ich mich gerade befinde.

BUCHENWALD

Wir sind zu viert losgefahren, mit den Fahrrädern. Ein Lehrer war noch dabei. Rast und Übernachtung in *Großkorbetha*, wo das Wasser stank, früh beim Zähneputzen, daß wir es sein ließen. An diesem Morgen sehe ich die Glut der Zigarette aufblitzen in der Hand unseres Lehrers, im Dunkel des Schulhofes erkenne ich seine Tischlerhände, an denen ein Stück des linken Ringfingers fehlt; höre sein Husten, sehe seine vergilbten Zähne [eine Ruinenlandschaft] beim Lachen. Ich kann nicht genau sagen, wie alt er damals war, wie alt er überhaupt wurde, in welchem Lebensjahr ihm der Herzinfarkt den Schlußpunkt setzte. Er war ein *verrückter* Mensch, das gebe ich zu, zumindest gemessen an dieser Zeit. Ich bin sicher, daß sich nur noch wenige an ihn erinnern. Seine komische Aussprache verwies auf thüringsche Herkunft, seine Hustenanfälle mit erschreckender Lautstärke auf die damalige Zigarettensorte CASINO, seine Gangart [die Füße nach außen gedreht] etwas an Chaplin. Was fällt mir noch ein, wenn ich ihn kenntlich machen soll zwischen anderen? Sein übermäßiger Kaffeeverbrauch? Ich finde nichts, was so einfach zu erklären wäre, daß meine heutige Erinnerung an *ihn* gerechtfertigt erschiene. Ein normaler Mensch.

Er suchte sich unter den Schulkindern eine Avantgarde [ich gehörte dazu], besprach mit uns vom Kinder-*Kriegen* bis zum

Welt-*Frieden* die Details des Lebens [ohne auf den guten Ton zu achten]. Lange Zeit später, als mir die ersten Barthaare sprossen, ich ihn nur noch ab und zu angetrunken in einer Kneipe traf, schämte ich mich seiner Bekanntschaft, denn ich hatte inzwischen mit Medizinstudenten, Musikern, Dichtern und Malern gesprochen, konnte die Worte feiner zusammensetzen, abwesender umherblicken. Ich schämte mich einer Strophe, die *er* als »optimistischen Schluß« meinem ersten Lied dazugeschrieben hatte, mir schenkte, weil: *da fehlt was*, die Worte: SIEGEN WIRD DAS GUTE. [Es war ein schlechtes Lied, poetisch, daran hat die letzte Strophe nichts geändert.] Ich komme mir vor wie ein Sohn, der sich seiner Abstammung schämt, der illusionsbeladenen Naivität, ein Renegat, der, in bessere Verhältnisse aufgestiegen, nun mit kritischem Bewußtsein alle politischen Erregungen zu steuern vermag, weise und voller Nachsicht, geschützt vor dem Lachen der Zyniker, der Scham der Bloßstellung.

Wenn ich an *ihn* zurückdenke, erinnere ich mich des halbherzigen Glaubens an eine *gute Sache*, die mir, als ich von *seinem* Tod erfuhr, in ihrer Abstraktheit völlig aus dem Gedächtnis geraten war. *Er* hatte es mir nie übelgenommen, daß ich später nicht mehr so fest zu ihm stand. *Er* hatte seine Meinung, seit jenem Sommer, da wir zu viert aufbrachen und zweifelte nicht an mir. So starrköpfig!

In jenem August aber, als wir in aller Frühe mit unseren Rädern, sparsamem Gepäck und Verpflegung losfuhren, war für uns überhaupt alles in der Ordnung, und wir sahen in jedem Zweifel etwas Zersetzendes, Verrat an der Zukunft. Unser Vorteil gegenüber anderen bestand darin, daß wir keine Macht hatten und also keinen Schaden mit unseren Einseitigkeiten anrichten konnten. Wir waren ein Geheimbund. Nachts klebten wir Plakate an nicht dafür vorgesehene Stellen. Für die Eltern erdachten wir Geschichten, um abends noch weg zu dürfen. Streng geheim. Wir waren vier Leute, mit *ihm* fünf. Einer hielt den Eimer mit Tapetenleim [den *er* zu Hause in der Küche unterm Gekreisch der Frau angerührt hatte], ein andrer den Schrubber [aus *seiner* Küche] zum Bestreichen der Wände, einer stand Schmiere [mit *seiner* Taschenlampe], und zwei Mann klebten Plakate [die *er* besorgt hatte]. Vielleicht war gar nicht wichtig, was drauf stand *[UnserjazurVerfassung]*. Wichtig war, daß wir alle gleich blieben, *er*, der Lehrer, und wir, seine Schüler, in diesem besonderen Augenblick. Ohne Privilegien! ER war einer von uns. Versteckt vor den Passanten des Abends erzählte er von *illegalen Plakataktionen* [früher natürlich], und, daß dieser Mann, der dort um die Ecke kommt und uns gesehen hat, vielleicht ein *Nazi* sei, in anderer Zeit, und uns verraten hätte, und wir wegen dieser lumpigen Plakate unser kostbares Leben ... Und wir hatten keine Angst. Nur Verachtung empfanden wir für den Mann an der Ecke, für die Leute in den Wohnstuben, in die wir hineinsehen konnten; das silberne Fernsehbild spiegelte sich auf ihren Gesichtern; Schreie und Schüsse aus den Lautsprechern, die nichts von der ovalen Gemütlichkeit der Tische und Sessel anzukratzen vermochten. Wir hatten an diesem Abend kein Zuhause, brauchten auch keins. Es war wohl April und noch kühl, aber *wir* froren nicht oder gaben es nicht zu. Aus dem Radio, irgendwo in der Ferne, hörten wir den neusten Titel der Beatles und hielten eine Sekunde inne. Aber das verstand *er* nicht. Ich weiß nicht mehr, welcher *Song* damals in den Hitparaden lief, die wir mit Enthusiasmus verfolgten. [Es ließe sich sicher rekonstruieren.] An diesem Abend verzichteten wir sogar auf die kostbare Möglichkeit, einen solchen Titel [auf das Tonband gebannt] zu besitzen. Für *ihn* waren das Nebensächlichkeiten. [Vielleicht begriff ich hier das erste Mal so etwas wie einen Unterschied.] *Er* entfachte eine brutale Utopie in unseren Gedanken, eine *richtige Zukunft*, die wir, nur wir, jetzt, sofort *aufbauen* müßten; alles andre wäre *Schnickschnack*. [Es gelang uns nicht, *ihm* begreiflich zu machen, was das war, das uns gefangen hielt in den Seiten der Comic-Hefte, die zerlesen von Hand zu Hand gingen, daß sich auch darin ein Stück unserer echten Sehnsucht ausdrückte.] Man kann nicht behaupten, daß *er* uns mit Abenteurertum einkaufte. Das muß ich strikt ablehnen. Ich könnte beweisen, daß er später, obwohl er sich lächerlich machte, selbst in Diskotheken zwischen einen Disput ging, der in Handgreiflichkeiten überwechseln wollte. Er war nicht sehr stämmig. Auch wegen seines Hustens — der Alkohol, die Zigaretten — fiel ihm die lange Fahrradtour schwer. An den Bergen kurz vor Weimar lag er immer weit zurück, und wir mußten oben, abgekämpft, aber *siegreich und glücklich*, auf ihn warten, der da wie ein alter Mann angeschoben kam, sich hustend setzte, mit blauen Lippen, und einen in seinem Dialekt unglücklich wirkenden Spaß versuchte, zur Zigarette. Wir machten unsere Witze darüber. Ich weiß, mein Freund Lothar Siedler war dabei, der später zur Handelsmarine wollte und sehr gut Akkordeon spielte und noch zwei Freunde, deren Namen ich vergessen habe. Die Expedition war lange vorbereitet. Wir trafen uns schon ab Mai. Abends sahen wir im Fernsehen die Berichte aus Paris, wo Studenten die *Welt verändern* wollten, oder West-Berlin, *[Der Schah von Persien zu Besuch]* Steine werfende Studenten, und ein gewisser Benno Ohnesorg wurde erschossen. Damals war immerzu *was los.* Und *er* sagte: *Verkennung der Lage* [oder so], und ich weiß nicht mehr genau, ob er die Partei meinte oder die Studenten. *Er* sprach darüber mit uns, aber wir bereiteten unsere Expedition vor, für den Sommer, der hoffentlich gutes Wetter bringen würde, besprachen Einzelheiten, und unsere Phantasie schwebte über dem ausgetretenen Schulhof. In welchem Dorf würden wir uns waschen unter der Pumpe? Ja, unter der Pumpe. *Er* fuhr die ganze Tour vorher ab [auf eigene Kosten], klärte alles [Geld, Unterkunft, Verpflegung und die Extras]. Warum so einer seinen Urlaub noch mit Schülern verbringen muß! [Das ewige Chaos in den Köpfen der Kleinstädter.] Und wenn was passiert? Schließlich ist das kein *Pappenstiel* bis dorthin, wenn einer ne Panne hat oder nicht mehr kann, sollen die Kinder lieber arbeiten gehn und sich Geld verdienen und die Lehrer sich erholen im Urlaub. Vielleicht ist der auch pädophil. *Er* hörte dieses Gemurmel nicht oder wollte es nicht hören, erzählte von Unruhen, irgendwo. Lothar Siedler sollte für das Flickzeug und alle Reparaturen verantwortlich sein, sich um alles kümmern, wenn was wäre, und wir konnten uns auf ihn verlassen, und ich sollte das Tagebuch führen dieser Expedition, wo uns der Hintern nach einem halben Tag schon weh tat in der thüringischen Einöde, dieses ständige, blödsinnige Berg-hoch-Fahren und wieder runter, das kein Ende nehmen wollte, bis uns die Lust verging mit den Kräften, und *er* stahl uns die Pausen mit endlosen Geschichten, an denen er uns *aufrichten* wollte; [wir wußten genug davon] trotz Langerweile in unseren Augen erzählte er, wie einer aus dem KZ ausgebrochen war, sich verstecken mußte, und das siebte Kreuz, woran sie ihn aufhängen wollten, leer geblieben sei; oder die alten Storys von *Rosa und Karl.* Daß unsere Schule *Rosa-Luxemburg-Oberschule* hieß, was hatte das zu bedeuten? *Er* besorgte eine gipserne Büste und Blumen, und wir hatten, gemeinsam mit *ihm*, ein Denkmal gebaut für diese fremde Frau, deren Name mich eher an einen verbotenen Radio-Sender erinnerte, denn an die fernen Tage, da unser Jahrhundert begann und eine Utopie endete. Sie erschien mir wie der Thälmann-Spartakus-Liebknecht-Müntzer-Lenin-Salat. Jemand, bevor *wir* auf die Erde kamen, war gut gewesen, und wir mußten nun alle dankbar sein, weil er sich das Leben nicht leicht gemacht usw. ... Erst viel später erkannte ich hinter dem Namen unserer Schule einen richtigen Menschen, eine Frau voll zerbrechlicher Güte, die nicht in der Anonymität der besiegten Geschichte verschwand. Von einem in Ungnade gefallenen Liedermacher hörte ich später zum ersten Mal einige brennend aktuelle Stellen aus ihren Werken. Von einer Psychologin bekam ich ihre *Briefe aus dem Gefängnis* zu lesen. Ein Freund schrieb ein Gedicht über die erdachte Begegnung mit ihr. Schließlich sah ich sie sogar, wie sie in den

Landwehrkanal geworfen wurde zum Hohn dieses Jahrhunderts, in einem Film, spät abends [und es schien mir, als geschehe es im Augenblick]. Damals, als wir mit allen Gedanken nur bei der Expedition waren, bedeutete dieser Name nichts. Als ob eine Schule nach einer Straße benannt wurde und diese wiederum nach einem Platz, der einst nach einer lebendigen Person usw. Wir sind damals zu viert losgefahren. Es war August. *Er* sagte, als wir über die Autobahn radelten und die langen Schlangen Militärtransporte sahen, Panzer und LKWs, daß möglicherweise Krieg kommen könnte, und dann *alle ab sechzehn* zur Armee müßten, und wir bekamen einen Schreck und hielten lange Rast auf der Brücke über den endlosen Militärtransporten, und unser Herz lief schneller, und der Atem stockte, und in meiner Erinnerung vermischte sich ein Film, in dem ein Kind spielt, im Sommer spielte, und plötzlich von einem Lautsprecher hörte, daß heute das Land überfallen worden und nun Krieg sei, und dann gab es einen Filmschnitt, und die ganze Stadt war zerstört, der Vater des Jungen kam um; die Familie hielt sich in Katakomben versteckt, und schließlich sah man ein trostloses Weihnachtsfest, ohne Leckereien, Geschenke, ohne Freude, und dieser Film, den ich vor sehr langer Zeit gesehen hatte, erschien wie eine Ahnung für mein eigenes Leben, die Bilder vermischten sich, so daß ich nicht mehr genau wußte, was wirklich ist, oder welche Erinnerung aus dem Film stammte ... und ich bekam Angst, daß genauso ein Schnitt durch diesen Sommer verlaufen könnte, und ich hatte gar keinen Mut, wie beim Plakatkleben, als wir uns den geheimen Widerstandskämpfern ebenbürtig fühlten, sondern hätte auf alles andere verzichtet, nur daß dies nicht zu Ende sei, diese Expedition und meine ganze sommerliche Umgebung. Alle Greuel, die ich über die Vergangenheit erfahren hatte [Vergangenheit war immer Schlimmes, Morde, Missetat, Unterdrückung, Verrat, Greuel] vermischten sich zu einer sonderbar unbekannten Angst in meinem Kopf, der damals blonde Locken hatte. Obwohl wir überhaupt nicht begriffen, um was es da ging, merkten wir, daß die Erklärungen unseres *Leiters* anders waren, daß er nicht so eindeutig sprach, nicht so einfache und klare Worte wie sonst benutzte [statt: SIEGEN WIRD DAS GUTE nun: *Einige meinen freilich ... Es wäre zu befürchten ...*] Er saß mit uns lange Zeit still auf der Autobahnbrücke, unter der immer noch die Transporte fuhren, und die Soldaten mit ernsten Gesichtern zu uns hoch blickten, und wir und sie gar nicht winken wollten.

Wir waren zu viert losgefahren. Nur eine Reifenpanne verzögerte die Ankunft. Ohne größere Defekte überstanden wir die Zeit. Später erinnerte ich mich noch oft daran, in den unmöglichsten Situationen, z. B. wenn ich ein Geldstück in der Hand hielt und die Zahl 1968 eingeprägt sah. Eigentlich ist das alles nicht mehr wahr: Metallische Worte ersetzen die Erinnerungen in meinem Kopf: *Vietnam*krieg, *Kalter*krieg, Pragachtundsechzig, Außerparlamentarischeopposition, *diePhantasieandieMacht*. Aber das schreibe ich heute, ich habe einiges gelesen und viele Leute kennengelernt. Damals waren wir nur vier Mann und *er*. Eine romantische Fahrradtour ins KZ Buchenwald. Zeltplatz – der Steinbruch, wo die Häftlinge. *Er* teilte uns zu zweistündigen Nachtwachen ein; einzeln durch den Steinbruch, durch das Lager. Die anderen schliefen. Aus der Jugendherberge hörten wir Mädchen lachen. *Jeder ist verantwortlich, daß er den anderen zur Übernahme der Wache weckt.* Was bewachten wir eigentlich? Die Fahrräder lagen neben dem Zelt. Das Zelt stand im Wald. Wir schliefen auf Stroh, geschützt von den bizarren Bögen des Steinbruchs, so daß der Weg der Nachtwachen über die Ringgräber führte, in denen die Tausende Leichen. Und wir wuschen uns früh in einem Dorf unter der Pumpe, wie vorherbestimmt, und aßen in der LPG. Wie nah die Vergangenheit an den Menschen heranrücken kann. Die Filme mit den Leichen, von einer Raupe in die Gräber geschoben – das Grau des toten Fleisches, doppelt ergraut in der Erinnerung und auf den vergehenden Filmschnipseln. Es schmeckte kein Essen in der LPG, obwohl sich die Küchenfrauen alle Mühe gaben. Und wir, die wir schon alles kannten, die Zellen und die Öfen, wir hatten Angst, nicht so sehr vor der Rückfahrt oder den Nachtwachen, als vielmehr vor dieser Welt, in die wir zufällig und ohne Absicht gekommen waren. Wir gingen unbedroht unserer Wege, allein, und unsere Phantasie, die sich mit den Tatsachen auch im nachhinein nicht abfinden wollte, ersann Pläne zu Befreiungen, und Wut auf die dicke Tante, die Eis-schleckend in Weimar saß. Wie gesagt, *er* starb später an Herzinfarkt, und wir haben alle auf die eine oder andere Art Schäden davongetragen. Obwohl mich später noch oft mein Weg dorthin führte, erinnere ich mich erst heute, fern von diesem *Ort* an jene Nacht, als alles anders war, als kein großes Schuldgefühl meine Brust beschwerte wie in den Augenblicken, da man mit seiner Liebsten an den Öfen stand und tuschelte und sich schämte, weil man vor den vielen Toten nicht tuschelt! Wie soll man überhaupt leben nach dem? Hatte sich einer von uns mal wirklich ernsthaft diese Frage gestellt? Nein, in dieser Nacht, vielleicht nur Sekunden, war ich Gefangener in einer dieser Zellen. Ich ging hinein, und die schwere Tür fiel ins Schloß. Das Licht erlosch. Jemand rief meinen Namen, und ich war von der ganzen Welt getrennt. Die Wache ging vor der Tür auf und ab, schwere Eisen-beschlagene Stiefel hämmerten auf dem langen Gang einen Takt, dem sich mein Herz nicht anschließen konnte. Ich war in einer ausweglosen Verzweiflung, unrettbar verloren wegen dieser Exkursion, dieser Plakate; wie ein Tier; nur noch, daß ich existierte, machte mir Hoffnung; mein Atem, der mir die Zeit vertrieb in der Einsamkeit, verließ mich und kehrte wieder, als wäre mir nichts geschehen. Ich schloß die Augen, überlegte, welche Namen sie mir aus dem Gedächtnis prügeln würden ... [Niemals die der vier Leute unserer Expedition! Ich weiß, das klingt, wenn ich es heute aus dem nachhinein erzähle, pathetisch.] Ich suchte krampfhaft nach dem Namen *des Bösen*, das, sobald es benannt wird, seine unmenschliche Kraft verliert, ein kleines Moment Gewöhnung, also auch Beherrschbarkeit verrät und den Schrecken aushaltbarer macht. In diesem Augenblick, in diesen Sekunden, da mir kein Leid geschah, keiner die Daumenschraube zudrehte, keiner mit der Rute auf meinen Rükken schlug, keiner die Freundin vor meinen Augen vergewaltigte, da mich keiner stundenlang in der Kälte des Appellplatzes stehen ließ, in diesen nur Sekunden, diesen winzigen Sekunden meines langen Lebens begriff ich die Grausamkeiten unseres Jahrhunderts; ich begriff, daß dieser Ort verlagert werden konnte an andere Orte, in andere Erdteile, andere Zeiten, vor mir, nach mir oder neben mir. Und ehe ich mich befreit hatte mit einem einfachen Schritt aus dem engen stickigen Raum vergingen zehn oder mehr Jahre. Oder ich bin immer noch dabei, den zweiten Fuß aus der Zelle zu ziehen; oder andere sind dabei, die genauso einsam in der Tür stehen wie ich.

Mein Gedächtnis aber ist zerlöchert und verbraucht von den Einkaufslisten zum Freitag, daß ich mir schon wichtige Stellen und Gedanken aus den Büchern abschreiben muß, wie: *Kultur sei Widerstreit, sagte er, und Auflehnung, zu messen sei die Stärke der Auflehnung am Grad der Unterdrükkung. Solange der Wille zur Gegenwehr vorhanden, sei auch Kultur vorhanden. In Schweigen, in Anpassung schwinde die Kultur, gebe es nur noch Zeremoniell, Ritual.*[1] Ich haßte diese Wohnzimmerepoche, diese ovalen Tische und Sessel, die Butter auf meinem Brot und meinen rechten Fuß, der sich schon aus der Zelle gestohlen hatte. Unter den Zehen spürte ich die Welt, einen Erdboden, der stille hält zu Füßen der Gehenkten. Warum wollen wir die Erde für etwas verantwortlich machen, was unsere Sache ist? Die Eis-fressende Tante in Weimar. Der geile Bursche, der seine Freundin in die Hecken führt, keine 500 Meter von meiner Zelle entfernt. Überall die-

[1] P. Weiss: Ästhetik des Widerstandes

ses erzwungene Bedürfnis des Sattwerdens, das Comic-Glück. Ich war gefangen in der Oase auf dem Ettersberg, und nicht nur die Schrecken erschreckten mich hier, sondern vor allem die Güte, die sich unter den Schlägen, den dünnen Sträflingskleidern, in den Baracken, in den umspannten Nächten aus Trotz, aus Achtung behauptete. Die menschliche Gestik großer Schauspieler. *Sein oder Nicht. Ein Sumpf zieht am Gebirge hin. Vor grauen Jahren lebte ein Mann im Osten. Ernst ist das Leben.* Ja. Wir sind damals zu viert losgefahren. Einer von uns ist schon draufgegangen. Obwohl es der fünfte Mann war, sage ich: *Von uns.*

BUCHENWALD II

Hotel auf dem Ettersberg

Hier also wohnten die Aufseher.
Bitte den Schlüssel fürs Bad.
Bedenkenlos legt ihn der Mann
Auf den Tisch der Rezeption.

Draußen, gegossen ins Blei
Der Nacht liegt das Lager.
Immer den Gang lang, der Herr.

Spiegel der Pfützen über dem Glanz
Der Fliesen, ich sehe ein Paar, schwatzend
Schlägt in die graue Wanne das Wasser.

Und das Paar, du und ich, trägt
Im Notlicht die Perlen Nass,
Auf den Armen, dem Hals.

Zwischen den Resten Putz der Wände
Lugt die Vorzeit herein, und wir
Schaun zurück, erkennen Gesichter,
Wie hinter einem Fenster.

Am grauen Emailrand
Halten wir fest
Die freie Hand
Um des andern Hals.

Und lieben uns wie Fische, wie
Wasserspinnen, Kleintiere
Der Tümpel und Meere; aus Angst,
Denken zu müssen, wie Menschen.

Der Mann von der Rezeption
Klopft an die Tür: Aufmachen!
Jetzt hört er dein Weinen und denkt,
Einfacher Liebeskummer.

IM LABYRINTH DER SKULPTUREN

Bericht an eine bestimmte Kommission

Die Hände, ich konnte die Hände nicht mehr bewegen. Ob ich träume? Meine Arme steif, das Gesicht zur glücklichen Grimasse verzerrt, stand ich starr auf der Erde, und mein Mund blieb stumm. *Besuchen Sie unsere Plastik-Ausstellung!* Plötzlich, verzaubert von einer Fee, vereiste ich selbst zum Ausstellungsstück in den heiligen Hallen, und auch die Besucher wurden zu Plastiken, so daß Plastiken vor Plastiken standen und sich unbewegt unentwegt ansahen. Neben mir, auf gleicher Höhe, der *Große-Gern-Gesehne*, erhobenen Hauptes, den Kopf seitlich nach vorn gedreht, als würde er Bratensoße verkosten am ersten Weihnachtsfeiertag, steht klotzig vor einem Sitzenden, der die zerlöcherte Zeitung vors Gesicht hält, wie Geheimagenten eine fremdgehende Ehefrau beschatten, im Film. [Eine echte Plastik, scheints, kein erstarrter Besucher.] Aber der daneben, der *Mittlere-Herrische*, mit dem Gesicht eines Frisörs grübelt, ob diese *Zeitungs-Leser-Plastik* vielleicht aussage [ja, in seinem Kopf krampfte sich das Wort *Aussage* zusammen, zog sich eine rote Generalshose an, wurde eine wichtige *Persönlichkeit*, und schoß durchs Gehirn wie wild mit der Pistole], ob diese Plastik vielleicht aussage [Zeugenaussage], daß in der Zeitung nichts stehe? nichts Sichtbares? daß sie Luft für ihn sei? durchschaubares Zeug?

Oder will der Künstler damit sagen, weil die Zeitung einem

Gitter gleicht, daß, wer die Zeitung intensiv liest, quasi schon hinter Gittern sitzt? Der *Mittlere-Herrische* hat über Jahre böse Varianten des Lebens gesammelt, in seinem Kopf, denn immer mußte er Obacht geben, war sozusagen ein Sicherheitsfilter für Zersetzendes, ist daher gefüllt damit, traut allen das Schlechte zu, das er sich selbst zutrauen würde. Er ist allein. Keiner liebt ihn. Und er weilte auch ganz dienstlich hier, als er überrascht wurde von der Verbronzung. Der *Mittlere-Herrische-Filter* betrachtet den Zeitungsleser und sucht verunsichert einen Kalender. Kalender gehören nicht ins Museum! Hier gelten ewige Werte, was soll da der vergängliche Augenblick? Das Interesse der Gegenwart? und so kann er sich nirgends versichern, ob man sowas *schon* darf oder *noch* nicht, denn sonst würde er, wenn er könnte. Aber – er kann nicht, das ist unser Glück. Denn ein großer Vorteil der Plastiken ist bekanntlich ihre Starr-Stummheit, sie *stellen* nur *dar*, sind reine *Darstellung*, ohne Gefühl, wie es sich Diderot für die Schauspielkunst erträumte, ein wahres Glück. Ich stand als *Kleiner-Glücklicher-Jugendlicher-Bückender* [Polyvynylchlorid] neben der Tür des riesigen Raumes, vom Ausmaß des Leipziger Hauptbahnhofes, voller Stille. Nur gelegentlich das Knirschen im Halswirbel der *Großen-Kopfstehenden* [kulturpolitischer Edelstahl]. – Die Sage geht: sie war eine Vorsitzende mit viel Vor- und Nachurteilen, wovon eines hieß: Wenn das Kunst ist, will ich nur noch kopfstehn und ... – und lachen konnte sie schon nicht mehr sagen, den Rest übernahmen die Erinnyen der Akademie. Diese Ruhe hier, erholsame Ruhe, wie es sich Staatenlenker wünschen. Wäre dies nicht der Ort des Urlaubs? Einer schreit: Heij, Sie da, Schluß, keinen Schritt weiter! Rühren sie sich nicht von der Stelle! Und alle würden gehorchen, nicht aus Furcht, sondern weil ihre Natur so wäre. Dann stünde dem wirklichen Fortschritt nichts mehr im Wege. Schräg mir gegenüber, klagt eine Mutter, weinend über ihrem toten Kind. Auch der Schrei bleibt Schweigen in dieser alles beherrschenden Stummheit. Selbst der *Große-Gern-Gesehne*, der seine bessere Seite zu einem Akt drehen möchte, rückt keinen Millimeter vom Platz.

Ein von Napalm zerfressener Kopf verwächst nicht mehr. Alle im Raum haben sich daran gewöhnt. Das *junge Mädchen* aus Granit steht davor und denkt einen Augenblick: Wenn ich so aussehen würde von heute auf morgen, die Mühe der Feuchtigkeitscreme und Nachtmasken für nichts, durch irgend einen Idioten. Und sie ent-deckt unterm verstümmelten Kopf ihr eigenes Gesicht, daß sie mich gar nicht bemerkt, denn eigentlich stiere ich durch meine Augenschlitze nur auf ihre wohlgeformten Brüste, auf ihre Hüften, auf ihren Hals. Die Griffe meiner Augen aber sind kraftlos; die Arme hochreißen, zupacken, anfassen, ich will diese Welt be-greifen. Ach, wie erbarmungslos ist das Dasein einer Skulptur. Wäre ich doch ein glückliches Ornament, nur ein gefühlvoller Schwung, ein Zierat an einem wichtigen Gebäude, nur verschönernd, ich hätte kein wirkliches Leid zu ertragen, wie jetzt, mit meinen Absichten und Wünschen; ohne Augen wäre ich, ohne Hände. Aber so schmachte ich inmitten der Schönheiten, der Grausamkeiten, stehe, als ob ich lebendig wäre, täuschend ähnlich einem richtigen Menschen, und kann nichts tun, kann nicht helfen und kann mich nicht abwenden, kann nicht fort und nicht hin, kann nicht rufen oder stumm *werden*; es gibt kein Fliehen, wohin auch, überall diese Ausstellung. Einer großen Figur, einer *Mahnenden*, die den Kopf behauptend in den Raum streckt, sind die Tränen wie Flußbetten in den Schädel gefressen! Nicht einmal dieses Hollywood-gesegnete Herunterlaufen der Tränen ist gestattet; ein ausgetrockneter Fluß, der es nicht bis zum Meer geschafft, auf dem Gebirge der Jochbeine versickert. Worauf warten sie? Es mutet an wie auf einer vergessenen Haltestelle. Nur aushalten, vorhalten, dafürhalten, abhalten, stillhalten, aushalten, schritthalten und durchhalten, halten immer nur halten. Keine zwei Meter von mir entfernt, ein *Geschlagener Jude*, der den Kopf etwas schief hält: 'sreicht, laßts gut sein, ihr werdet entkräftet sein sonst, ihr übernehmt euch mit die Schläge, seht doch, mein rechtes Auge ist ja schon beinahe ganz weg. – Warum steht der *Lesende* daneben nicht auf und hilft? Warum ist nur das Opfer im Raum und nicht der Schläger? Ein beliebiges Jahr des Jahrhunderts erstarrt in den schmerzlich-traurig-schmollenden Zügen des *Geschlagenen*, in seinem Rest Lächeln. Hier gibt es kein Nacheinander mehr, alles ist starr, und alle Zeiten berühren sich in dieser Stagnation gleichzeitig. Die *Alte-im-Fenster* blickt in die Vergangenheit, auf die Straße, wo ihr Sohn spazierengeht und erschlagen wird und der andre verbrennt im Panzer. Als wäre die Welt dieser große Raum, in dem sich nichts bewegt; wie eine schwere Krankheit hat uns der Aussatz der Unbeweglichkeit befallen, unveränderbar progressiv und klarsichtig. Selbst als Polyvynylchlorid, welches die Natur nicht abbauen kann, wodurch meine Unsterblichkeit gesichert wäre? Wir sind teuer in Anschaffung und Unterhaltung. Außer Spesen nichts gewesen. Aber heute gibts wenigstens Nachschlag, für jeden zwei Teller Selbstbewußtsein! Der begehrte Körper meiner lieblich-runden Granit-Geliebten erscheint auf einmal gebieterisch, wie eine Göttin, und das mag ich nicht, obwohl ich von Adel bin, irgendwann früher durch das gleiche Recht der ersten Nacht um den 30jährigen Krieg in Böhmen; dennoch mag ich dieses Aristokratische nicht, außer, es wedelt von den Laternen. Das sind nette Erinnerungen. Jetzt bin ich auch nichts andres als eine Skulptur, eine total sterile, bewegungs- und rührungslose Plastik im abgesteckten Raum, umgeben von anderen starren Körpern, und das in einem Jahrhundert, da beinahe künstliches Leben hergestellt werden kann, Herzen verpflanzt werden und Raumschiffe geplant zurückkehren auf die Erde; und wir glucken wie in einem pharaonischen Grabmal ... Wie lange ich so starr stand? Wer kann das sagen. Vielleicht sind wir plötzlich alle lebendig geworden, sonst hätte ich es ja nicht aufschreiben können. Kleines Jungfräulein aus Granit! Ach erweiche auch du endlich.

SCHMUGGEROW

Eigentlich wollte ich meine *letzte Elegie* schreiben über diesen Ort am Rand, eine *Abschiedselegie*, denn ich habe vorsätzlich die Aura der Landschaft beschädigt, sie egoistisch zum ideologischen Arbeitsplatz umfunktioniert, ausgebeutet, entweiht; dieses Vorgehen schadet ihr ebenso, wie ihr Nitrate oder Sulfate schaden. Jetzt kann ich sie nicht mehr in alter Naivität besingen. So verliere ich Stück um Stück jene Gegenstände, die es wert wären, in einem Gedicht wiederentdeckt zu werden. Jedes Vorwissen, das wir von einer Sache besitzen, jeder Gedanke, der dem zu Erwartenden im voraus beigesellt wird, trägt in sich ein Moment der Gewöhnung, entwöhnt uns auch des naiven Zugriffs, der plötzlichen Schrecken, der Freuden ohne Vorbehalt.

Zum Beispiel meine Lieblingsfichte, nach der ich dauernd schauen mußte, ob sie den Sturm, das Gewitter überlebt; sie stammt schätzungsweise von 1805, aus jenem Jahr, da Friedrich Hölderlin seine Bereitschaft zur Teilnahme am Jahrhundert zurückzog. Ich aber bin nun, nach Jahren der Teilnahme an der Landschaft, jedem Schneesturm und jeder komplizierten Versorgungslage der Bevölkerung, den Sorgen des Herbstes oder dem Kummer der Bäume im Frühjahr, überdrüssig, als handle es sich um eine Hausaufgabe, als gelte es eine Pflicht zu erfüllen, wenn ich die Luft in die Lungen sauge nach den Morgenläufen. Fühle ich die Ohnmacht, die ich mir mit den Launen des Pantheismus auferlege? Reißt mir der Faden der Geduld, an dem ich wie eine Marionette, ein romantischer Spaziergänger, geführt werde? Einst so glücklich über den längeren Atem der Bäume, kann ich heute dieselbe Natur nicht mehr aushalten, denn sie ist unvernünftig, reiht sich ein in den Triumphzug des *traumatischen Freilufttheaters*, wird zu einer *Anschauung*, die wir zum Rausch umwerten, an der wir unsere verbotenen Gattungsgrimassen ausprobieren, Methapher intern genehmigter Illusionen, unseres vor *Direktor Sokrates* versteckten Irrationalismus! Ich bin nicht mehr einverstanden mit dem wachsenden Schierlingskraut unterm Apfelbaum. Alle Lügen und Morde geschehen unter diesem besungenen Himmel, der uns aufstachelt mit seiner diabolischen Schönheit. Ich hänge nicht mehr mein Hemd in den Wind, der die Kastanien entblättert, ich verweigere ab heute dem Herbst meine Trauer, dem Frühling den Optimismus. Ich verkünde dies feierlich in meiner *letzten Schmuggerower Elegie*, die keine wird, weil sie eine prosaisch lange Mähne trägt und keinen Rhythmus findet, wie alles, was aneinander vorbei lebt. Früher floh ich in diese Landschaft wie ein Pilger. Heute weiß ich, es gibt kein Fliehen, nirgendswohin. [ACHTUNG: Bei dieser Buchstabenanhäufung handelt es sich um einen paradigmatischen Schreibversuch auf der Maschine zur Prüfung der eben gereinigten Schrifttypen; es ist nur Schriftbild, für den Inhalt bin ich nicht verantwortlich und will es auch nicht sein, denn dieses Konglomerat von Worten ist keine Elegie und völlig frei von Trauer oder ähnlichen Affekten. Dieses ... 000000000000 {in Worten: Nullnullnull ...} ist anonym, von irgend einem in mir versteckten Etwas diktiert, nur Vollstreckung, Handlangerdienst an einem Fremden, nicht mal das Fremde selbst. Deshalb muß ich mich distanzieren und erkläre dies zur *letzten Schmuggerower Elegie*, ungeachtet, ob andere folgen oder nicht.] Ich hasse solche Natur, ewig froh und konstruktiv, ein *Wesen*, das nicht lügt, frißt, stiehlt, mordet, sich nicht hochdient, keine Fehler begeht, ohne Neid leben kann, ich hasse dieses stimmige System totaler Ordnung, dieses teleologische Epochenbewußtsein, wo *alles* erklärt werden kann aus dem andern. Ich verachte dieses Kunstwerk, weil ich mich an ihm ergötzen könnte, die Augenblicke des Daseins als Hochgefühl genießend, beraubt meiner naiven Wut über das mittelbare Unrecht in der Ferne, versöhnt mit dem Chaos meines Kopfes und der ganzen Erde.

Mein Enthusiasmus läuft sich die Beine dünn in der Weite der Landschaft, mein Blick verschwendet die Blitze des Zeus auf fernstehende Rehe und Hasen, mein trunkener Übermut zerkratzt sich, gesundend, die nackten Fußsohlen, und meine Ungeduld schläft sich die Augenringe aus dem Schädel, bis sie ausschaut wie ein dümmliches Fotomodell. Ich kann mir es nicht leisten, mein Leben derart zu verplempern. Die *letzte Elegie* ist wie eine Tür, die man zuknallt, daß es laut durch die Landschaft schallt [vielleicht mit Echo], ein neuer Rhythmus, daß man stehen bleiben muß und

lauscht.

UNBEKANNTER ORT

Wer kann mir den Namen sagen? Ich habe vergessen, wie der große Buchstabe das Wort eröffnete auf dem Schild des Bahnsteiges. Es war Donnerstag, wir schlossen das Fenster und verließen unser Zuhaus, auch der Taxifahrer wußte nichts, und so setzten wir uns in den dunkelgrünen Zug. Wie verrückt wurde das Land vorm Fenster; die Vögel kippten vom Telefonkabel, – sieh mal, Schwalben! – also doch Sommer, ich erinnere mich nur daran, daß es Donnerstag war und die Vögel unterflogen den Zug; wir stiegen aus. Eine schöne Stadt. Ganz kurz seh ich den ersten Buchstaben vor Augen, es war ein großer, der Bahnsteig war grau; die Kirche sah aus wie späte Gotik, sehr späte, aber noch echt, ganz spät, würde ich sagen, vielleicht schon zu spät, fällt denn keinem dabei was ein? Zum Beispiel: der Name? Warum sich keiner den Namen gemerkt hat? Vergaßen es vor Begeisterung. Eine schöne Stadt, und ich sagte, hier kann man leben! wahrhaftig, es ist menschlich und Hier-kann-ein-Mensch-groß-werden, was ich doppelt meinte, auch wegen der Kinder. Irgend einer hier muß doch den Namen wissen! Es war ein großer senkrechter Strich im Anfangsbuchstaben, ja, das weiß ich noch, und einer sagte, es klinge wie ..., daß viele Soldaten vorbeigingen ist möglich, hab nicht drauf geachtet. Aber der Lautsprecher muß doch den Namen gerufen haben! und auf der Fahrkarte – aber die ist verloren, als Lesezeichen oder Merkzettel benutzt, ich weiß, schlechte Gewohnheiten sinds, die uns stets vom Entdecken der Schönheit abhalten. Fangt mal an, sagt Städtenamen, dann komm ich vielleicht drauf. Nein, einfach weg. Es war so zufällig, daß wir dort ankamen; ist mir noch nie passiert, du bist das erste Mal wirklich glücklich und – vergißt es. Nein, ich komm nicht mehr drauf. Dann lassen wirs eben. Wies kommt, kommts. Fürs Wetter können wir ja auch nichts.

BARCELONA

Die Wirklichkeit verbleicht neben diesen Träumen,
und doch sind es immer die Träume, die der Wirklichkeit
weichen müssen –

P. Weiss

Er trat aus der Bahnhofshalle in die Sonne, das rot/schwarze Halstuch zerknittert in seiner Manteltasche, die Finger drehten stupid, er polkte Schmutz aus den Nägeln, setzte sich auf eine Bank, die Säulen des *Colon* waren zu sehen, die Einschüsse. So eine zähe Falte, die das Kinn betonte, warf einen Schatten über die Straße. Niemand schrie ihn an: *Aufstehn!* Er fühlte sich so sicher, daß er rauchte. Zwei vollendete und zwei halbfertige Türme, lächelnd sah er auf das Portal der Investruine, die Kathedrale *La Sagrada Familia*, diese Kleckerburg einer gestrandeten Ideologie wirkte irgendwie weihnachtlich, mitten im Juli, umjubelt von Straßenbahnen, nicht mehr rot/schwarz bemalt wie damals, sie erschienen genau wie sechzehn Jahre früher, als sie gierig den Baumeister der unvollendeten Kirche platt gewalzt, mitten im Baugeschehen, 1920. Er aber stand doch auf, nahm den Hut vom verschwitzten Haar und wischte sich mit dem rot/schwarzen Tuch die Stirn. *Die Welt zu verändern.* Ja, hätte der Hund nicht den Hasen gesehn, wäre die Katze schon tot. *Claro que la rueda sigue girando siempre,* er sagte das nicht, diese Gedanken existierten in der Stadt, überall. Er hustete, immer noch der Staub aus dem Steinbruch. Das Spiegelei, die Sonne, lief über seinen Rücken und ermüdete ihn: Erst als die bettelnden Kinder kamen, ging er weiter. Vor dem Telefongebäude erinnerte er sich, wie sie entwaffnet wurden, von der Republik, wie er sagte, die Hände tief in den Taschen. *Uns aus dem Elend zu erlösen, können wir nur selber tun.* Wer ist das denn, verflucht nochmal: Wirwirwirwirwirwir, brummte er auf spanisch. Zu Befehl, zu Befehl. Agaven auf dem Küchentisch, irgendwo brodelte eine Destille ... wann war das? fragte er einen Stein. Torkelnd beendete er seine Runde, der klotzige Bahnhof schluckte ihn wie einen letzten Rest aus der Schnapsflasche. Er kaufte sich eine Karte, stieg in den Zug und fuhr weg.

PARIS

Der Deutsche liebt Paris wie ein grüner Student eine dreißigjährige Kokotte: Er wird sie niemals kennen. Kein deutscher Dichter (außer Heine) von den wenigen, die überhaupt über Paris zu schreiben gewagt haben (wie Rilke, Schickele), hat das Wesentliche: ihre Laster, wissen wollen. Das ist immerhin galant von seiten der Barbaren.

I. Goll

Die Stadt Paris ist in einer mir verschlossenen Erinnerung die große breite Frau, in deren Armen die Verstoßenen, Flüchtlinge und zukünftigen Selbstmörder aus nordöstlicheren Regionen Schutz suchen; hier gehen sie Wein trinken oder besehen Arm in Arm das Straßenpflaster und die uneinsichtigen Leute, die nicht *Dieses* und *Jenes* bedachten, die einfach guillotinierten, an die Laternen hängten, Steine herausrissen, die Einseitigen, die ihrer Wut Luft machten, was sich nicht schickt und von Unbildung zeugt, in anderen Breiten und Längen; Paris ist die große Mitverschworene, die Kumpanin, das Klageweib im Pantheon aus Worten inmitten der verlorenen Heimat. Ich gehe in meiner unerreichbaren Erinnerung heute durch die Straßen von Paris. Sitze im Café. Das Wetter: ungewöhnlich schön. Napoleon kommt vorbeigeritten. Ich erhebe mich: *Bonjour! Mon cher!* Wir reden über das Ende der Größe, große Männer und große Scharlatane. Und wieder fahren sie derweil Danton zum Richterplatz. Wie sie jubeln. Sie wissen nicht, was sie tun, und sie tun nicht, was sie wissen. Das Fallbeil fällt, irgendwo. Kühnheit endet, wo der Chef nicht kühn sein will. [Denn nach dem Beispiele der *Verkühlung* gibt es auch die *Verkühnung.* Starke Halsschmerzen, sagte Danton, sind die Folge] Wie immer applaudiert das Volk und steht und wartet, bis der Kopf in den Korb fällt, zwischen Langerweile und Zorn, Hunger und Hunger auf Hunger, und die Polizei erhält die neuste Ausrüstung, das Volk bei Laune zu halten; sich Danton, dort steht in Gestalt einer alten Schwangeren das Ungeheuer, das seine eigenen Kinder nicht frißt, sondern leben läßt. Die *einen* sagen immer: Nieder! Nieder! Nieder! Und die andern sagen immer: Auf! Auf! Auf! Besser wäre die Welt wirklich nicht zu beschreiben. Der Weg in die neue Zeit führt über den Richtplatz; die Ausdauer der Könige und Fürsten ist bemerkenswert. Und wie steht es mit der berühmten Ausdauer des Volkes? Herabstürzende Äste vor Hotels erschlugen es, erinnerst du dich, Ödon?[1] Oder die *Seine* mit ihrer traurig machenden Sehnsucht, stimmts, Paul?[2] Wer erkannte sich nicht in der tödlichen Gleichförmigkeit des Panthers im *Jardin des plantes*[3], in der späten, zu späten Rehabilitation der *Birds in the night*?[4], im verdrängten Traum der amphibischen Welt der Passagen Paris'?[5] Ich habe das alles noch nicht gesehen, es existiert wie die Kerzen meines 65. Geburtstages, nur in der Erinnerung; in diesem Augenblick gebrauche ich *schöne Worte*, und diese bestehen aus Buchstaben, welche aus Strichen, die wiederum aus Punkten bestehen. Ich kenne das nicht, was ich beschreibe; in meinem wirklichen Leben kenne ich keinen Robespierre, noch das

[1] Ödon von Horvath wurde in Paris von einem herabstürzenden Ast vor seinem Hotel erschlagen.

[2] Paul Celan, jüdischer Dichter und Übersetzer, nahm sich 1970 in der SEINE das Leben.

[3] vgl. Rilkes Gedicht: DER PANTHER

[4] In dem Gedicht *Birds in the night* von C. CERNUDA wird der Wechsel von Ablehnung zu Anerkennung beschrieben, den die Öffentlichkeit gegenüber dem sonderbaren Dichterpaar Arthur Rimbaud und Paul Verlaine vollzog.

[5] vgl. Walter Benjamin: DAS PASSAGEN WERK

Haus, in dem *César Vallejo* verhungerte, nicht die Straßenecke, wo *Victor Hugo* 1852 mal austreten mußte, noch den *Orpheus* der Unter- und Oberwelt, nicht den *Can-Can*, und ich kann mich auch nicht für Bismarcks wohlwollendes Lächeln verbürgen, das er aufsetzte im Angesicht des schönen Verfalls des Kaiserreiches unter *Napoleon III.*, deutsche Freude über die blühende Auflösung einer Zeit, jene *undeutsche Dekadenz*, die Otto Freiherr von als erstes Siegeszeichen entzifferte, da Deutschland in vorderster Front stand, eine Revolution niederzuknüppeln, und triumphierend qualmten aus den Tabakspfeifen siegreicher Indianer die Rauchsäulen hoch über der *Wacht am Rhein.* Tanzt auf dem Vulkan. Die Nacht ist nicht allein zum Schlafen da, die Nacht ist da, daß was geschieht; in meiner unerforschten Erinnerung krame ich diese Stadt hervor, irre erschrocken an der Seite Hölderlins durch den Kot der Straßen: *Fort! Fort!* Wenn die Zukunft nicht schöner ist, sein wird, werden wird, gewesen sein wird: *Geh nun und grüße die schöne Garonne!* Diese Stadt in Schmutz und Stein. In meiner frühen Erinnerung taucht sie als ein Labyrinth auf, in dem ich mich verirre; finde nicht die Metrostation, wo ich verabredet mit den *Grisetten*, um nach Engels zu fragen, oder den Schneiderinnen, die sich an Heine erinnern, diesen Matratzengruftalpinisten vom SC Hamburg. In meiner zweiten Erinnerung schließe ich die Augen: Wer hat den Käse zum Bahnhof gerollt? Hauptmann Becker, Elsaß-Lothringen, 1918 auf seiner Verzweiflungsreise durch die Welt?[6] Paris ist eine Glucke, eine Adler-Glucke, eine Glucke vom Jahrmarkt, die tanzen kann, Kunststücke vorführen, und die wegläuft, wenn es ihr nicht mehr gefällt, eine Glucke, durch deren Gefieder, wie Flöhe, die Flüchtlinge in den Sand fallen. Am Mittelmeer, an den Sandalen Reste spanischen Sandes, in den Lagern voller Verlierer aus aller Herren Länder; Paris ist eine

[6] Hauptmann Becker ist die Hauptfigur in Döblins Roman NOVEMBER 1918

Glucke, unter ihren Fittichen beurlauben Vietnam und Amerika mit einer Unterschrift die Barbarei[7], eine Glucke, umworben vom gallischen Hahn. Und aus Liebe springt das unbekannte Mädchen in die *Seine*, unter den oft besungenen Brücken *nocheinmal aufschauen* in den sterbenden Himmel *Europas*. In meiner weißichwievielten Erinnerung aber wird Paris eine große Verräterin, soviele Hoffnungen zieht sie auf sich; Herr Offenbach, warum sind Sie aus Deutschland geflohen? Herr Tucholsky, wohin des Wegs? Seht ihr die Flüchtlingsströme, die größten Ströme der Welt? Seht ihr Herrn Schulze im Puff, die Wehrmachtsjacke übern Stuhl werfend: *Faire l'amour!* Seht ihr nicht Napoleon haltmachen an meinem Tisch mit seinem wunderschönen Pferd, mitten im Café, wo Hitler neidisch vom Nebentisch mit Teelöffeln wirft, sich bemerkbar zu machen vor dem Großen; und lauter Emigranten und Reisende verstopfen die Toiletten der überforderten Stadt. Die Straßen riechen nach den *Fleurs du mal*, den Skandalen des Lichts, Straßen in neuartiger Anordnung auf Anordnung von Herrn Haussmann: *betrifft: Lehrenziehung aus Geschichte:* Städtesanierung *zur Verhinderung von Barrikadenbaumöglichkeiten und Unruhen* ... Paris ist an meiner zufälligen *Nationalseele* so eine Zitze für junge Katzen, ein klitzekleines Muttermal auf meiner DNS-Spirale; wir spielen wieder, wie damals, als Kinder, ich bin der Eckstein [alles muß versteckt sein, hinter mir, vorder mir gibt es nicht, ich koooomme!], wo die anschlagen, die einen anderen entdeckt haben: Bist! Fleckig bin ich von liebevollen Schlägen, wie eine Landkarte. Napoleon ist [schreit Beethoven] raus! Bätsch, die *Eroica* widme ich, ja wem denn? Die Großen sitzen beisammen in meinem Paris der ersten Erinnerungen auf den Rängen eines noch unbekannten Amphitheaters, sie sitzen und raten, beraten und prüfen, ob dieser Kontinent noch zu retten sei, oder ob sie ihn aufgeben sollten, einen unrentablen Be-

[7] Die Pariser Verträge beendeten den Vietnamkrieg der USA.

trieb. Einen Brief an Adam und Eva schreiben, darlegend Apfelallergie, die eine ganze Gattung befallen wird; und gegenüber im Café sitzt wieder ein Hitler, oder ein anderer, der mit Teelöffeln wirft, oder noch ein andrer, der sehr zerlumpt ist, wie damals Rimbaud, oder der säuft und kifft, wie Baudelaire; aber es hat keinen Zweck mehr, rufen die Älteren von gegenüber in meiner allerersten Erinnerung, wir haben das alles schon geregelt, die Stadt ist ein Museum, der ganze Erdteil! Kinder, seht doch, wie ungläubig sie jetzt hersehen, zum ersten Mal ungläubig: Der ganze Erdteil ist ein Museum, wir, die teuren Stücke, sind am höchsten versichert; das ist Napoleon, der wird dir auf deinen Kopf spucken, obwohl er viel kürzer geraten als du, und das da ist Heine, der nimmt dir dein schönes Mädchen und verschwindet hinter den Gräbern von 1871, direkt beim *Vater Lachaise*; das dort sind Dienstreisende, das da alte Revolutionäre, sie lächeln, aber *du* darfst hier nicht lächeln, du hast nichts mehr zu lachen. Das Wasser stinkt, die Teller sind nicht richtig abgewaschen, die Frauen lackieren die Fußnägel; Paris ist eine wunderschöne Stadt, die man sehen kann, wenn man kann; sie hat einen großen breiten Mund, mit dem sie singen kann und Europa die Nahrung vorkaut, Mann um Mann, gegen die Trauer, das Heimweh wegschluckt, ohne Aufsehn und Pathos; in meiner negativen Erinnerung aber, wo die Boulevards voller Lilien und Nelken, Astern und Schierlingskraut, voller Mülltonnen und Autos stehen, weiß ich auch, daß die unerreichbare Ferne all das verschönt, was in der Nähe häßlich und klein ist, niedrig und gemein, denn die große Welt ist immer da, wo wir nicht sind. Und aus dieser Ferne klingt ein Akkordeon; an der Straßenecke sitzt ein Blinder und ruft: Ich habe die Welt gesehn, und sie für zu leicht befunden, geben Sie mir. Ich bin der Vater, die Mutter, das Kind, ich bin Danton und Napoleon, Robespierre und Blanqui, Ludwig XIV., Heine und Tucholsky, ich bin die schwangere Frau, die am Tage, da Ludwig XVI. mit seiner Marie-Antoinette geköpft wurde, die Suppe versalzte, ich bin die Taube, die über der Kanonade von *Valmy* Goethe ins Tagebuch kackte, ich, der grüne Heinrich, der blaue Engel, der schwarze Freitag, die rote Fahne, das weiße Laken, die braune Horde, die silberne Epaulette, das goldene Zeitalter, das graue Gewissen, ich bin Teiresias, und ich sage dir, mein König, mein Kaiser, mein Führer, du wirst untergehen in Pech und Schwefel, und Feuer werden herniederprasseln, um die jahrtausendalte Sühne, die Schande dieser Stadt, dieses eurozentrischen Häuserbergs, wettzumachen; denn meine Stimme ist ein Akkordeon über Schützengräbern, über einem längst gestorbenen Paar, an einem Nachmittag im Herbst, einem ganz gewöhnlichen Herbst, wo es Menschen lieben, sich umzubringen; darum klage ich. Tanzt! Tanzt! ihr großen Dichter-Denker-Henker-Musiker-Maler-Menschen, tanzt, tanzt, tanzt, und lehnt euch erschöpft in den Pausen an diese zu Stein verzauberte Frau, die keiner erlösen kann, solange er selbst nicht erlöst. *Le temps mange la vie!* Die Zeit verschlingt das Leben. Und der Blinde auf einem unbekannten Platz in einem unbekannten Paris spielt durch meine ersten und letzten Erinnerungen dieses Lied, das, wie hieß es doch gleich, immer vergeß ich den Namen, von Paris und Heine und César und all den schon Genannten. Hört ihr es nicht in den schwerfälligen Gegenden? Hört ihr nicht, wie mein Fuß nachschleift im Rhythmus des Musette-Walzers? Der Tod und das Mädchen, neben mir, umschlungen; ach Paris ist eine wunderschöne Frau, voll zärtlicher Güte und Nachsicht in meiner verschlossenen Erinnerung.

DIE SCHWABEN-REISE

1 GEOGRAFISCHES VERWIRRSPIEL

Kurz hinter der Autobahnabfahrt *Weißenfels*, am Horizont sahen wir die stickige *Aura* des *Leuna-Werkes*, Feuer und Qualm, Gestank nach Schwefel und anderen Höllenelixieren, begann die Übertragung des Fußballspiels Bundesrepublik Deutschland–Uruguay [Der Reporter sagte: Deutschland–Uruguay]. Eins zu Null, als wir *Jena* passierten, das Auto vollgeladen mit Requisiten für eine Tournee. [Nichts Außergewöhnliches]. Und doch, in unseren Brieftaschen steckten keine vorzeigebereiten Personal-*Ausweise*, sondern *Pässe* [von einer Agentur mit dem Vornamen Künstler], denn wir fuhren nach Süden, obwohl wir unseren Freunden gesagt, daß wir in den *Westen* fahren,[1] kamen aus dem Norden, obwohl man sagte, wir kämen aus *dem Osten.*

Der Schiedsrichter des Weltmeisterschaftsspieles trennte

[1] Liebe Himmelsrichtungen!
Nun ist es an der Zeit, Euch für das Chaos auf Erden voll verantwortlich zu machen, denn die Realitäten [auch ›*Objektivität*‹ genannt] liegen sich genau so starr gegenüber wie Ihr geografischen Vierlinge. Nord gegen Süd und Ost gegen West, dazwischen [nur als notwendiger Abstand] die unüberwindbare Welt, und da Süd Süd *bleibt*, und West West – woraus soll uns da die Lust wachsen, die *Welt zu verändern*?

die Mannschaften genau und akzeptierte das Reglement; auch die Millionen Zuschauer und -hörer bangten um das Stück grüne, begeh- und beherrschbare Welt zwischen linkem und rechtem Tor.

Die zweite Halbzeit sahen wir bei einem Freund in Uhlstädt, einer kleinen thüringischen Ortschaft. Da beide Erste Fernsehprogramme beider [erster] deutscher Staaten gleichzeitig *live* dieses Spiel übertrugen, mußten wir zwischen beiden Staaten wählen [ungewohnt solch großer Entscheidungen], bekannten uns zum *heimatlichen* TV-Programm, nicht, weil wir uns beobachtet fühlten, sondern wegen der großkotzigen Euphorie des *West-Reporters*, der uns mit seinem sich unparteiisch gebärdenden Chauvinismus, der die Elf Deutschen in kurzen Hosen wie Heilige anbetete, die Nerven raubte und die Lust am Spiel. Wir tranken einige Biere[2] und legten uns früh schlafen. Morgen gehts über die Grenze. Ihr habts gut, sagte die Frau unseres Freundes.

Genossen! Wir genossen nur ein Privileg und keinen Genuß. Merkt ihr den feinen Unterschied? Genießen könnte man nur den Neid der Nichtprivilegierten, *ihren* Mangel, aus der Position des eigenen Überflusses, wie ein Graf, Genossen[3]! Selbst die *Arbeit* [davon gibt es, wie bei jeder Arbeit, genug, auch auf einer Tournee: das allabendliche *Fit-sein-Müssen*, die *Lust auf Befehl* zu Beginn der Vorstellung, die langen Fahrten zu den Auftrittsorten, die Über- und Unter-Konzentration, die den Schweiß aus den Poren treibt ...] verblaßte gegenüber der besonderen Exotik der *Nahen Ferne.*

Unser Freund winkte ab[4]. Dringend Ersatz-Schuldige ge-

[2] Biere der beliebten Sorte Pörze-Bräu!!

[3] Ein Geo-Graf etwa?

[4] R. zitierte aus ›Aussagen eines gewöhnlichen Zeitgenossen‹ [ungeschriebenes Manuskript]: »Entweder fahren alle 17 Millionen gleichzeitig und gleichberechtigt in den Westen! – oder überhaupt keiner!« o. J. ⟨p. 86⟩

sucht! Die Bewegungsarmut der zivilisierten menschlichen Gattung muß wenigstens in irgendwelche Schuhe zu schieben sein, daß man das Gefühl hat, *und sie bewegt sich doch.* Die Kultur des Neids. Teilung eines Volks in Ausweis- und Paßgänger, in Anhänger und Abgehängte. Wenn die großen Dinge in die kleinen Dinge des Lebens gestopft werden, wie der Fuß in den zu kleinen Schuh, geschiehts, daß wir die Kleinigkeiten des Lebens aufblasen zu jener verloren geglaubten Größe, und so meinen, daß wir an der Welt-Pforte rütteln, während wir an unsere privaten Gemächer klopfen; *Das Große bleibt groß nicht und klein nicht das Kleine ...*[5], und alles trifft sich im schönen Mittelmaß. Tschüß und *kommt wieder.*

Wir fuhren los, als ginge es zum Südpol. *Kommt wieder!* – welch absurder Gruß für eine solche Reise. Sowas wünscht mir kein Mensch, wenn ich an die Ostsee fahre, wo ich ertrinken könnte, und es Sinn hätte, mir sowas zu wünschen. Alles Normale wurde ins Unnormale gesteigert. So also sieht es aus, dieses zu Ende gehende Jahrhundert, das damit eröffnet wurde, endlich Klarheit zu schaffen im Wirrwarr der Kriege und Intrigen.

Das Auto tuckerte durch die gemäßigten Berge bis zur Grenze. Hinter uns lagen a) die zähe Heimat und b) der Unfall von Tschernobyl [einen Monat]; die Fußballweltmeisterschaft beherrschte die Gespräche, es war Juni, und wir, im Faradayschen Käfig des Autos fuhren durch ein Land, das früher *Deland* hieß, berühmt für seine Kunst, das Abwarten.

2 NEUBEGINN

Das Tachometer hat sich überschlagen: Salto-mortale nach 99 999,99. Plötzlich, wie eine neue Chance, alles noch einmal beginnen zu können; die Traumzahl; Tabula rasa; 0[6]

[5] B. Brecht. Lied von der Moldau.

[6] In Worten: NULL

Und die Abschiede? Als würden sie so leicht fallen.

Die Angst vor den Abschieden hält uns ab. *Partir, c'est mourir un peu. Arriver, c'est mourir entièrement.*[7] Und schon ist die Chance vertan, der erste Kilometer vermerkt. Vorwärts zur neuen 99 999,99!!!

3 SEITENWECHSEL

Den Grenzübertritt schildere ich nicht. Ich verschweige die Fahrt durch das paradoxe Nadelöhr, das den Kamelen Durchlaß gewährt, wie schon in der Bibel steht; ich werde den Geheimdiensten keinen Dienst erweisen und Grenzanlagen beschreiben oder Gespräche mit Zöllnern, die mir die Wahrheit abverlangen *[darum sei der Zöllner auch bedankt / Er hat sie ihm abverlangt*[8]*]*; ohne Skrupel gestehe ich, daß die Autobahn schlagartig besser wurde und die mich überholenden Fahrzeuge einen eigenartigen Pfeifton hinterließen, ihrer Geschwindigkeit geschuldet; ach mein *heimatgewerkeltes Zwei-Takt-Au-To*[9], das mich immer an Marx' Vertrauen in die Produktivkräfte erinnert, und zwar in kritischer Weise. [..{.(...)..}..]!!

Das Schild: Vergessen Sie nicht, Sie fahren weiter durch Deutschland – auf der gegenüberliegenden Spur brachte uns zum Lachen, denn wir wurden nun schon über 30 Jahre von

[7] Ich wage es gar nicht in meiner Muttersprache wiederzugeben, was in der angelesenen Fremdsprache um so vieles souveräner klingt, nicht so bedrückt von unserer provinziellen Interpretation jener einfachen Flucht ins Irgendwohin. Soll ich es wirklich sagen, daß jener französische Text besagt, Losfahren wäre ein kleines Sterben, aber Ankommen, das Sterben absolut, das richtige Sterben?

[8] B. Brecht: Legende von der Entstehung des Buches Taoteking

[9] WART BURG, DU SOLLST MIR ÜBERN BERG KOMMEN! ⟨überlieferter Ausspruch des Landgrafen zu Eisenach a. u. Z.⟩

der Frage verfolgt, wasdenndasnunsei *Deutschland*??? [Beim wortlosen Gesang der Nationalhymne genauso wie bei den diplomatischen Erwiderungen auf den Vorschlag des französischen Mädchens, das sich [bei seinem Besuch] in Berlin mit mir am Kurfürstendamm treffen möchte und nicht begreift, warum ich nicht dort warten werde! – {denn dieser Reisebericht beschreibt nur eine Ausnahme, völlig regelwidrig, würde der Schiedsrichter sagen}]

– Also: zum tausendsten Mal: Was ist das *De.–Land*? Na das ist *das* Land, das gestern gegen Uruguay gewonnen hat. *Dingsbums Dihingsbums über alles, über ahaalles in deher ...*

4 HISTORISCHE VERSICHERUNG

Schlacht im Teutoburger Wald – schrien wir im Chor, nicht auf dieser Reise, sondern viel früher, in der Klasse, nicht in der Arbeiterklasse, sondern in der Schulklasse – eine Jahreszahl, die man sich noch merken kann. *Transitabkommen, Schlußakte von Helsinki, ... etc.* Das Gedächtnis findet keine Eselsbrücken über den zähen Strom der Zeit.

Schlacht ist Schlacht und Schnaps ist Schnaps und Dienst ist Dienst, sagte der Zöllner, und ließ mich die Verkleidung der Autotür abschrauben. [Könnte ja son kleiner dahinter, sie verstehen?]. Ach, ganz sicher haben die Gen-Forscher bei ihren Betrachtungen unterm Elektronenmikroskop niemals *deutsche* Gene untersucht [keine Genex-Gene], sie hätten doch jene Teilchen finden müssen, die in uns unbegründete Angst erzeugen, Schuldgefühle und grundlose Reue, wenn wir einem Zöllner-Polizisten-Beamtenpepe gegenüberstehen, der eine winzige Sekunde Macht über uns hat. *Varus! Varus! Gib mir meine Zollerklärung wieder!*

5 DIE MISERE DER SAMMLER

Wie bei guten Büchern, die du gelesen, guten Filmen, die du gesehen, Augenblicken, in denen unbeschreibliches Glück in dir aufstieg [ein *Hoch*-Gefühl] und der Atem wie *von selbst* in die Lungen strömte — so auch bei schönen Städten [deren Namen lange Jahre wie geheime Botschaften klangen], die du nun betrittst — du ärgerst dich, daß du diese Kenntnis, dieses einmalige Gefühl der ersten Begegnung nicht *praktisch* verwenden, sofort festhalten kannst in einem merklichen Bilde; du empfindest plötzlich den totalen Reichtum des Augenblicks, den zu erkennen und zu behalten eine solch enorme Intensität miteinschlösse — jeder wach erlebten Sekunde eine Stunde Arbeit des Kopfes beizugeben, daß die Vergessenheit nicht ihr Netz werfen kann; an der *Geschichte* entschädigen wir uns für diesen Mangel; sie scheint still zu halten und offenbart uns im *Fight* Gedächtnis gegen Vergessen die sparsamen Punktgewinne.

6 WAHNSINN

Nur unter äußerem Zwang beginne ich noch neue Dinge, eine Seite, eine Liebe, ein Reiseheftchen, wie dieses in der Brusttasche verwahrt, für die stillen Stunden der Einsamkeit [zerebrales Jogging]; Furcht vor dem *mißbrauchten Beginnergefühl* beherrscht mein Leben modisch-skeptisch; die naive Freude wird nicht mehr erlaubt.

Ich stehe im Zimmer *Hölderlins*, wo sein Wahnsinn den runden Raum des Turmes durchkreiste, auf heller Diele, und beginne nichts mit dieser *Erfahrung*. Auch jener Satz am Eingang, irgendwann von einem Graffitti-Studenten trotzig erdacht, daß *Hölderlin net närrisch g'wese isch*, zwingt mich zu keinem Gedicht. Ich sehe den Neckar vorbeiziehen.

In deinen Tälern wachte mein Herz mir auf
Zum Leben, deine Wellen umspielten mich,

Und all der holden Hügel, die dich
Wanderer! kennen, ist keiner fremd mir.[10]

Wann war das? Mir ist hier alles fremd, und nicht wie Holder träume ich mich an diesem Ufer in die ferne schöne Welt der Olympier, sondern rede mir unaufhörlich ein, daß über diesen Hof des Stiftes Hölderlin, Hegel, Schelling ... gingen, in der kühlen, nebligen Frühe eines Wintertages. Tack, tack schlagen ihre Füße in meinem Kopf den Puls.

Wenn die Vorstellungen, die ich mir in meiner Berliner Wohnung von diesem Ort gemacht hatte, überlagert, ja entwertet werden von der Wirklichkeit, was kann sich da anderes einstellen als *Skepsis*, hinter der Gewißheit steckt: es handle sich letztlich nur um Spielarten ein und derselben Tatsache: der Stagnation; damals aus der einheitlichen deutschen Enge heraus gedachte traumhafte Gedankentürme gegen die Tatenlosigkeit [jene neu-zeit-deutsche Identität]; dort, woher ich komme, in gemäßigter Variante, und hier, am Bogen des Neckars in arrogantem Überfluß an Geld und Freiheit.

Der Fluß liegt still. Nur das Land mit seinen Bergen und Häusern, seinen Türmen und Studenten wird von einem Zauberfädchen über den Erdball gezogen.

7 VOR DER VEREINIGUNG STEHT DIE WERBUNG [DES MÄNNCHENS]

Das Zeichen bedeutet nichts! Die Decodierung ist alles.[11] Erste Besuche dieses Landes fanden bereits statt. *[the TV makes the*

[10] Friedrich Hölderlin *›Der Neckar‹*.

[11] These von Umberto Eco in *Für eine semiologische Guerilla*; an Hand der alten These, daß die *Botschaft* der Zeichen die eigentliche Kommunikationsstruktur bestimmen würde, zeigt Eco die Funktionsweise massenkommunikativer Prozesse, wo letztlich primär inhaltliche Dimensionen an Bedeutung verlieren; sein Beispiel: die Dechiffrierung eines Werbespots [Kühlschrank z. B.]; kann als Konsumanreiz interpretiert werden, aber auch, z. B. in Entwicklungsländern als Utopie, zu deren Erreichung revolutionäre Aktionen nötig werden.

world allround ...] Dankbare Katze neben der Kitekat-Dose in der Küche des Werbefernsehns.

Ich gehe die Straße entlang zwischen utopisch bunten Werbetafeln und lese daraus die Zukunft. So wie sich zu Hause das West-Trauma vor die *Utopie* schiebt [wie ein getöntes Fenster, ein Spiegel, eine Wand, das Farbraster der Fernsehwelt ...], so wird *hier* alles *Utopische* von der Werbung überlagert und subsumiert. Denn in den genauen Techniken dieser Ideologie-Maschine werden formale Traum-Ansätze, bzw. farbige Negationen der Wirklichkeit verarbeitet zu einem Gemisch aus Illusionen und Käuflichkeit. Und hinter all dem steckt irgendwo ein wirkliches Stück Zukunft, das ich als Kind begierig suchte, als ich mit enormer Ausdauer die Sendungen des Werbefernsehens verfolgte.

8 ENTFREMDUNG

Bei Freunden auf dem Land. Nachmittag. Die Sonne scheint. Ich trinke *Moscht*, liege in der Hängematte zwischen Pflaumenbaum und Birnbaum, sehe, wie der Himmel, als säße er auf einem Schaukelpferd, hin und her kippt.

9 BERUFSETHOS UND DIE ANSICHTSKARTEN-SACHE

Auf der Pracht- und Einkaufsstraße in S.; ein Krüppel sitzt auf den Steinen, um ihn ausgebreitet liegen bunte Ansichtskarten der heilen Welt. *Der Liebsten einen Gruß* ... und den Freunden ein Zeichen. Pro Stück x DM; ergibt bei 10 Stück gleich 10 mal x DM. [Kopfrechnen lernt unsereins in der Fremde; nur aus dem Mangel erwachsen die neuen Fähigkeiten!] Wir legen das Geld auf den Teller, daß der mit der verkrüppelten Hand und den Beinstümpfen mühelos übersehen kann, welche Zahl wir auszuwählen beabsichtigen. [Bei Selektion der Schönheiten muß man den Kopf frei haben von utilitaristischen Rechenoperationen!] *Nicht erst das Geld geben!* – schimpfte er gegen unsere [brechtische] Freundlichkeit – *Erst eine Karte nehmen. Ben koin Bettler. Der da drüben ist ein Bettler. Ich nehme nichts an. Ich will nichts geschenkt. Ich verkaufe* ... Solange du jemanden unter dir weißt, dem es dreckiger geht, der weiter im Abseits hockt, bildet sich – als gehörte es zur menschlichen Natur – eine Spur aristokratisches Selbstverständnis. Als ließe sich Selbstbewußtsein nur aus dem bei anderen zerstörten Selbstbewußtsein herleiten; zwei *Ostler* in der großen Stadt sehen eine türkische Familie durch den Supermarkt streifen; was könnten uns für Begriffe einfallen, die diese Art Vereinzelung und Befeindung überwinden? Wir sagen: Solidarität und Toleranz und ... *wo die freie Entwicklung ... Bedingung für die freie Entwicklung ...*[12]

10 PEEP SHOW

In der kleinen Kabine mit der sich nach Einwurf des Geldstücks automatisch öffnenden Gardine fühlte ich mich sogleich *wie zu Hause*, als die entkleidete Dame auf einer Drehscheibe, gewärmt vom Heizlüfter [das arme Kind mußte dauernd niesen, so daß die Posen verwackelten], im *lebenden Bild* die Verführungskraft des weiblichen Fleisches darstellte; ich erinnerte mich an eine Festveranstaltung zu Ehren eines großen ... tages, wo aus lebendigen Körpern zu ertüfteltem Licht der *Befreiungskampf der deutschen Arbeiterklasse* dargestellt wurde, völlig ohne Bewegung. Damals ging es um die ideologische Verführungskraft der vergangenen historischen Augenblicke, die plötzlich in allen drei Dimensionen wieder *da* waren. Die Digitalanzeige meines Taxometers ließ mir noch 30 Pfennige Zeit, Brüste, Schenkel und Scham zu begutachten. Auch damals erlosch das Bild, als Marx Engels die

[12] K. Marx, fragmentarisch zitiert, vgl. S. Hermlins Auseinandersetzung mit dieser Stelle in ABENDLICHT.

Hand reichte, umringt von Arbeitern, nach wenigen Sekunden, und viel zu schnell kam der Augenblick, da die Gegenwart mit weißen Helmen und schönen hellen Häusern erschien. Nach all diesen Illusionen steht man wieder auf der Straße und hält Ausschau nach einem schönen Wesen, aber die Blicke weichen aus, und das kalte Licht des Alltags gibt den Körpern eine harte, unpoetische Kontur.

Einzig der menschliche Schnupfen der Peep-Show-Dame entfachte in mir eine kleine Hoffnung, daß auch die dargestellte Begegnung von Marx und Engels auf der Prachtbühne Berlins vielleicht doch etwas mit dem wirklichen Leben zu tun haben könnte, obwohl sich die fleißigen Regisseure bemühten, gerade davon nichts zu zeigen.

11 NUR DIE ZUVERSICHT GEBRICHT UNS NICHT

Ein Abend nach der Vorstellung in T, mit unserem Gastgeber E. beim Abendbrot vor dem Fernsehapparat. [Leider gabs keinen Salat! Der Nachrichtensprecher warnte uns nochmal vor dem Verzehr verstrahlten Gemüses.] Gespräch über die wundersame Massenbasis der Grünen Bewegung in der satten Landschaft der Parteien. *Seit langem wieder ein Versuch, von den empirischen Tatsachen aus ein kollektives Subjekt zu produzieren, das ein kritisches Verhalten zur Wirklichkeit ermöglicht, mit all seinen Mängeln und Vereinfachungen*, sagte E. Im Fernsehen gab derweil der Bundestrainer F. B. ein Interview über die kürzliche Niederlage seiner Mannschaft. *Wenn ER* [und sein Blick deutete hoch in den Himmel über dem Fernsehapparat], *wenn ER es nicht will – na dann gehts halt nicht. Wir sind sehr gut, aber wir haben eben auch Pech …* – Nach der Kritik [des Volkes an dem schlechten Spielergebnis] folgte das vage Verlangen nach einigendem Bekenntnis. F. B. hilft der alte Nationalismus. Jede Kritik schafft ein Vakuum, in das schnell ein neuer Sinn hineintransportiert werden muß, der eine Weiterarbeit ermöglicht. Bisher half man sich überall mit robusten Bekenntnissen, dem konservativen Beharren auf *alten Werten.* – Das ist *deutsch.* – Und die Grünen? fragte E.

12 TRAUM

Auf der Autobahnraststätte stellte der Polizist meine Ähnlichkeit mit dem Gesicht des RAF-Mannes auf dem Steckbrief fest. Ich wurde unter strengster Bewachung nach M. gefahren und dort in einer luxuriösen, aber total gesicherten Zelle inhaftiert. Ohne Kontakt zur Außenwelt [kein Mensch merkte mein Verschwinden] erwartete ich Klärung *[Aufklärung! sic!]*und Befreiung aus der unglücklichen Lage. In den Überlegungen betreffs möglicher Vorwürfe gegen mich vermischten sich die Erinnerungen an jene anarchischen Ideen, die ich stets ersann, wenn mich die Stagnation zum Wahnsinn zu treiben drohte. Meine permanent hervorgebrachten Beweise der Unschuld fanden kein Gehör. Eine Maschinerie kam in Bewegung, der ich nicht mehr gewachsen war, so perfekt durchforschten die Beamten die Welt und meine weitläufigen Verbindungen zu ihr. Bei der Gegenüberstellung mit einem bereits festgenommenen Terroristen zerbrach die letzte Hoffnung auf ein gutes Ende der Episode. Ich weiß nicht, aus was für Gründen [vielleicht, um von seinem wirklichen Kollegen abzulenken] gab er zu Protokoll, daß es sich in meinem Fall um den Gesuchten handeln würde, und die Zellentür wurde wieder verriegelt.

Ich erwachte schweißnaß, steckte mir eine Zigarette an und blickte auf die unter dem Schleier der Nacht liegende schöne Landschaft.

13 DIE NEUEN RUINEN

Sehnsucht treibt uns auf die Berge und in die Rundbögen der alten Gewölbe, wo wir die verlorene *ganze* Schönheit vermuten. Der Bau der Ruine fand 1984 seinen Abschluß.[13] Die Teppiche grün, als wüchse das Gras des Vergessens durch die Gänge, vorbei an den hochversicherten Gemälden dieses Jahrhunderts. Treppen endeten an Wänden ohne Aus- und Fortgang, Steinquader lagen wie *frisch ausgegraben* von den Archäologen im Hof, und auf dem Dachgarten standen funktionslose Mauerreste. Unter der alten Ruine der schmale Eingang durch die mit archaisch geformten Steinen gekennzeichnete Wand ins Parkhaus. Das Foyer, das Innere eines Weltraumschiffes, das Wrack vor Jahren von den Bewohnern einer fernen Galaxis verlassen und nun Museum. Oder glichen die Gänge nicht mehr den Erinnerungsbildern eines Films – *Untergang der Titanic?*

Ich ärgerte mich plötzlich, daß ich in den Druckfahnen meines letzten Buches den von Setzern erfundenen Fehler verbessert hatte. Nur ein Buchstabe war falsch. Statt ›I‹ hatten sie ein ›0‹ gesetzt, so daß sich ein völlig neues Wort ergab: FORTSCHROTT.

14 STAATUS-FRAGEN UND BEGRÜSSUNG

Im Stau an der Grenze schlenderten zwei Offiziere um unser Auto, betrachteten die Unordnung im Innern, die leeren Tüten, Flaschen, den Tourneemüll und unsere übermüdeten Gesichter. Schließlich die ersten Worte der Begrüßung durch die Staatsmacht: *Warum ist Ihr Staatenkennzeichen* [er meinte das Schild mit den zwei ›D‹ und dem einen ›R‹!] *nicht vorschriftsmäßig am KFZ befestigt?* – O, wahrhaft, das heimatliche Klebeband hatte sich unter der südlichen Sonne gelöst im Heckfenster, so daß eine Ecke des Schildes [ich glaube, das ›R‹ wars] traurig [wie ein schlappes Ohr] nach unten hing. *Laut StraßenVerkehrsZulassungsOrdnung muß das Kennzeichen*

[13] Gemeint ist die Neue Staatsgalerie Stuttgart; Architekten James Stirling, Michael Wilford und Associats.

fest und sichtbar am KFZ … Wir lügten: *Die kratzen uns das doch sonst ab da …* [hätten wirs uns auf die Stirnen tätowieren lassen sollen vor Hai-mat-lie-be?] – Das Vaterland hatte uns wieder in seine preußischen Hände genommen. Guten Tag.

Nach der zweiten Kontrolle ließ uns der Motor im Stich, und aus den blitzblanken Mobilen des Westens schauten mitleidsvoll die Verwandtenbesucher auf unsere Stockung im Fluß des Grenzverkehrs und hupten gelegentlich. Schweißgebadet schoben wir das bockige Auto [willst du denn nicht nach Hause, Wartburg, ins Land der Wartburg?] durch die Mittagsglut der Grenzanlagen. Der Zöllner hatte Mitleid und ließ uns passieren. Schließlich, mit schmutzigen Händen galoppierten wir über die alte, bekannte Autobahn, und das Tachometer hatte sich vorgekämpft bis zum Jahr 1955, dem Datum meiner Ankunft auf Erden. Die Zeit seit meiner Geburt verflog vor den Augen unaufhaltsam: Kindergarten, Schulanfang, die erste große Liebe, Blinddarmoperation, Abiturball, Entlassung von der Armee, Studium … und ich suchte in den laufenden Zahlen ein kleines Zeichen für meinen großen Abschied dereinst, mein Todesjahr, daß ich die Kräfte vielleicht dadurch besser einzuteilen lerne. Aber keine Reifenpanne, Geschwindigkeitskontrolle, kein Motordefekt gaben meiner Interpretationswut Nahrung. Orientierungslos raste ich in die Zukunft hinein. Einzig in Köckern[14] hielten wir Rast und stellten uns in die riesige Menschentraube vor dem Restaurant. Die Tische waren alle besetzt [mit Reserviert-Kärtchen] und am Eingang prangte das so oft gesehne Schild von der *Placierung*[15]. Es gab gefrorene Blutwurst zu tiefgekühlten Bratkartoffeln und alle Fliegen der Heimat hatten sich versammelt im Restaurant zu unserer Begrüßung.

[14] Beliebte Autobahnraststätte kurz nach der Abfahrt Halle.

[15] Genauer Wortlaut: *Lieber Gast*, haben Sie etwas Geduld, Sie werden von unserem Personal placiert. – oder stand da etwa deplaciert?

Als wir am Abend in Berlin ankamen, der Sommer begann, war das Tachometer in unglaubliche Regionen meines Alters vorgedrungen. Ich umarmte meine Freundin nach der langen Trennung mit aller möglichen Liebe und Hoffnung auf unser gemeinsames Leben und zählte doch derweil schon weit über 200 Jahre.

DRITTER TEIL

BEGEGNUNGEN, PROTOKOLLE UND BERICHTE VON VERSCHWÖRUNGEN

Nur des Nachts hat das Begegnen fremder Schiffe auf dem Meere etwas Unheimliches; man will sich dann einbilden, die besten Freunde, die wir seit Jahren nicht gesehen, führen schweigend vorbei und man verlöre sie auf immer.

H. Heine

ZURÜCK! ZURÜCK! MEIN LIEBCHEN LASS UNS FLIEHN!

über die stillen Zeiten
über Nikolaus Lenau[1]
über die scheinbaren Auswege
über die unendlichen Sekunden des Wartens

1 Die anderen Zeiten sind da. Die Bastille ist gestürmt. Napoleon geschlagen. Der Wiener Kongreß erfolgreich beendet. Nun kommt die Mühsal der Tatenlosigkeit. Die Fürsten sitzen wieder [etwas klüger] auf ihren Sesseln, unbeschadet. Die Welt wird zum Gasthof, [Kreditwürdige haben freien Eintritt!], eben zur Restauration, Aufbesserung, gegen den Kräfteschwund auf den langen Wanderschaften durch das Dickicht des Hegelschen Optimismus; Intermezzi auf der generationsüberspannenden Pilgerfahrt des *Weltgeistes* durch die *deutsche Ideologie*, den Rucksack voll Ballast an Ideen und Kritiken.

Einer, der 1802 geboren wird, kommt da in vielen Dingen *zu spät* oder *zu früh*, denn ehe er beginnt, selbständig zu denken, sich zu befreien aus den Knechtungen und der Libertéégalitéfraternité-Ehrfucht, aufzustehen aus der Gebetshaltung vor den Beethoven- und Goethebüsten auf der ganzen Welt, da ist beinahe alles entschieden für dieses Jahrhundert: Kleist hat sich den Kopf zerlöchert, Fichte ist schon zum Konverter konvertiert, Schelling, dieser frühreife Kopf hockt unter den alten Kruzifixen, Beethoven summt seine komische Ode an Freud, während der hustende Schiller schon verwest, Faust sieht den Sumpf am Gebirge entlangziehen ... da kommen doch diese jungen Burschen gar nicht mehr mit, die, als die Kanonade von Valmy erklang, noch nicht einmal konzipiert

[1] Lenau, eigentlich: Franz Niembsch Edler von Strehlenau, 1802-1850, österreichischer Lyriker

waren. Dann aber tauchen sie überraschend auf aus den Fluten, in denen die heroischen Ideale versunken sind, doch was die *Jungen* vorfinden, da wird keine Welt mehr draus; keine schlechte und auch keine heile. Keine überschaubare vor allem. Die Welt, das ist nur noch die Ansammlung vieler [bekannter und unbekannter] Straßenecken, Krämerseelen, vieler Schilfrohre, vieler Wasserfälle … vieler Geliebten … die alle nichts miteinander zu tun haben.

2 Lenau macht sich [in manischer Freiwilligkeit, die Kunstproduzenten so eigen ist] bewußt zum Objekt eines Prozesses, in dem er hin und her geschleudert wird, wie ein Brett, [nicht sehr graziös und kunstvoll manchmal] läuft in die *offnen* Messer [trotz Warnung der Klassiker!], weil er sich nicht mit der Imitation vergangener Größe zufriedengeben will, als schon der Geniekult [um Goethe & Schiller &&&&&&&&&&&&&&] auflebte, und der Staatsbürger ganz genau wußte, woran sich ein wirkliches Genie erkennen ließe: an der weisen und schönen … wasweißichwas …

Die Etablierten, die im nachhinein [posthum] integrierten Dichter haben für diesen Berufsstand ein hohes Sozialprestige geschaffen [für rechts und links! – davon träumen die zwischen Zensur, Repression und Opportunismus hin und her schwankenden Jungen!]. Weil die *Alten* ja noch, – nicht wie bei den Parvenüs, wo Korruption und Duckmäuserideologie Grundlage und Preis des Ansehens sind, – echten, gefährlichen Widerstand leisteten. Ehre gilt immer dem früheren Widerstand, nicht dem augenblicklichen, der wird von jedem Staatswesen herabgewürdigt, gemessen am ehemaligen. *Ein Dichter kann heutzutage nicht glücklich sein, denn die Zeit will nichts von ihm.*[2]

3 Woher der düstre Unmut unsrer Zeit, / Der Groll, die

[2] N. Lenau

Eile, die Zerrissenheit? – / Das Sterben in der Dämmerung ist schuld / An dieser freudenarmen Ungeduld; / Herb ists, das langersehnte Licht zu schauen … / Zu Grabe gehn in seinem Morgengrauen …[3]

4 Die Welt ist ungerecht. Seit den Kindertagen, wenn er übern dunklen Kirchhof mußte, abends, Angst hatte; Mutter und die Geschwister sind allein. Wenigstens an Gott glauben! Lieber Gott, mache Vater wieder lieb. An irgendetwas muß sich der Mensch klammern in der Einsamkeit. Vertrauen in einer Zeit, da man keinem trauen kann. Der Vater ist ein Spieler. Lieber Gott. Gott wohnte in seiner Seele. Dann aber liest er den alles in die Krise ziehenden Kant. Und dann stimmt die Tendenz der ehemals sicher geglaubten Werte nicht mehr, und er steht ungeschützt vor einer miserablen Welt der Anarchie der Krämerverhältnisse [Oh! Würden *das* die Krämer lesen, aber sie lesen nichts! Die Krämer haben die meiste Angst vor Anarchie und leben eigentlich nur, weil sie nicht wissen, was das ist: Leben!], das Haste-was-dann-biste und nicht cogito ergo sum. Diese Kantkrisen sind die Bewährungsproben aller *positiven* Ideologien. [Auch Kleists geschniegelter Humanismus kam nicht unbeschadet drüber hinweg!]. Alles Aktivistische reibt sich die Naivität von den Fäusten. Hyperions Trauer über die mordenden Freiheitskämpfer schlägt um in Skepsis, Verharren; dieser An-sich-gute-Mensch trägt gelegentlich die Züge von Alkibiades. Also: die Aktion alleine ist es nicht. Immer die Frage nach Regulativen. [Die Exekutiven schaffen dann andere.] Und eben an dieser Stelle beginnt die Welt zu zerfallen. Skepsis strolcht durch die langweilige Tatenlosigkeit des ewig währenden Alltags; wie durch eine Epidemie werden die Krämerseelen selbst bis nach Amerika verstreut … Es gibt kein Fliehen, nirgendwohin, es sei denn ins Nichts [Das Nichts ist besetzt mit dem Nichts.]. Und also ver-

[3] N. Lenau

harrt er in dieser Umgebung, wo das eine noch nicht oder nicht mehr und das andere nicht mehr oder noch nicht wieder oder niemehr gilt. Denn es könnte leicht passieren, daß die, die etwas tun, weil sie die Untätigkeit nicht mehr aushalten, mit dem Hintern einreißen, was die Heroen der Vorzeit viele wertvolle Leben gekostet hatte. Historischer Prozeß – also gelegentlich nichts anderes als Stagnation? Die Misere besteht nur darin, daß die *Fortschrittlichen* nicht wie Wachsfiguren stehen bleiben können. Ihre Lebensuhr läuft ungeachtet der *Einsicht in die Notwendigkeiten.* Die Auswege dieser Übergangszeiten sind meist nur Denkwege [zuerst zumindest]. Geschichte geschieht nicht, weil sich einer was ausdenkt und es für das Bestmögliche hält; wenn man das *Gute* erkannt hat, ist es noch nicht wirklich ... Alle Geschichte ist mit Abstand gesehener Alltag, in dem Besonderheiten geschehen, über deren Tragweite man im Augenblick noch nicht genau Auskunft geben kann. Goethes Prophezeiung von der *Neuen Epoche* bei Valmy – eine hinterrücks ins Tagebuch geschummelte Weisheit? Und die Utopien? Marx entdeckte später an Feuerbach, daß diese ganzen Kopfproduktionen auch *Materie* sind. Also wird eine Einheit der Welt möglich, um die sich seit Kant die Stirnen mühen, seit Spinoza ... Wie kann man diese ganzen Splitter der Welt zusammenbringen? Lenau helfen: Die schöne Natur, die schöne Geschichte, die schöne Absonderlichkeit. Der Materiebegriff beinhaltet die philosophische Synthese des scheinbar Unvereinbaren; die poetische Synthese steht aus; der ewige Zwist der *zwei Seelen* in der Brusttasche.

5 DIE SCHÖNE NATUR

Wenn NATUR Subjektcharakter erhält, wandelt sich die Anschauung der Gattung über sich selbst – wie die einzelnen Blätter eines Baumes individuell unterschiedlich sind, sich aber in erster Linie der Gattung Blätter zuordnen, ordnet der Einzelne sich im Zusammenhang mit allen anderen in Beziehung zum [bestimmenden] Gegenüber, dem Leben an sich, zur Natur, er relativiert sich, um die Fessel der Unmittelbarkeit überschreiten zu können. Natur kann vereinen, was sozial antagonistisch zueinander steht, als Modell-Fall, bzw. indem das historisch-konkrete Wertsystem verlassen wird und ein *ewiges* an seine Stelle tritt — als Vergewisserung in einem halbbewußt vollzogenen Prozeß [Geschichte].

Der Dichter sieht staunend auf die Schöne Natur, sein Ich tritt mit ihr in *sonntäglichen* Kontakt. Die synthetische, poetische Welt des Gedichtes nimmt naturale [oder exotische] Attribute in sich auf und vermischt die Realerfahrung [als soziale Erfahrung] mit den *Unabänderlichkeiten* der Naturexistenz. Die eingefleischte Begrifflichkeit der Realpolitiker oder der Pragmatiker kann dadurch umgangen werden, ohne daß auf den Gedanken der *Verbesserung des Lebens* [früher sagte man dazu: *Fortschritt*] verzichtet werden muß. Die ideologischen Grenzen der alten Begriffe können überwunden werden. In der Natur gibt es den Begriff des *Alltags* nicht, bzw. er erfüllt dort keinerlei Funktion. Alle Werte erfahren in diesem größeren Beziehungsgefüge eine Umwertung. Die moralisierende Betrachtung der Welt, die stets dann zur Mode wird, wenn wirkliche Veränderungen [d. h. praktische Kritik] ausbleiben oder verhindert werden, verliert im Naturzusammenhang ihre Bedeutung. Was sollten wir abbilden können z. B. mit dem Begriff »Etablierung« in einem Waldstück? Sein oder Nichtsein gilt hier vehementer als in einer deutschen Kleinstadt, wo Verweigerung der Anpassung mit Aussperrung und Befreiung von den Genüssen der Neuzeit beantwortet wird. [Gravitationsgesetze. Bürgerlicher Quantitätstaumel, der in den *heiligen Mehrheiten* der Parlamente seine salomonische Weisheit beweisen muß und schließlich eine solch formale Fetischisierung erfahren kann, — der Faschismus beweist es —, daß formale Mehrheit ad absurdum geführt werden kann durch *inszenierte* Mehrheiten — Napoleon III. erfand die Gesellschaft vom 10. Dezember, und andere erfanden andere …

Gravitation gilt sozial nicht.] In der Natur bedeutet Verweigerung Tod und nichts weiter, und das auch nur relativ, denn es gibt stets einen teleologischen Zweck innerhalb des Systems, weil der Tod des einen [Blatt] das Leben des anderen [Humusbildung für den Baum, die Pflanzen ...] bedeutet; der Sinn dieses Systems ist nicht innerhalb dieses Systems zu finden, sondern nur aus einer Draufsicht, wie ein Gott oder wie ein der Natur innewohnender Sinn, oder in Form poetischer Subjektivität. Die Frage: Wie ist Prozeßdenken innerhalb geschlossener Systeme möglich? Die mutigen Pantheisten und Rationalisten scheints genehmigen sich aus Furcht vor den einsamen Stunden nach den wagemutigen Alleingängen in die Eiswüsten der Zukunft eine kleine *fremde Subjektivität*, an der sie Ermutigung und Erwärmung finden können, müssen. SUBSTANZ oder NATUR hält dafür Raum bereit. Gegen die unüberschaubar gewordene Entfremdung. Gegen die pervertierten Nützlichkeitsgedanken der Krämer. Seiltänze über dem Abgrund einer schizophrenen Gattung [halb Citoyen halb Bourgeois; Centauren]. *Byronsche Zerrissenheit*, die man, sollte sie nicht zu sehen sein, doch »im Klang« spürt, wie bei den gesprungenen Glocken, schreibt Heine, inmitten einer Uhrmechanik, die sich ein Universitätsprofessor nach Nützlichkeiten teleologisch zurechtlegt. Die Mechanik siegt letztlich über die Philosophie. Die ehemaligen Grübler der Dachkammern, die das knausrige Gebäude des nicht enden wollenden Mittelalters ausbauten und große Fenster in die manndicken Wände brachen, verschwanden zugunsten einer akademisch geordneten Staatsphilosophie, die den Aktionen der Herrschenden einen Glorienschein verleihen. Und sollte dabei als krönender Abschluß etwas Großartiges entstanden sein, wie im preußischen Staate Hegel und seine dialektische Theorie, wird am Ende, d. h. in der Gegenwart die geniale Geschichtsauffassung skeptisch widerrufen, weil in ihr keine Zukunft erkennbar, die kühner wäre als der Augenblick.

Die Prosa habe ihren Ursprung in der Vergangenheit, die Dramatik in der Gegenwart, Lyrik in der Zukunft; so zumindest denkt man bei L. Die Dramatik versagt ihren Dienst in Zeiten, da die Gegenwart von der unmittelbaren Vergangenheit schwer zu unterscheiden ist. Also muß die Prosa/Epik nachsitzen und die Hausaufgaben der letzten Jahre nacharbeiten. Immer gab es Gründe, die Suche nach den kleinen, bedrohenden Wahrheiten zu verschieben, und nun reise ein Reporter mit Dienstauftrag in die nahe Vergangenheit. Der Pragmatismus lümmelt sich frech in die Zukunft. Einzig die Geschichte erscheint relativer Freiraum für die Angriffe auf die Metternichs aller gewesenen und kommenden Zeiten. Was in der Gegenwart nicht unmittelbar empfunden werden kann oder vollzogen werden darf, geschieht mittels der Anschauung im abgesteckten historischen Umraum nachprüfbar und materialisiert: *Veränderung, Entwicklung.* Geschichte, also vergangene Aktionen von Subjekten [Einzelner, Gruppen, Klassen, Gattung] gewinnt an Schönheit, je mehr es der Gegenwart an Schönheit mangelt. Wenn ich selbst nicht bewegen kann, passiert es in meinem Kopf, daß die Welt als bewegungsloser, zersplitterter Müllhaufen erscheint, entwicklungslos, nur zufälligen Gesetzmäßigkeiten unterworfen, wie etwa: ob am Gemüseladen, wenn ich an der Reihe bin, die Bananen ausverkauft sind oder ob ich *Glück* habe. Mein Leben scheint vom Zufall abzuhängen, auch mein Genuß daran. Im historischen Verlauf [Geschichte] wird Bewegung unter allgemeineren Gesichtswinkeln erkennbar, die im nachhinein weniger dem Zufall als mehr konkreten, determinierten Handlungsmotiven geschuldet scheinen; im Betrachten dieser Zusammenhänge kann Optimismus, oder sagen wir: *Tendenz*, Zukunft, Lyrik produziert werden, ohne irrationale Saltos. Das ICH, dieser extremste Singular, wird relativiert, überschritten, nicht durch Verkleinerung des ICHs, sondern durch Vergrößerung des Zusammenhangs. Nur wenn eine Relation zur Geschichte empfunden wird, kann der Augenblick völlig genossen werden.

7 DIE SCHÖNHEIT DER AUSNAHMEN

Soziale Randgruppen, *untypische* Erscheinungen, Ausnahmegesellschaften tragen stets in sich ein *ganzes* Bild der Gesellschaft, gegen die sie sich gegründet haben, oder von der sie ausgestoßen wurden. Schmuddelkinder, Müllfahrer, Rentner, Schwule oder Zigeuner ... die Schwachen, Hilfebedürftigen, die Objekte der Geschichte, die nicht aus ihrer Haut kommen, es sei denn durch KZs oder Euthanasieprogramme. Die Parteinahme für diesen Bereich der Gesellschaft bedeutet Kritik am gegenwärtigen offiziellen Zustand der Gesellschaft, asozial hoffend auf eine zukünftige Sozietät.

LENAUs Protest: poetische Hinwendung zum bisher gesellschaftlich Unbedeutenden; *Zigeunerlieder*, wenn gerade die Nationalliteratur, dieses bürgerlich schriftliche Zeremoniell gefeiert werden soll [die Vereinigung in aller Festlichkeit zum Zwecke eines Marktes; gleiche Bedingungen für alle – Händler und Käufer!]. Die Ausnahmen sind schön, wenn im Regelmäßigen die Schönheit verschwunden ist [entgegen den Losungen der Pragmatiker, die behaupten, daß alles das, was *sei*, das Wirklichste sei ...]. Welche Schönheit brauchte der Nebenbürger Lenaus? Die Musen sehen traurig nach den Bockwursttellern und spiegeln sich auf fetten ölglänzenden Lippen, statt in den Köpfen soviel Unordnung zu stiften, wie nötig wäre, in solch existentielle Bedrängnis zu kommen, daß die unaushaltbare Welt verändert werden *muß*, und nicht mehr nur in einem Sinne interpretiert, weil das, wie wir wissen, bisher ständig die Philosophen getan haben. Aschkasten-Normative sind Zeugnis nicht funktionierender gesellschaftlicher Werte. Ja selbst das dem Feudalmenschen abgerungene Glück des Kleinbürgers erscheint wertlos, wenn in ihm nicht auch ein Moment Utopie verwoben ist. Das erkämpfte Recht wandelt sich schnell zur offiziellen Pflicht, wird Phrase, und der Inhalt des Lebens findet keinen Platz darinnen. Die Gesellschaft glaubt, an ihrem Sinn festzuhalten, indem sie die Abnormitäten in sich bekämpft; sie verliert aber auf diese Weise ihre zukünftige Reformfähigkeit, ihren dialektischen Gegenpol; und wie so oft schon verlassen die Kinder auf diese Weise in Begleitung des Badewassers die Wannen.

Die im Eifer des »Fortschritts« vergessenen oder verdrängten Aufgaben, die uneingelösten Versprechungen melden sich ständig mit ihrem Veto zu Wort und erinnern daran, daß [wie schon Heine für die Literatur- und Ideologieentwicklung meinte] der »Fortschritt« der ständige Versuch ist, die durch die Geschichte entstandenen Verluste wieder wettzumachen, als *Vervollkommnung*.

8 Welches ist der Preis für das intellektuelle Bezwingen der Nur-Unmittelbarkeit, für die Überwindung der Empirie? Wo der Sensualismus auf der Strecke bleibt, erhöht sich die Gefahr für jede Geschichtsphilosophie, die konkreten Phänomene nicht mehr abbilden zu können. Muß nicht der Einsicht, der Bewußtheit, der Klugheit die archaische Sinnesfreude, die epikureische Frechheit, die bedingungslose Diesseitigkeit geopfert werden? Wenn jegliche Utopie nur existieren kann *gegen* eine Wirklichkeit, wie wird eine Utopie aussehen, die selbst diese Diametralität abstrakt fassen muß? Denn der hymnische Satz Brechts: Erst käme das Fressen, dann erst käme die Moral – ist längst empirisch widerlegt von all den Vielfraßen der Oberschichten ohne jede Skrupel, nach deren Kalorienorgien die Moral ausbleibt ... oder nehmen wir Danton, der die Pferde der Revolution am Bordell haltmachen ließ, um der tristen Revolution die Lichtpunkte des Lebens aufzusetzen, und letztlich *alles* aufs Spiel setzte. Alle fünf Sinne betrüben und betrügen in einem. Die sinnliche Welt treibt zur Vereinzelung. Jeder Kopf ist ein kleines Privatkino. Anderseits: Sinnlichkeit als gesellschaftliche Produktion, Praxis. Und jene

Suche nach einem DU, mit dessen Hilfe die Lust am Erklären, Klären, Sprechen, Leben erhöht werden könnte? Die LIEBE – der Brennspiegel, in dem sich die gesellschaftlichen Beziehungen verschärft zeigen, so elementar – oder so oberflächlich wie die Zeit. In dem kleinen Verhältnis zwischen zweien muß oft Platz finden, was die großen Verhältnisse nicht mehr zulassen.

Welche Menge Lebensenergie verbraucht LENAU für diesen *Gesellschaftstanz*!! Ein DU zu finden, um wenigstens nicht allein die Unstimmigkeiten der Etablierung zu fliehen. Die Liebe ein Zufall oder ein Reinfall. Wie Verlaine und Rimbaud zu Vagabunden werden mußten, um der unpoetisch-zweckmäßigen-langatmig-verschluckenden Prosa ihrer Gegenwart Poesie entgegenbringen zu können, so beschneiden die deutschen Dichter entweder ihre Männlichkeit oder die Souveränität, bis ihnen nichts bleibt als die Zote oder die Melancholie ...

9 Die LIEBE ist ein seltsames Spiel, die Poesie scheints: ein phallokratisches Unterfangen? Goethe genießt die Trauer der Liebenden *[Ich ging, Du standst und sahst zur Erden, und sahst mir nach ... Welch Glück, geliebt zu werden ...]*, Heines Damen schwanken zwischen gewissenlosen Kokotten oder wunderschönen Loreley-Töchtern, die uns verraten, und wir werden mit dem Dichter sterbenskrank davon. Hölderlin handelt dieses paradiesische Ausbürgerungsproblem auf einer ganz hohen *pontifikalen* Ebene ab. Die Suche nach einem DU, nach kommunikativer Partnerschaft. Lenau durchlebt diese Varianten. Er gleicht Woyzecks Marie oder Woyzeck selbst ... Wo die kommunikative Potenz der Gesellschaft nicht mehr gewährleistet ist, wo dauernde Mißverständnisse das Selbstbewußtsein belasten, wird das Subjekt und seine Lust zum Austausch, zur Farce.

10 Der Verlust überspannt alles. Das Gefühl des Verloren-

seins. Was wäre noch zu tun? Die perfekten Staatsmaschinen, die perfekten Minister, die perfekten Notlösungen des Alltags, die perfekte Perfektion ... Ach Metternich, ach Metternich, was hast du für eine wunderschöne Zensur erfunden in deinem Staatswesen auf den Totenschädeln der Revolutionäre. Ein Kopf ist lange nicht so teuer wie ein Staat.

11 Vor vielen Jahren, liebe Kinder, als die Zukunft noch mit einem zugezogenen Fenster verglichen werden konnte, fanden sich schnell die Goethes und Beethovens und mit theatralischer Geste schoben sie den Vorhang zur Seite und zu sehen war in aller Klarheit ...

12 Die Dichter zwischen den Revolutionen [die eine nicht mehr erlebt, die andre nicht in Aussicht] sind formal wenig spektakulär, ja sie scheinen ästhetisch *unsauber*, stellen sich nicht bedingungslos klassischen Maßen, ihre Inhalte wirken oft privat, mit dem authentischen ICH verknüpft [gemessen an der Klassik viel *kleiner, subjektiver*], ihre Suche nach Echtheit versandet zu oft im Singulären, weil ihre Öffentlichkeit Schein ist, weil die Vorzeigewelt eine glänzende Fassade trägt, viele schöne verlogene Ornamente; und allzuoft geschieht es, daß sie die Sinnlosigkeit ihres Unterfangens über*spielen* mit abgelauschter technischer Souveränität; und die sogenannten Kunst-Wissenschaftler suchen Deckung in der Hüterrolle; als gelte es die himmlischen Herden zu bewachen, hüten sie die schwer erkämpften grammatikalischen und syntaktischen Strukturen. Die Arroganz der Philister gegenüber Kommunikationsprozessen schließt auch die pauschale *Abwehr* ihrer Zeit-Kollegen mit den Federkielen ein. Die Dichter dieser Zeiten sind in vielen Dingen blind; sie sehen nicht, was andre gesehen haben oder sehen werden. Aber diese Blindheit verhilft ihnen zu einem enormen Gehör, zu einer völlig unzeitgemäßen Sensibilität. Wir nennen sie *Vormärz-Dichter*, womit ihre Unkenntnis in *Fragen des letzten Gefechtes* altklug von uns –

aus dem nachhinein – artikuliert wird. Aber auch wir sind so blind wie sie, in anderer Beziehung. Deswegen scheinen wir uns einen Augenblick in ihnen wiederzuerkennen; schrecken aber zurück, wenn sich klare Gesichtszüge andeuten. Wir wissen über die fatale Wirkung von Analogien, und wir kennen jenen genialen Anfang von Marx in seiner Schrift über Napoleon III.: *Hegel bemerkt irgendwo, daß alle großen weltgeschichtlichen Tatsachen und Personen sich sozusagen zweimal ereignen. Er hat vergessen hinzuzufügen: das eine Mal als Tragödie, das andere Mal als Farce.*[4]

13 Wenn die Augen dir erlahmen / Und Gespenster malen sich / In des Fensters leeren Rahmen: / Und man nennt den *Weisen* dich! / Streut auch unser Fuß im Staube / Spuren aus von seinem Lauf / Gleich, wie Geier nach dem Raube, / Kommt ein Sturm und frißt sie auf. // [Nebel]. Nimm fort in deine graue Nacht / Die Erde weit und breit / Nimm fort, was mich so traurig macht, / Auch die Vergangenheit. // Und all des Herzens fromme Lust verlor ich, / seit ich des Glaubens treue Spur verließ. // Zurück! Zurück! mein Liebchen laß uns fliehn![5] // Wir fanden nimmermehr den Weg zurück …[6]

So beginnt die Wut, die später sogar bewaffnet sein wird.

14 Es ist sinnlos, Du wirst kein Goethe, kein Hegel, kein Saint-Simon; vorbei, vorüber. Entledige Dich der großen Stoffe und philosophischen Denkungsarten. Die neuen Naiven feiern den Aufschwung, wo die Bewußtseinsentwicklung in die Krise gekommen, wo die Wege aus der Misere immer die genaue Kenntnis der Misere verlangen, welches sehr anstren-

[4] Karl Marx: Der Achtzehnte Brumaire des Louis Bonaparte

[5] vgl.: Goethes Dahin! Dahin! Will ich mit Dir, o mein Geliebter, ziehn!

[6] Alle Textpassagen von N. Lenau

gend ist. Auch das Grundstück in Amerika, ich meine, es war richtig, das sofort wieder zu verkaufen; nehmen wir an, daß Du in Deinen kurzzeitigen religiösen Spekulationen verblieben wärst, daß auch Du zum Katholizismus gewechselt wie andere in fremde Länder, daß Du ab 1833 endlich eine Identität gefunden hättest [genau 100 Jahre später meinten auch einige so etwas gefunden zu haben, ohne die Anstrengungen der Vernunft, bis sie an einem Massengrab nicht mehr zu sich kamen], nehmen wir an, Du hättest nicht auf die Angriffe gehört, die kritischen Schreie, die Dich zurückholten aus den Fängen der verrauschten Welt, ich bin sicher, du hättest nicht in der Nervenklinik enden müssen, nicht im Wahnsinn. Aber Du bist zurückgekommen auf die Welt mit Deinem unnachgiebigen Realismus. Dein Kopf, ein ausgetrixster Computer, durch die Sinnlosigkeit der Aufgabenstellung, versagt nur deshalb, weil er dem Sinnlosen mit einer sinnvollen Logik beikommen möchte und die Aufgabenstellung der zynischen Lehrer ernst nimmt, dran kaputtgeht, während sie sich am Abend in ihre Wohnräume versenken und mit den Augen spazierengehn über die Reihen der in Leder gebundenen Werke der toten genialen Dichter. Dichtung gibt es nämlich für diese Leute nur auf dem Regal.

15 Zuerst ist Lenau traurig, und das reicht zur Poesie. Dann findet er die Gründe seiner Traurigkeit und spricht sie aus. So verhilft er einer neuen sozialen Wirklichkeit zum Ausdruck, denn zum ersten Mal reflektieren die Verlierer, die Enttäuschten, Verratenen ihre *Befindlichkeit.* [Durch die Alphabetisierung erhält diese sozialpsychologische Position ihre erste Artikulation und Dokumentation; obwohl diese Art Überlegungen stets vorhanden waren; von nun an existiert für jede gesellschaftliche Umwälzung auch ihre asoziale-literarische Gegen-Position] Das Citoyen-Ideal verschwand in der Erinnerung. Die Wirklichkeit fordert und fördert die zweckmäßigen Zeitgenossen. Lenau bleibt die Enttäuschung der 48er Revolution

erspart, denn er erlebt sie bereits im Irrenhaus [wo sie auch hingehört]. Wir, die viel später Geborenen, überschlagen schnell die Seiten der Geschichtsbücher und eilen ins Jahr 1871 nach Paris; aber diese kommenden Seiten kennt Lenau nicht, so weit von ihnen entfernt hockt er in den grauen Jahren der Stagnation und sucht nach Auswegen. Wie aber, frage ich mich, wie hat er sich in der beengten Aussicht nur hüten können vor jenem Zynismus, der uns allzu schnell unterläuft, wenn der heutige Tag auszusehen droht wie der gestrige.

16 Was die zerstörten Dichterpersönlichkeiten anbetrifft, so sind wir in der deutschsprachigen Literaturgeschichte mehr als reichlich bedient worden, als wäre die Ruhe der Zeiten auf den Rücken der Poeten erkämpft worden ... Lenz, Hölderlin, Grabbe ... Lenau fällt gar nicht auf in diesem Lazarett der Anschauungen, er ist vergessen, und es wird schwer sein, ihn davon zu befreien, weil er selbst den kommenden Zeiten, also uns, wenig getraut hat. Aber es könnte sein, daß er uns irgendwo zufällig begegnet, wenn wir etwas summen oder lesen, und es kommt uns bekannt vor.

17 Hier kämpft die Prosa der *modernen Verhältnisse* [die aber gar nicht mehr modern sind, sondern langweilig und vererbt] mit dem Poeten in dessen *zerrissenem Herz.* Wir sind Zeuge dieses Kampfes mittels seiner Verse; der Kampf um den Luxus der Melancholie, der Sensibilität, ohne die intellektuellen Leistungen über Bord werfen zu müssen, ohne die sozialen Geheimverbindungen zur Welt abzuleugnen; Kampf gegen die alte Aristokratie, gegen den Klein-Mittel-und-Groß-Bürger-Krämer-Seelen-Menschen, gegen die sterile Schönheit der in sich stimmigen Kunstwelt, die sich frei von den Sinnlosigkeiten der *Neuen Zeit* halten will...

UND WER NOCH NICHT GESTORBEN IST

1 Als die Lesung zu Ende war und er die Schlange der um ein Autogramm in das eben erschienene Buch Bittenden abgearbeitet hatte, gab es den Augenblick der Begrüßung; eine solidarische Umarmung, einen Bruderkuß; die Namen, die voneinander gehört und gelesen hatten, standen sich gegenüber, gewandelt zu Menschen. Er, der berühmte, bekannte Dichter; wir, mehr als dreißig Jahre später geboren, doch schon ein wenig zu alt, gemessen an Hoffnungen und Illusionen ... Die Ordner der Veranstaltung drängten uns, das Haus zu verlassen. Bis Mitternacht müsse der Sicherheit zuliebe Stille herrschen. Kein Fremder solle mehr seinen Tritt über die Marmorstufen lenken. Ihm, dem Fremderen [denn er kam aus der Fremde hinter der Grenze] gestatteten die Ordnungspriester die *Behäbigkeit* seiner mühsamen Schritte, mit denen er, gebeugt am Krückstock, die deutsche, verschönerte Erde abmaß. Man war besorgt um sein Wohl[er]gehen. Wie vor der Verhaftung schnell ausgetauschte Botschaften flüsterten wir bei der Umarmung, daß wir am Bühnenausgang warten würden. Er verschwand in den geheimen Gängen des Theaters, und wir sahen an seiner Art zu gehen, daß ihm die beschwerlichen Wege durch diese Zeit bekannt waren; so auch wurde er durch den Sicherheitstrakt der Haftanstalten geführt, zur Preisverleihung, so ging er durch die Grenzen und Zeiten, ins

Exil, in gleicher Weise bestieg er ein Podest und redete zu Tausenden Leuten, ging vor der Zellentür eines Neo-Nazis auf und ab, wartete darauf, mit seinem *Feinde* zu sprechen, der ihn als Juden beschimpft, möglicherweise vorgemerkt für die Konzentrationslager und Verbrennungsöfen; Feindesliebe, sagt er; in gleicher Weise ging er über die gleiche Erde, als wäre entscheidender das, was er war und dachte, als jenes, durch das seine Schritte gingen.

Der Mantel des kraftlosen Märzes lag über der Stadt voll unbegründeter Hoffnung auf das Frühjahr. Vielleicht nur, daß es mehrere tausend Jahre schon so gewesen sei, und auch das TANDARADEI Walthers von der Vogelweide beweise es, DAS FRÜHJAHR KOMMT, WACH AUF DU CHRIST! ... UND WER NOCH NICHT GESTORBEN IST ...

2 Sie sagen Kunst, Kunst, Kunst! Unter künstlerischem Gesichtspunkt, künstlerisch schwach/stark, in der Tradition der X-Schule, typische Elemente des Spät ... schnickschnacks ... Saget mir an, gibt es *einen* einzigen Grund, die Künste um ihrer selbst willen fortzusetzen? Futtersilo für Professoren und Studenten, Vokabelheft-Inhalte für Insider und Kulturpäpste. Mit staatlichen Gesten werden die *Absolventen* zu Künstlern geschlagen, und dann machen sie halt *Kunst*, eben weil sie *Kunst* machen und sagen Kunst, Kunst, Kunst und verstehen selbst die l'art pour l'art-Revolte völlig falsch. Sie übernehmen die alten, zerkämmten Zöpfe, richten sie wieder hübsch her, rekonstruieren ihren Sinn, pflegen und achten auf den dereinst erkämpften guten Ton ... und denken permanent an das nächste Jahrhundert, während sie in den Annalen des vorigen blättern! Nur an *übermorgen* denken sie und rufen laut aus, es ginge ihnen um den *heutigen Menschen*. Da sie sich den Ruhm der Nachwelt wünschen, schließen sie das Interesse der Gegenwart aus, ja halten es vielleicht sogar für eine Schwäche. Mit diesem neuen Konservatismus, der sich quasi

revolutionär-kulturkritisch gibt, hangeln sie sich aus der Verantwortung ihrer Gegenwart in einen erdachten Raum ewiger Kunstwerte, und nicht die *Klarheit* wäre ihr Ziel, sondern die *tendenzielle Unklarheit*, die erst die zukünftigen Geschlechter zu klären vermögen.

Warum wurden die Höhlenmaler der Urzeit von der Jagd oder den Putzarbeiten freigestellt und versorgt mit Nahrung? Warum wurden die Geschichtenerzähler, die Rhapsoden, Zauberer und Tänzer am Leben erhalten in den sonst so ökonomisch organisierten Stämmen? in denen jeder zusätzliche Esser den Untergang bedeuten konnte; keiner von ihnen hatte einen abstrakten Begriff zur Verfügung, für das, was er tat, keine formale Tradition, mit der es sich gut auskommen ließe, keine handwerkliche Treue; nur jenes lebensnotwendige Verlangen, all die Zufälle der Natur [die Natur des Menschen eingeschlossen], die Unberechenbarkeit des eigenen Lebens, des Todes so klein wie möglich zu halten, daß die bewußtlose Gebärde, der blinde Blick zum Himmel mählich an Kraft verliere.

Als *da Vinci* die Welt erschuf, als *Johann Sebastian Bach* seine unglaublichen Berechnungen und Experimente zum Phänomen Mensch anstellte, als Meyerhold seine Proben begann ... wer von ihnen hatte da die fade Überlebenskunst im Sinn, die den späteren Wissenschaftlern schlaflose Nächte gebiert ... Wo die wirklichen Entdeckungen gemacht werden, lebt der Augenblick in unbeschreiblicher Freiheit. Leben heißt immer *jetzt*!! *Jetzt schon* oder *Jetzt noch.*

Die Nicht-handeln-Wollenden entscheiden sich stets für die Zukunft, damit sie keine Verantwortung in der Gegenwart zu tragen haben. Sie hoffen auf eine Güte, für die sie keinen Grund sehen, sie jetzt und hier im kleinen zu beginnen.

Die Bewahrer entscheiden sich für die Vergangenheit. Sie wollen alles aus der Kontinuität, aus der Verfeinerung, Vervollkommnung heraus wachsen sehen. Sie sind sehr skeptisch. Sie glauben, daß das Wichtigste bereits geschehen sei, das

Wichtigste bereits geschrieben ... Sie akzeptieren die Gegenwart mehr oder weniger. Das Schlimme ist halt nur, die Gegenwart ist *real*, d.h. sie hat wirkliche Mängel. Die Vergangenheit ist wenigstens teleologisch *in sich völlig stimmig*, und auf dieser Ebene: Fehlerfrei.

Der Augenblick aber, das ist der Ort, an dem sich alle Menschen treffen. Wo denn sonst?

3 Er stieg in unser Auto, wir fuhren ins Hotel. Die Dame an der Rezeption vermutete eine sexuelle Perversion. [So spät noch Besuch?] Im kleinen Allerweltshotelzimmer liegen die Zettel mit den Gedichtanfängen, Tablettenstapel, die halboffene Reisetasche, alles Indizien unentwegter Exilreisen, ungebrochner Hoffnungen, es ließe sich überall ein klärendes Wort finden, man müsse nur dort sein, wo es gebraucht wird, man müsse nur den Mut zur Offenheit finden in diesen Zeiten der dauerhaften Versicherungen. Nachdem er die bei einem Essen zu seinen Ehren eingesammelten Sandwiches, fein in die feinen Servietten gewickelt, brüderlich mit uns geteilt hatte [auch in den Details schlummert die Utopie!], genau wie die zwei Flaschen Mineralwasser aus dem Kühlschrank, lehnten wir uns zurück in den Sesseln, ein rituelles Zeichen, das mit »So, jetzt sind wir unter uns« übersetzt werden könnte. Es war gegen zwei Uhr, als er, müde von den Anstrengungen der lebenslangen Lesereise, im Satz über das Verhältnis von Adorno zu Benjamin verstummte, kurz, zehn Sekunden in einen Schlaf fiel, eine Erschöpfung, die vielleicht auch genährt war von einer kleinen utopischen Zufriedenheit [Der Satz zu Michail Gorbatschows NEUEM DENKEN: *Ich konnte 50 Jahre lang* nur *Antifaschist sein. Jetzt aber, endlich, kann ich auch wieder Kommunist sein.*] – die Stille, die sich in diesem Augenblick breit machte im geschmacklosen Zimmer hoch über der verworrenen Stadt Berlin war durchzogen vom langen Atem des Todes, als ließe sich dieser Abschied verteilen auf viele kleine faßbare Abschiede.

4 Als mich mein Freund nach dem Pioniernachmittag fragte, ob ich schon *aufgeklärt* worden sei, und er meinte nicht die, wie mir später beigebracht wurde, Fürstenerziehung und den Einzug der Vernunft in das Leben der Völker, sondern einfach die geheimen Begierden und versteckten Körperteile der unterschiedenen Geschlechter, da erfand ich die erste Bedeutung dieses Wortes in meiner Vorstellung: etwas *Geheimes* erklärt bekommen, und die Erklärungen waren verbunden mit einer gewissen Reife und einem zunehmenden Interesse des Aufzuklärenden, denn mein Freund riet mir damals, falls ich noch in der infantilen Unwissenheit lebe, sollte ich meine Großmutter ganz einfach fragen, was denn eigentlich das Wort *ficken* bedeute. Freilich könne man sich auch, so meinte er, selbst *aufklären*! empfahl mir ein-zwei Bücher und bot Konsultationen bei seinem großen Bruder an. Vor diesem Erlebnis kannte ich nur jenes *Aufklaren*!

Sonntagmorgen. Regen und Düsternis. Aber wir wollten doch eine Radtour machen. Warte Junge, es klart ja schon auf. Viel später, ich saß mit klugen Leuten die Nacht lang und wir sprachen über die Unmöglichkeiten ... Aufklärung ist kalter Kaffee, sagte C. [und da hatte ich die dritte Definition dieses Begriffes!], Schnee vom vergangenen Jahr. Die Kunst habe ihre Anstellung bei den Politikern gekündigt. In allen Teilen der Welt werden Raketen aufgestellt, die uns vernichten sollen, und in allen Teilen dieser Welt erfinden die Politiker Vernunftgründe, diese Aufstellung zu akzeptieren ... worüber sollten wir das Volk aufklären? Oder gar die Politiker erziehen, die nicht mehr lesen, was wir schreiben [und wenn sies doch tun, dann einzig aus dem Grunde, ob wir unsere Befugnisse nicht überschreiten] — so polemisierte C., pragmatischer Kaffeeklatsch. Dafür haben sich die Staatswesen schon ihre eigenen, systemimmanenten Aufklärer gezüchtet ... C. meinte, Aufklärung führe zur Verkrüppelung in der Kunst, und er ziehe es vor, lieber anständige Texte zu produzieren, poetisch stimmige Gebilde, die jedem Grammatiklehrbuch standhielten ——— das andre interessiere ihn nicht. Es gebe schlechte und gute Poesie.

In einem Krimi, den ich damals las, sagte der Kommissar zur Frau des ermordeten Bankangestellten: *Diesen Fall, das verspreche ich Ihnen, Frau Sommer, diesen Fall werde ich aufklären!*

5 Ein Hotelzimmer im März, die Nächte noch voller Fröste. Der alte Mann mit der tödlichen Krankheit im Körper, verleumdet von den ewigen Feinden, belächelt von den Salonästheten, der Freund aus der anderen Zeit und anderen Welt schwieg in seiner Müdigkeit, Sekunden Stille, als wäre der Zeitverlauf einen Augenblick unterbrochen und der Engel der Geschichte hätte wirklich seinen Moment, um zu klagen über all die verlornen Trümmer in der Wüste der Vergangenheit.

Er saß vor uns, von dem wir so vieles gehört, gelesen hatten, er saß im Niemandsland der Stille; Anfang der 20er Jahre geboren in Wien; bei Einmarsch der Deutschen Wehrmacht Flucht ins Exil [England 1938]; Gelegenheitsarbeiten, erste Veröffentlichungen; 1963 betrat er zum ersten Mal seit der Flucht wieder europäisches Festland; Beteiligung an den Ostermärschen, an den 68er Hoffnungen, als Sympathisant des Terrorismus verleugnet; seit einiger Zeit schwerkrank, wartet er auf den Tod, schiebt ihn hinaus, *da hilft nur der Wille, ich will noch nicht weg* ... und er hetzt von Lesung zu Lesung, von Manuskript-Ende zum nächsten Manuskript, immer in Eile, der Tod könne zuvorkommen ... Eine fast vollständige Biografie. Daten, bekannt, geläufig. Das Leben eines *politischen Dichters*! Wir wußten in diesem Augenblick auch um die Gefahren für eine Poesie, die sich zu sehr schert um das Leben, die Liebe und den Tod, die so sehr darum bangt, daß sie sich beginnt in Politik einzumischen, denn die Verse werden leicht rhetorisch, wenn sich der Dichter zu sehr einläßt auf den Glauben an die Vernunft, und die *Verbesserungsmöglichkeiten* des Menschen.

6 Zu den besonderen Errungenschaften der modernen Gesellschaften gehört die universelle Fähigkeit zu Fälschungen: Geldscheine. Essenmarken und Busfahrscheine, Gemälde und Stilmöbel, Gefühle und politische Anschauungen. Alles, was fälschbar ist und Gewinn bringt, ist bereits gefälscht worden. Falsche Terroristen, die eigentlich Polizisten sind, und falsche Staatsbeamte, die eigentlich als Spione gelten; die Konterrevolution gebärdet sich revolutionär und die gefälschte Freiheit erscheint wie ein Fetisch, ein Schlagerstar; wichtigste Waffe im Kampf der Epoche sind die Fälschungen, auf die der Gegner hereingefallen ist; da der Kampf zum Großteil mit Fälschungen [militärisch gesprochen: mit Täuschungen] geführt wird, weiß am Ende keiner mehr genau, was echt und was falsch ist; ob die revolutionäre Aktion in X, die durch den harten Terror der Polizei niedergeschlagen wurde, nicht am Ende eine Polizei-eigene Aktion sei?

Die tausendfache Verknotung der Motive vermag nur die Vernunft zu entwirren, keine Ahnung und kein blindes Vertrauen. Aber ist nicht auch die Vernunft fälschbar? Braucht sie nicht eine Vertrauensperson zur Seite. Vielleicht gibt es so etwas wie ein humanistisches Regulativ, an dem alle Taten und Gedanken der Menschen gemessen werden müssen, damit die kalte unmenschliche Rationalität des Transportdispatchers von Auschwitz abgetrennt werden kann von menschlicher Vernunft. Und auch das heutige blinde Wüten der Ökonomen gegen die Natur nicht verwechselt wird mit den kühnen Aufbruchsgedanken der Aufklärung.

Marx führte den Begriff des verkehrten Bewußtseins ein, des falschen Bewußtseins. So auch sollten wir von einer verkehrten Vernunft sprechen und uns den Fakt nicht stehlen lassen von all den Ideologie-Fälschern: daß der Mensch ein Instrument besitzt, mit dessen Hilfe er Stück um Stück das tötende Dunkel um ihn herum aufhellen könnte.

7 C. sagte: DER ist gar nicht schwerkrank, der verkauft sich nur gut [sagte er viele Tage nach unserer nächtlichen Begegnung im Hotel, bei einem Biertischgespräch über die unpoetischen Zeiten, den Verfall]. Welcher Neid, dachte ich, gegenüber diesem bis zur Neige ausgekosteten Leben. Aus Angst vor der unwahrscheinlichen Organisation der Energien? Von Lesung zu Lesung taumelnd, unterwegs, in irgend einem Hotelzimmer die Zeile notierend, die schon Tage im Kopf herumgeht; sich für *alles auf Erden* zuständig fühlen, ein manisches Gefühl besitzen für das wirkliche Unrecht, das die Seele zerreißt ... Und C. aus dem [kleinen] Ärger über die unangenehmen Versorgungslücken mit Extras und Informationen ... die Kleinlichkeiten, zu denen uns dieses Land treibt ...

Die sich nicht schonen, ziehen den Neid auf sich derer, die sich auch gern nicht schonen würden.

8 *On revient toujours / à ses premiers amours ...*[1] Alle Kunstformen in der Tradition der Aufklärung leben von der Tragweite des ersten *jungfräulichen* Kontaktes. Der bisher nicht gedachte Gedanke, der ungewöhnliche Blickwinkel, der eigensinnige Vergleich, all dies verändert die alte, unproduktive Ordnung der Welt, die nicht mehr dazu taugt, Veränderungslust zu schüren. Erinnere dich an die erste Lektüre eines wichtigen Buches! Du weißt, daß du all die Phantasien und Träume nicht wieder zurückholen kannst, die dir in der Nacht in den Sinn kamen, als du nicht aufhören konntest mit dem Lesen, die Taschenlampe auf die Buchseiten leuchtend unter der Bettdecke ... jener Augenblick bleibt deshalb so lang in unserer Erinnerung, weil in ihm ein neuer Raum eröffnet wurde für unser Bewußt-sein. Das Moment der Ent-deckung.

Ich will öfter genießen, sagte S., einmal genügt mir nicht. Die *Aufklärung* aber spannt mich ein in die Ökonomie des Genusses.

[1] Man kehrt immer zu seiner ersten Liebe zurück.

Das schließt sich ja nicht aus, sagte H., die Überraschung ist sicher schnell aufgebraucht, und jenes, das derentwillen erfunden wurde, verliert alsbald seinen Reiz; aber wenn wir den Sachverhalt anders benennen, sagen wir: Erlebnis …

9 [Stichpunkte]

Nachdem das *Heilige* [ein Monopol der Kirche] wegargumentiert werden konnte, im Bruch mit einer klerikalen Tradition ist nichts mehr heilig, und die *Aufklärung* ist zuvörderst eine antiklerikale Bewegung gewesen, existieren vorerst keine anderen Werte als jene *Verwertbarkeit*, mit der das Kapital seinen Siegeszug antritt. *Rationalität* wandelt sich zu formalem Humanismus und die verordnete Gleichheit ist die Gleichheit der Konsumenten. Ritueller Akt wird der Genuß, der eben im *Götzendienst* des Kaufens verkommt. Im Konsum schließlich kann die Angst vor der unbeherrschten Realität kompensiert werden; der Vernunftbegriff ist immer an Kommunikation gebunden: Dialog, Kontroverse; »Die neuen konsumistischen und permissiven Mächte haben sich unserer geistigen Errungenschaften – des Antiklerikalismus, der Aufklärung, des Rationalismus – bedient, um sich daraus ihr Gebäude von falschem Antiklerikalismus, falscher Aufgeklärtheit, falscher Rationalität zu zimmern … Die neuen Mächte brauchen keine Religionen mehr, keine Ideale und ähnliches, um das zu maskieren, was Marx demaskiert hat.« P. P. Pasolini – –

10 Auf dem Tisch liegen seine Gedichte. Ich arbeite an der Rede für eine Versammlung. In den Pausen, an einer Zigarette saugend, lese ich: *Kleines Beispiel // Auch ungelebtes Leben / geht zu Ende / zwar vielleicht langsamer / wie eine Batterie / in einer Taschenlampe / die keiner benutzt // … / Da hättest du / genausogut / leuchten können //.*

11 Es war schon früh, als wir das Hotel verließen. Wir hat-

ten auf sein Erwachen gewartet, daß er den Satz über Adorno und Benjamin noch zu Ende bringen konnte, und dann die Initiative ergriffen, ihm die kostbaren Stunden Schlaf zu belassen. Er war, schien es uns, ein Mann der *guten alten Zeit*, da noch über alles gesprochen werden konnte, da die Zukunft noch ein unbekannter großer Raum war ... aber war jene *Aufklärung*, jenes Beharren auf den Normativen der Vernunft wirklich so weit weg von uns gerückt worden, daß es uns wie die bunten Straßen einer mittelalterlichen Stadt erschien, durch die kein schnelles Auto fahren könne? Daran festhalten, daß über alles gesprochen werden kann, daß der Dialog nicht alles löst und klärt, aber daß es keine wirkliche Lösung ohne ihn gibt. Als wir die Straße vor dem Hotel betraten, kam uns das Postauto entgegen; die Zeitungen wurden bereits ausgeliefert. Wir erbettelten eine; ehe die Kioske öffnen, wollten wir lesen, was unter dem Foto von Gorbatschow zu lesen war, und mit jenem neuen Wort umschrieben wurde, das auch etwas mit Klarheit / Durchsichtigkeit / Transparenz / Aufklärung zu schaffen hat, jenes Glasnost ...

WINTERREISE

Es brennt mir unter beiden Sohlen
tret ich auch schon auf Eis und Schnee
ich möcht nicht wieder Atem holen
bis ich nicht mehr die Türme seh.

W. Müller; Die Winterreise

Es gibt Erfahrungen, die unbeschreibbar bleiben, wie ein Nebel, eine fern errechnete Galaxis existieren, du weißt, es gab sie, du wurdest traurig, hast geweint darüber, du hast es erlebt, aber *was* war das, wie könntest du es einem anderen erklären? du grenzt ein, und sagst, es handelte sich um eine Frau, und schließlich um eine andere Frau und wieder eine, und es gelang dir niemals ein richtiger Abschied, immer bist du nur nicht mehr hingegangen, du hattest nicht den Mut oder die Sturheit fortzugehen, dein Leben pendelte zwischen Verschwendung und Einsamkeit, und du willst erklären, daß es sich nicht um die Trophäensammlung eines Pseudo-Casanovas handle, sondern um eine verzweifelte Suche; und während du das erzählst, merkst du, wie sich in den Gedanken deines Gegenübers eine Filmgeschichte zusammenfindet, altbekannte Widersprüche, klassische Eifersucht und Mißverständnisse, verletzte Eitelkeiten, und beinah schon bist du bereit, diese Variante deiner Geschichte anzuerkennen, sie scheint in diesem Licht erzählbar, verständlich, erklärlich, aber du weißt: so war es nicht, das Gefühl, das dich seitdem niemals losließ, hat ganz andere Parameter, verborgene Gründe, denn warum nur bist du immer wieder zu ihr gegangen, lange nach eurer Trennung, bist wieder fort, und warst traurig, daß du nicht bei ihr warst, und warst traurig, daß du bei ihr warst, wie sollst du diese Erfahrung je aus der Einsamkeit deines Lebens herausheben können, du wirst sagen, daß deine eigene Zerrissenheit an allem schuld war, die Zeit, die du nicht mehr erkennen konntest, und du ahnst, daß dein Gegenüber denkt, dein übertriebener Stolz wäre verantwortlich zu machen dafür, daß du diese Frau, nachdem du geflohen aus einem Besitzverhältnis, in das sie dich hineinliebte, weiterhin besitzen wolltest und keinem anderen Mann gönntest, und du widersprichst nachdrücklich dieser Interpretation und sagst: ich hätte gar nicht versuchen sollen, Ihnen diese Verlorenheit zu beschreiben, du glaubst, dein Gegenüber würde es als Feigheit ansehen und beginnst von neuem den Versuch, holst aus, erzählst von der Illusion zwischen Romeo und Julia, und daß die neuerliche Tragik wohl viel mehr darin bestünde, dem *Tod einer Liebe durch das Leben* nichts mehr entgegensetzen zu können, verstehen Sie, sagst du, du willst weg und gleichzeitig bleiben, und du merkst, daß du dich von dem, was du beschreiben wolltest, um seine Last mit einem anderen zu teilen, daß du dich von diesem Gefühl entfernst und wie ein Oberschüler darüber disputierst, und dir fällt Diderot ein und seine Forderung, daß die Schauspieler *ohne Gefühl* die Texte darstellen sollen, damit sich Gefühl einstellen könne beim Zuschauer, und weißt natürlich, welche Fremdheit sich hinter solcher Forderung verbirgt, eben jenes Kenntlichmachen, jenes Benennen des Unerklärbaren, ins Bild setzen, in einem einzigen Satz all dies beschreiben zu können, und wieder versuchst du, deinem Gegenüber, dessen Interesse an deiner Geschichte wächst, die Sachlage zu erörtern, und du redest davon, daß die persönlichsten, intimen Verhältnisse zum Lückenbüßer werden, daß die unausgetragenen Streitigkeiten der Welt sich verlagern in die Zweisamkeit der Liebenden, und daß diese Verhältnisse zwischen einer Frau und einem Mann völlig überlastet werden mit dem Unglück im Beruf, mit dem Unglück im Kaufhaus, auf dem Polizeirevier, im Café, in einer Juni-Nacht, und du sagst, daß nicht die Liebe aufgebraucht war, sondern aufgebraucht waren die Bedingungen zur Liebe, und sagst vielleicht auch, daß du deshalb später oft verliebt warst in die Liebe zu einer Frau und weniger in die Frau selbst, und du denkst an *Damals*, als du *sie* kennengelernt und sich die ganze Welt in diesem Gefühl bündelte, wie unter einem Brennglas, so daß aus dem zerstreutesten Licht eine Wärme erwuchs, die eben auch zu diesem unbeschreiblichen Gefühl dazu gehört, und du siehst in den Augen deines Gegenüber, wie sich Gedanken vorbereiten, dich zu trösten, Worte wie: Du bist nur noch nicht über diesen Abschied hinweggekommen, kommt Zeit kommt Rat und du wirst *sie* vergessen und eine andre finden, die dich entschädigt und durch das neue Gefühl vergessen läßt, was du jetzt nicht vergessen willst, und da du diese Gedanken entstehen siehst, antwortest du sofort, ohne die fragende Tröstung abzuwarten, daß du deshalb so intensiv daran denkst, weil du vielleicht weißt, daß in dieser im Nebel verschwimmenden Beziehung auch deine Chance verlorengeht zu leben; du sagst, die verlorenen Jahre bringen auch jene Weisheit, die das Unmögliche unmöglich macht, die Skepsis, nicht mehr das ganze Gefühl aufleben zu lassen, weil du schon im Beginne das Ende erkennst und zu rechnen beginnst, und die fortrennende Zeit, die sich nur vollädt mit Enttäuschungen: – denn das Glück hat keine Zeit –, beweist dir, daß etwas Unersetzbares verlorenging durch aller Schuld und schuldlos, und du sagst wieder, daß du eigentlich dieses Gefühl beschreiben wolltest und nicht Spekulationen oder Lamentos, und du sagst, du wüßtest, daß mit großer Anstrengung vielleicht möglich wäre, diese Beziehung wieder lebendig zu machen, sie wäre nicht tot, eher könntest du den augenblicklichen Zustand mit einer Art Winterschlaf vergleichen, und du sagst, möglich wäre, diese *ruhende Welt*, in der ihr beide verwahrt seid, zu wecken, aber du tust es nicht, denn das Leben bestehe zu neunzig Prozent aus Wiederholungen, und die fade Skepsis wäre hernach um so vieles gröber und anmaßender, und du habest die Ahnung, jenes galaktische Gefühl beweise die Sorge, die du um diese noch lebendige Hoffnung empfindest, und sagst, beinah Goethe zitierend, daß geliebt werden etwas Ungeheures sei, aber selbst lieben um so vieles mehr, weil es die Veränderung der Welt zur Folge habe, und du sagst: die altbekannten Dinge werden fremd durch Liebe oder Abschied, und willst nicht stehenbleiben bei diesem Gedanken, so daß du sofort anschließt, dies alles habe aber mit dem Gefühl, das dich bedrückt und das du beschreiben willst, nicht das geringste zu tun, und vielleicht sagt darauf dein Gegenüber, er sei besorgt um dich und deine Melancholie: laß uns ins Café gehen, zwei Mädchen suchen, verlieben uns einige Sekunden und naschen, wie es die Kinder tun; und du erwiderst, du littest einzig Not an dem Umstand, daß dein Potential zur Liebe aufgebraucht sei, und nun hoffst du, ein Wunder möge geschehen und über Nacht, wie ein Reif, käme die Jugend zurück; und erzählst von dem 80jährigen Mann, einem Freund, der nach dem Tod seiner Frau, allein und fröstelnd, sich wieder verliebte in eine 30 Jahre Jüngere, und wie er dir berichtete von den Ritualen und Nöten, dem sich Abstoßen voneinander aus Angst, der andere würde es nicht ganz und gar so ernst meinen; jenes Verletzen aneinander, bis man sich erkennt und offen wagt, die Zauberformel auszusprechen: *Ichliebedich*, und daß du ihn eben darum beneidest, das fassungslose dumpfe Gefühl, das sich einstellt, wenn du an das andre Gefühl denkst, das du verglichen hattest mit einer Nebelwolke im All, und dessen Lebensdauer in Millionen Jahren gemessen werden könne, nein, du hast längst begriffen, du kannst es keinem Menschen erklären, nicht mal *ihr*, an der sich all dies entzündete, eine Sternschnuppe, du stehst allein damit, kannst es nicht abtun, ohne zu verarmen, und kannst es nicht feiern, ohne zu resignieren, Gefangener dieses Gefühls, Gefangener einer unbestimmten Gewißheit, eines Wissens über das Ende; was ist es eigentlich, das dich dazu trieb, dieses Geheimnis, von dem kein Dritter wußte, nun deinem Gegenüber zu öffnen, auch daß du sagtest: wenn ich sie umarme, wenn ich sie begehre, dann lebt ja fort das Verlorengeglaubte, denn wenn auch in den Konventionen des Alltags und des gepflegten Umgangs miteinander leicht die Gründe des Lebens verlorengehen, wenn Eitelkeiten und Trauer das verstellen, was man wirklich will, dann überleben die Gefühle am ehesten in jener Phase der Nächte und Mittagsdämonen, daher, sagst du, holtest du die Vergewisserung, daß jene unbestimmbare Erfahrung nichts Verlorenes oder Antiquiertes bedeute, und du merkst, daß du eigentlich schon verloren hast, die tödliche Stelle gezeigt, jene Stelle, auf der das Ahornblatt lag, als du im Drachenblut der Gewöhnung gebadet, denn wie einfach erscheint das Leben in den alten Romanen, da der Geliebte zu Pferd vor dem Tor steht, und der Weg war so lang und beschwerlich und schließt in sich solch große Entscheidung, daß kein Ersatzmann des Glücks fortgeschickt werden muß, der die schnellen Stunden verkürze, damals, damals, sagst du, und du sagst auch, daß *sie* sich genauso abgeschottet habe gegen die Welt, daß du es spürtest und traurig seist, daß *sie* ein Spiel treibe mit sich und ihrer Zeit, um nicht untergehen zu müssen in jener nebligen Wolke aus den Lichtjahren vor und nach uns, auch *sie*, aber daß vielleicht jenes wirkliche Bild von *ihr*, ausgestattet mit den Insignien der Jugend, der Naivität und der ungezügelten Freude, daß ihre schöne Aufrichtigkeit in diesem Bild ihr Exil gefunden habe, in jener unbeschreibbaren Erinnerung, daß ihre wirkliche Schönheit dort lebe, wo auch diese Erinnerung leben könne, und du deswegen auch versuchtest, dieses Gefühl beschreibbar zu machen, nachträglich zu befreien, denn du siehst, sagst du, wie *sie* resigniere, Witze reiße, Abschiede, bei denen sich keiner was anmerken läßt, ach halb so schlimm, und dein Gegenüber beteuert, er verstehe alles, obwohl er merkt, daß du weißt, nichts ist klarer geworden in eurem Gespräch, noch verworrener scheint dir die Trauer, und auch als dein Gegenüber, fast abschließend und in die Ferne rückend: *Ach* sagt, versuchst du weiter, nun nur noch für dich, schon ein wenig geschlagen und zurückgezogen, jene Erfahrung zu beschreiben, scheust dich vor dem Wort, das jeder Schlagertexter, jeder Priester und jede Prostituierte in einem anderen Zusammenhang benutzt, scheust dich, dieses Wort zu sagen für eine Sache, die der Vergangenheit angehört und doch so stark bleibt und in jeden Augenblick deines Lebens hineinreicht, immerfort, eine Unruhe, die nicht schlafen läßt, aus Verzweiflung am Leben hält.

WOHIN IN DIESER WELT

Franz Schubert – Vorstudien zu einem Drama

1 Die Kavallerie zieht vorüber; in den märchenprinzberauschten Augen des Mädchens verneigt sich der Tambour. Das gestrige Ballkleid der Königin – welch Haupt-Stadtgespräch, und Europa ruht aus von der Revolution, die ihm nichts anhaben konnte. In einem Wiener Atelier sitzt jener junge Mann, um den es gehen wird, vor der Staffelei [Franz Schubert] in seinem vorletzten Lebensjahr; der Maler versucht, die biederen, knabenhaften Züge *nachzuahmen*, wir schreiben das Jahr 1827; es riecht nach Ölfarbe: überall riecht es nach Ölfarbe, ob im k.u.k.-Reich, ob in Preußen, ob in Baden … ein Gefühl von Ewigkeit soll erzeugt werden; bleibende Zeichen in den stillen Verlauf der Geschichte gezeichnet, träumen die Minister von historischen Augenblicken; dieser Geruch allein ist es, der mich jetzt erinnert an diese Zeiten, da ich heute an einem heißen Julitag des Jahres 1983 durch die Berliner Nationalgalerie schlendere. Das rhythmische Stöhnen des preußischen Blasorchesters erklingt aus jenem Bild von Franz Krüger[1]. Nur die schwere, traurige Tuba fehlt.

[1] Franz Krüger [1797–1828] »Parade auf dem Opernplatz in Berlin im Jahre 1822«

2 »In Deutschland machte sich ganz besonders der ... preußische Gardemusikdirektor Wilhelm Wieprecht in Berlin um die Schaffung von Ventilflügelhörnern für die Militärmusik verdient. Gegen 1835 [wahrscheinlich im Jahr 1834] konstruierte er gemeinsam mit dem Instrumentenbauer J. G. Moritz in Berlin ein weitmensuriertes Ventilkornett in der Baßlage, das den Namen *Baßtuba* erhielt und erstmalig am 27. Februar 1835 im 2. Gardeinfanterieregiment in Berlin eingeführt wurde ... Diese Wieprechtsche Baßtuba ist das Stamminstrument der heutigen Tuben. Nach ihrem grundsätzlichen strukturellen Prinzip [...] bauten sofort bzw. in der Folgezeit sämtliche Instrumentenbauer gleichartige und ähnliche Instrumente. Wieprecht bzw. Moritz hatten ihre Erfindung zwar patentieren lassen, doch wurde das Patent durch kleine strukturelle Veränderungen umgangen. So baute z.B. Riedel in Wien noch im Jahre 1835 eine *Bombardon* genannte vierventilige Tuba in D. Weiter sind in dieser Beziehung besonders der um den Instrumentenbau außerordentlich verdiente Vaclav Frantisek Czerveny [1819–1889] in Königsgrätz und Adolphe Sax [1814–1894] in Paris zu nennen ... Zwischen Wieprecht und Sax entstanden heftige Rechtstreitigkeiten über die Priorität der Erfindung ...«[2]

3 Bei Aufzählung all der Dinge und Genüsse, auf die jener Franz Schubert [Wien] verzichten mußte, wer hätte da jemals an die Tuba gedacht. Ist uns überhaupt eine Welt ohne Tuba vorstellbar? Es ist schwer, sich eine Welt vorzustellen, der es bestimmter Formen mangelt, die uns alltäglich sind. Als Schubert sich über die fünf Notenlinien beugte wie über fünfblättrigen Klee mit den fünf gespreizten Fingern jeder Hand über den schwarz-weißen Tasten, gab es dieses Instrument noch nicht. Dieserart Tiefton, der die späteren Detonationen der Fliegerbomben vorauszuahnen schien, mußte erst in der preu-

[1] Hans Kunitz: Tuba; Breitkopf & Härtel, Leipzig 1968

ßischen Aufgeräumtheit der Straßen erfunden werden, damit der Krieg menschlicher erschiene. Ich bin ungerecht gegen die Tuba. Ich mag dieses Instrument. Aber auch die Eisenbahn wurde in Preußen erst eingeführt, als das Militär es für nötig hielt! Wer würde etwas gegen die Eisenbahn sagen wollen? Während in Preußen das Militär den *Fortschritt erfindet*, zieht durch die Wiener Gassen der restaurative Kaffee-Kuchen-Duft. [Karlsbader Oblaten, Beschlüsse und Schüsse] Die Zukunft ein durchzensierter Zeitablauf voller Wiener Gemütlichkeit und lustigen Schnaderhüpferln; auch Metternich tat das Seinige [wie alle Herrscher] für den *Fortschritt*: Entwicklungshilfe für die Musik-Kultur mittels epochemachender Zensurtechniken für das bestzensierbare Ding unter den Kunst-Dingen: Das Wort. [Am Anfang war das Wort.] Noch fehlte die Tuba. Diese Ruhe Wiens, in der Schubert aufwächst, eine Ruhe, die über unhörbaren Schreien und Funksignalen aus fernen Zeiten liegt; und mitten in diese Ruhe hinein: die gigantischen Schritte Beethovens, der in derselben Stadt, einige Häuser entfernt wohnt, der große Meister, den Schubert verehrt. Schubert sitzt am Klavier: Vierhändige Tänze, die zweibeinige Winterreise, mitten durch die faden Jahre.

4 Welche Zukunft existiert in Schuberts Kopf? Wie, meint er, würde die Welt aussehen, wenn sie gut wäre? So wie in den Salons, wenn er am Piano saß? Er wurde geboren in jenem Jahr, als die Revolution längst ihren Krebsgang begonnen hatte, in jenem Jahr, als General Bonaparte am 14. Juli, dem Jubiläumstag der Revolution, den Tagesbefehl verfügte: *Krieg ohne Gnaden den Feinden der Republik und der Verfassung des Jahres III ... Ich weiß, Soldaten, ihr seid tief betrübt über die Leiden, die dem Vaterland drohen!*

Schubert wird zwei Jahre alt, und derselbe Mann erklärt: *Bürger, die Revolution ist den Grundsätzen, von denen sie ihren Ausgang nahm, fest verbunden; sie ist beendet.* Aber was interessieren einen drei- oder vierjährigen Wiener Knaben mit musikalischer *Begabung* die Begebenheiten vor seiner Geburt im fernen Frankreich? Vielleicht konnte er die heroischen Hoffnungen nicht mehr teilen und erinnerte sich bei dem Wort *Revolution* an Lügen, Wirrnisse, Rauschgifte, Kopfverkürzungen, Despoten und Untertanen. Vielleicht ist jener einzelne Mann, der auf seiner *Winterreise* umherirrt – ohne Ankunft, losgelöst und isoliert von den geschichtemachenden Intrigen auf der Königsebene – vergleichbar mit den Zwischengenerationen, den verloren geglaubten Eigenbrötlern. Unser hochzivilisiertes Vokabular reicht nicht aus, um dieses Weltbild versuchsweise zu beschreiben. Immer wieder schlagen die Großflächenbegriffe Schneisen in die Wälder der Kindheit. Wie mag mein Kauderwelsch ideologischer Sprachverwirrung in Schuberts Ohren wirken? Wie eine Tuba im Weihnachtsoratorium Bachs?

Aber ach! jeder Zoll, den die Menschheit weiterrückt, kostet Ströme Blutes; und ist das nicht etwas zu teuer? Ist das Leben des Individuums nicht vielleicht ebensoviel wert wie das des ganzen Geschlechtes? Denn jeder einzelne Mensch ist schon eine Welt, die mit ihm geboren wird und mit ihm stirbt.[3]

5 Ich schaue angespannt in das vorige Jahrhundert hinüber und sehe Schubert vom Bild eines unbekannten Meisters herabschauen auf mich in der anderen Zeit; wohlgenährt und skeptisch. Als verzauberten sich die Lasuren der Ölfarben zu einem Spiegel, in dem ich Schuberts Gesichtszüge erblicke vor dem Hintergrund meiner Nähe und inmitten der Details meiner Zeit: seine Sehnsucht nach lebenswertem Leben, Frieden, unter den überrüsteten Himmeln, den verstationierten Wäldern, Truppenübungsplätzen; der gleiche Zweifel in unseren Gesichtern bei der Begegnung, die gleiche *Winterreise*, die mich in Zwietracht bringt mit allem, was wir unternehmen

[3] Heinrich Heine

müßten, das Eis unter den Fußsohlen zu tauen, das Eis der Verzweiflung, das Eis der Untertänigkeit, das Eis in den Augen der Barbaren, das Eis der Lügen, das Eis der geheimen Morde, das Eis der nach innen verkrochenen Zweifel, das Eis des Zynismus. Das Eis des 3. Satzes von Schuberts Unvollendeter h-Moll-Sinfonie zu tauen. Das Eis, über das die Reise durch den zeitlosen Winter geht. Das erbarmungslose Trauerspiel eines Wanderers, der aus dem Gefühl eines Zuhauseseins ständig zurückgeworfen wird in die erbärmliche Umgebung ... *Laß irre Hunde heulen ... fremd, fremd, fremd ...* Die Schizophrenie von Dur und Moll; der Erinnerungsjubel fällt aus dem Traum ins Moll der Realität: *an dich hab ich gedacht, andichhabichgedacht.* Wohin geht die Wanderung? Ist es nicht normal, von einer Liebsten wegzugehen, weil man die Welt kennenlernen will, sich nicht festleben, nicht erblinden will? Aber auf einmal liegt die Natur menschenleer im Land und nur ein alter Leiermann wartet und dreht zum Trotz seine Leier: *Barfuß auf dem Eise ...* Schmerzt uns dieses Bild nicht genauso, brennt es nicht genauso auf den Fußsohlen wie die Glut der Scheiterhaufen? Das Eis. Wie wollen wir dieses Eis unter unseren Füßen tauen? Mit der Lust des Anton Reiser?

6 »Als in der Stadt ... ein Haus abbrannte, so empfand er bei allem Schreck eine Art von geheimem Wunsche, daß das Feuer nicht sobald gelöscht werden möge. Dieser Wunsch hatte nichts weniger als Schadenfreude zum Grunde, sondern entstand aus einer dunklen Ahnung von großen Veränderungen, Auswanderungen und Revolutionen, wo alle Dinge eine andere Gestalt bekommen und die bisherige Einförmigkeit aufhören würde.«[4]

7 Aber das Feuer heutigentags rührt von den getrennten Atomen und hätte die Energie, nicht nur das Eis zu tauen, son-

[4] Aus »Anton Reiser«, Karl Philipp Moritz [1756–1793]

dern auch die Menschen wie Eis hinwegschmelzen zu lassen; *barfuß auf dem Eise.* An das Alte [die warme Stube im Haus, die dich verschlucken will] kann man nicht mehr glauben, beim Suchen eines neuen Glückes [dem Wandern] scheinen wir zu verzweifeln, wir finden und finden es nicht. Ist es ein Stein? Was schweigst Du Dich aus, dort in Deinem sicheren Jahr 1827, Franz Schubert? Nein, auch Du kannst das einfache Feuer, das alles verändert, nicht mehr bedingungslos besingen.

8 Über uns schweben die Großen und ihre großen Zeiten davon, und wir spielen uns auf, – Intermezzo-Clowns –, wir sind, wie es sich für richtige Clowns gehört, sehr traurig. Wir mogeln Salzwasser auf die Schminke, lange Bäche ... Und dieses Kunststück lassen wir uns teuer beklatschen von den Sichergestellten. Eigentlich sitzt er [Schubert] am Klavier und improvisiert Tänze; man lacht, quietscht, trinkt, in diesem Wien der Unterhaltungseuphorie all over the world; nur in den Pausen, wenn die Paare müde sind, fällt ihm vielleicht schon weit vor dem Jahre 1827 dieser unwahrscheinliche Melodieabgang ein: *Fremd bin ich eingezogen*, wahrscheinlich steigt diese Tonfolge, verpackt in ein Bläschen in seinem Gehirn, abwärts, und niemand ahnt in diesem Augenblick, daß sich die Zeiten in diesem unheroischen Irrweg wiedererkennen werden, wie ein plötzlicher Gedanke, der ganz neu, bisher ungedacht da ist, eine Ahnung nach sich zieht, andere Gedanken ... aber schon ist die Pause vorüber und Schubert spielt weiter *The show must go on ...*

»Und auf dieser großen Weltenbühne geht es außerdem ganz so zu wie auf unseren Lumpenbrettern. Ich hab mit dem Tod in der eigenen Brust den sterbenden Fechter gespielet«[5] Die Zeiten haben uns verwirrt, weil wir an ihren Entstehungen keinerlei Anteil hatten. Ach, woraus erwuchs deine undefinierbare Melancholie? Es roch so schön nach Revolutionen, und die großen Denker besangen in frechesten Tönen und

Farben diesen Geruch, damals, als sich noch so vieles bewegte, als wir beide noch nicht lebten, als sich, wie in klassischen Dramen der Konflikt steigerte, gürtete bis zur Kollision auf dieser Erde. Und die großen Männer jener Jahre hatten das Privileg, dabeigewesen zu sein, Teilnahme zählt, Gegenwart ist alles. Aber nach den großen Ereignissen kommen die großen Berichte über die großen Ereignisse, und die alten Helden werden zum zweiten Mal getötet durch Ignoranz oder unmenschliche Verehrungssüchte. Wie die Könige der fremden Reiche einst in ihre Grabkammern auf dem Weg ins Nichts Krieger, Frauen, Schmuck, Speisen und teure Kultgegenstände mitnahmen, so reißen die Toten, die noch nicht gestorben sind, alles an sich, was die toten Helden so lebendig machte. Haben am Ende nicht aus allen Revolutionen am meisten die Herrschenden gelernt? Die Fürsten, Demagogen, Kaiser, Lakaien und Chamäleons, die Schreiber, die sich im sicheren Versteck ihrer Privilegien glaubten?[6]

9 »Um nun zu verhüten, daß das Beispiel der Franzosen nicht von den Engländern nachgeahmt würde, war es nötig, die Franzosen anzugreifen, sie in ihren Fortschritten zu hemmen, ihre neuerlangte Freiheit zu gefährden, sie zu verzweifelten Handlungen zu treiben und endlich die Revolution zu einem solchen Schreckgebilde, zu einer solchen Völkerscheuche zu machen, daß man sich unter dem Namen der Freiheit nichts als ein Aggregat von Schlechtigkeit, Greuel und Blut vorstellen und das englische Volk, in der Begeisterung seines Schreckens, dahin gebracht würde, sich sogar ordentlich zu verlieben in jene greuelhaft-despotische Regierung, die einst in

[5] H. Heine

[6] EINER DER DREI WÜNSCHE / *in memoriam Erich Mühsam* / Ich wollte / die Revolutionen / wären wirklich / so revolutionär / wie die Konterrevolutionen / wirklich / konterrevolutionär sind [Erich Fried]

Frankreich blühte und die jeder Engländer von jeher verabscheute …«[7]

10 Der Aufbruch wurde zum Abbruch. Die Phrase siegte über den Inhalt. Wo keiner an sich selber glaubt, warum sollte da jemand ernsthaft an die in diesen Wirrnissen zwischen Karriere und Zukunft gezeugten und gewachsenen Kinder glauben? Denen wird ein Übermorgen bereitgehalten zwischen Irrsinn und Freßsucht, zwischen *langsam vorwärts* oder *schnell abwärts*, zwischen A wie Amt oder A wie Asozial. Die Klassiker aber verstehen das gar nicht mehr, die schicken den *Erlkönig* [diese Eislersche Vertonung aus Schuberts Kompositionsmanufaktur] zurück oder blättern gelangweilt im *Hyperion.*

Als den Vätern klar wurde, daß sie den großen Geschicken der Zeit, den großen Geschäften der Politik geopfert ihr kleines, einsames Leben zu verlieren im Begriffe waren, und nur noch wenige Tage übrig blieben und jenes *Utopia* viele Lichtjahre entfernt lag, da opferten sie schnell die Töchter und Söhne, als wäre die Bedeutungslosigkeit eine Münze, die zurückgezahlt den gleichen Wert behielte, und man hätte wie in einem ideologischen Jungbrunnen die ganze schöne Freiheit der Hoffnungen wiedererlangt. Ich sehe darin nichts als den Zustand einer primitiven Existenz. Denn auch bei einigen Stämmen der Wilden wurden, wenn die Schmach und Schande der Väter zu groß ward, die Kinder den Göttern geopfert; die verschenkte Möglichkeit des Lebens.

11 Das angestrengte Ausholen nach den Gespenstern der Restauration. Die tragisch-sinfonische Geste Schuberts. Soviel Tragik und Unbegreifbarkeit versammelt, aber die große Form zerfällt, muß ironisiert werden, als hielte sie keinen Platz bereit für die neuen Verzweiflungen. Diese Klage wird keine

[7] Cobbet

Kunst mehr, hält nichts fest in einer Bewegung, findet nichts heraus; ständige Wiederholungen und bestenfalls ein *kleines Lied* aus den *großen Schmerzen*, ein Brief, eine Ahnung. Wie heißt der Feind des Glückes? Ach, Schubert findet keinen Namen, keinen schnöden Adelstitel, in den er die Wut hineinlancieren könnte. Der Feind des Glückes ist keine Person. Der Feind ist ein Bazillus, den man mit dem bloßen Auge nicht sieht, der müde macht, krank, nachtkrank, todkrank, daß keiner mehr sehnsüchtig den aufsteigenden Morgen besingen mag, weil er das gleiche bringt wie gestern, weil Furcht herrscht vor der neuen Häßlichkeit, wenn die *schönen Revolutionen* vorüber, wenn Skepsis nötig wird gegen die Dummheit des Glücks; überall dieser Bazillus, der auf keiner Bühne darstellbar ist, in keiner Oper, in keiner Sinfonie, überall fällt er durch das Raster der klassischen Form, ist unterhalb der Größe der angestrebten Gesten. *Freilich ists nicht mehr jene glückliche Zeit, in der uns jeder Gegenstand mit einer jugendlichen Glorie umgeben scheint, sondern jenes fatale Erkennen einer miserablen Wirklichkeit.*[8]

Schubert aber will unbedingt eine Oper schreiben, in seinem schlimmen Jahr 1823, kaputt und krank, will er sein *viva la liberta*, diese sechzehn frechen Takte im ersten Finale von Mozarts *Don Giovanni* haben es ihm angetan; vielleicht träumt er sogar seine eigenen Trompetenklänge in seiner erträumten Oper, aber die Träume eines Klavierspielers bedeuten nichts in der Musikgeschichte. Die Tuba wurde immernoch nicht erfunden.

12 Der dritte Satz der h-Moll-Sinfonie mußte ausfallen. Diese Sinfonie ist nicht zu vollenden in den unvollendeten Zeiten, diesem Blech und Blei. Wie sollte auch ein armer, nur unter Freunden ein wenig geachteter Lieder-Komponierer, ein

[8] F. Schubert im Juli 1824 an Ferdinand, den Bruder.

Namensvetter des anerkannten *Meisters in Dresden*, der nach Anfrage des Verlages Breitkopf & Härtel, ob von ihm, dem königlichen Kirchenkompositeur Franz Schubert dieses Lied *Erlkönig* stamme, mit dem sich bei ihnen ein Franz Schubert aus Wien gemeldet habe, zwecks Verkauf, woselbst sich der Dresdner und viel Berühmtere vom *Machwerk* distanziert [O Ironie des Schicksals!], wie soll denn das k. u. k.-Duplikat von einem echten Franz Schubert die beiden Sätze dieser Sinfonie zusammenbekommen, diesen Riß durch die Welt überwinden?

Wir vergessen oft, daß das Banale des Alltags hinzukommt, wenn wir die klassischen Muster prüfen und übernehmen wollen. Die Klassiker mußten nie auf die Toilette. Ihr Leben war frei von Banalität; sie nahmen es nicht wahr, weil sie ständig in ihren heroischen Erfindungswelten lebten, die zukünftige Welt als Exempel unter der eigenen Haut.[9] Wir aber entwerfen nicht mehr die Psychogramme der zukünftigen Menschen, wir kommen nicht dazu, einen Gedanken bis zum Ende zu denken, wir werden dauernd von Nachrichten unterbrochen, die unsere Wünsche in andere Richtungen ablenken; wir variieren nicht bis zum Schluß oder schlagen die Gedanken hoch auf mit finalen Donnerschlägen aus Zeus' Faust. Wir können uns nicht vom kleinen praktischen Leben abwenden zu größeren Dingen, weil wir nur unser kleines praktisches Leben haben, wenn wir von den genialen Büchern hochblikken, aus denen wir soviel Gutes lernen konnten. *Unser* Problem besteht nicht darin, die großen und guten Gedanken vorauszudenken, zu erfinden, sondern wir müssen darüber nachdenken, wie wir sie endlich in unser kleinliches, praktisches Leben, in das zähe Einerlei, in das Prosaische, Banale

9 »Das ist der Fluch alles dessen, was bloß durch die Kunst entstanden ist … Die Statue, die der Pygmalion verfertigte, war ein schönes Weib, sogar der Meister verliebte sich darin, sie wurde lebendig unter seinen Küssen, aber soviel wir wissen, hat sie nie Kinder bekommen.« H. Heine

hineinbekommen. Unsere Köpfe sind voll mit klassisch-sperrigen Gedanken, die sich schön darstellen lassen im Kunstlicht der Theater und Museen. Wir sind begeistert [gewesen?]. Aber die Suche nach einer Toilette in irgend einer Stadt kostet uns genauso viele Energien wie die Suche Fausts nach der Wahrheit.

Wir kämpfen mit der Banalität und können den ewigen Kreislauf des Aufstehn-Waschen-Essen-Scheißen-Essen-Trinken-Schlafen-Aufstehn nur mühsam unterbrechen, können nicht fliehen in eine besondere Welt; die ist besetzt [als Zukunft], wir müssen schon in der gegenwärtigen verweilen, wenn wir etwas ändern wollen, und dürfen zugleich nicht an dieser Wirklichkeit hängen bleiben, uns nicht vor ihr klein machen; zwischen den Banalitäten geschehen die Wesenheiten unseres Lebens. Die großen Genien der Vorzeit schützten sich durch ihre Kunst vor der Welt und verbanden sich durch diese neu mit ihr.[10]

13 »Die klassische Kunst hatte nur das Endliche darzustellen, und ihre Gestalten konnten identisch sein mit der Idee des Künstlers. Die romantische Kunst hatte das Unendliche und lauter spiritualistische Beziehungen darzustellen oder vielmehr anzudeuten, und sie nahm ihre Zuflucht zu einem System traditioneller Symbole oder vielmehr zum Parabolischen ...«[11]

14 An diesem heißen Tag in der Berliner Galerie blieb ich einen Augenblick stehen vor Franz Krügers *Parade auf dem Opernplatz in Berlin 1822*, las das kleine Schild mit Titel und Entstehungsjahr und dachte wieder an Schubert. Im gleichen Jahr auch, als das Bild des Unbekannten Meisters mit den

[10] vgl. J. W. Goethe

[11] H. Heine

knabenhaften Zügen Schuberts entstand, pinselte Franz Krüger an seinem historischen Gemälde, von 1824 bis 1829, über Schuberts und Goyas Tod hinweg; Krüger pinselt Pferd um Pferd, Reiter um Reiter, stehend oder sitzend – nur in einer völlig anderen Welt; pinselt Pferdearsch um Pferdearsch, daß sich noch die Bauernfänger in der Münchner Akademie um den Kunstmaler Hitler dessen entsinnen werden, wenn sie die Bauern mit Pferdeschädeln kreieren; aber Pferdekrüger läßt sich von dieser möglichen Zukunft überhaupt nicht stören, er pinselt und pinselt wie eine Maschine Pferdeauge um Pferdeauge; Menschen werden während dieser Jahre gezeugt, ermordet, Paare verlieben sich, Dichter werden wahnsinnig … Vielleicht will es die Geschichte, die so viel Unvereinbares gleichzeitig ablaufen läßt, daß gerade an dem Tage, als Herr Krüger die Hoden des ersten Hengstes vorzeichnete, in die er sich wahnsinnig verliebte, daß gerade an diesem Tag Schubert den Brief an seinen Freund Schober abschickte … [Historiker, erforscht es!]

15 »… in einer dieser trüben Stunden, wo ich besonders das tatenlose unbedeutende Leben, welches unsere Zeit bezeichnet, sehr schmerzlich fühlte, entwischte mir folgendes Gedicht:

Klage an das Volk

O Jugend unsrer Zeit, du bist dahin!
Die Kraft zahllosen Volks, sie ist vergeudet,
nicht einer von der Meng' sich unterscheidet,
und nichtsbedeutend all vorüberziehn.

Zu großer Schmerz, der mächtig mich verzehrt,
und nur als Letztes jene Kraft mir bleibet;
denn tatlos mich aus dieser Zeit zerstäubet,
die jedem Großes zu vollbringen wehrt.

Im siechen Alter schleicht das Volk einher,
die Taten seiner Jugend wähnt es Träume,
ja, spottet töricht jener goldnen Reime,
nichtsachtend ihren kräft'gen Inhalt mehr.

Nur dir, o heil'ge Kunst, ist's noch gegönnt,
im Bild die Zeit der Kraft und Tat zu schildern,
um weniges den großen Schmerz zu mildern,
der nimmer mit dem Schicksal sich versöhnt.« [12]

16 An dem Tag, da Schubert die Lösung der Schlußwendung im Klavier für *Fremd bin ich eingezogen* fand, kam Pferdekrüger in eine echte künstlerische Krise: Ob er es vor dem großen Gewissen DER KUNST vertreten könne, diesen Pferdearsch genauso wie den anderen zu malen? Seine weitere Produktivität stand auf dem Spiel. Krüger war deprimiert, denn schon am Vortag geschah ihm ein Mißgeschick, an dessen Verdrängung er lange zu arbeiten hatte. Plötzlich merkte Pferdearschkrüger, daß seine Verbindung zum Volk, seine Beliebtheit unter den Berlinern von ihm selbst sehr überschätzt worden war, als ein gut gekleideter Herr grußlos an ihm vorbeiging und nicht das beliebte: *Guten Tag auch Herr Kunstmaler Krüger!* sagte. [Wer war denn das? – Das war der große Maler Krüger. – Nein! – Na, wenn ichs dir sage! Wirklich, er wars!!!] Möglicherweise aber geschah dieser Zwischenfall auch an jenem Tag, da Schubert um die letzte kleine Hoffnung auf Veröffentlichung und vor allem um das Honorar geprellt wurde, als die knausrige Anerkennung für die Selbstzweifel der Produktion zerplatzte mit den lapidaren Schlußbemerkungen des Herausgebers Schott aus Mainz: *Wenn Sie gelegentlich etwas minder Schweres und doch Brilliantes auch in einer leichteren Tonart komponieren, dieses belieben Sie uns ohne weiteres zuzusenden.*

[12] Franz Schubert

17 Alles geschieht gleichzeitig. Das Unvereinbarste verbrüdert sich. Das eine entfällt unserem historischen Gedächtnis, das andre wandelt sich von seiner Bedeutungslosigkeit zum Wesentlichen; das Aufgeblähte zerplatzt. Alle gehen unbeschadet aus diesen Metamorphosen hervor. Die Mächtigen, die mit ihrer Macht so viel Unheil stifteten, die Scharlatane, die mit ihrem Kunst-Ersatz soviel Geld und Ansehen verdienten, die lieben Publikumjaner, die sich immer auf die Seite der Sieger geschlagen haben und das beklatschten, wovon sie wußten, daß es was taugen solle ... ihnen allen, die auch Schubert den Hals zudrückten und ein Gefühl der Entbehrbarkeit erzeugten – ihnen allen sei hiermit verziehen.

18 Pferdekrüger erlebte noch die Erfindung der Tuba, vielleicht erblickte er ihren goldglänzenden Körper am Tag der Tubapremiere, jenem 27. 2. 1835 in Berlin. Sicher entzückte ihn die Form, ihre Gestalt, die seiner Pferdewelt wie gerufen gekommen sein muß. Und Krüger pinselt und pinselt. Schubert ist schon tot, aber Krüger pinselt immer weiter. Schubert wird wiederentdeckt, der Vergessenheit entrissen, aber Pferdekrüger pinselt immerweiter – – – das Sinnbild des schöpferischen Künstlers ... Sklave der feinen Marderhaarpinsel. Ich dachte mit Mitleid an sein Leben an jenem heißen Julitag des Jahres 1983, als ich an seinem Bild stehen bleiben mußte, da mir jeder Schritt den Schweiß in die Achseln trieb, und begriff, welche erbärmlich sinnlose Mühe es gekostet haben mag, diese ganzen Pferdeschwänze, an einem sommerlichen Tag vielleicht in einem überhitzten Atelier auf die Leinwand zu kritzeln, während Schubert schon auf dem Wiener Friedhof neben seinem unbekannten Lehrer Beethoven lag. Ich schritt über den blanken Boden der Galerie und dachte an Schuberts Tod. Wie immer zu früh. Schubert ist 31 Jahre alt. Am 28. November 1828, nachmittags 3 Uhr, als schon ganz leicht die Dämmerung begann in diesen späten Herbsttagen, als schon die Bäume fast leer waren in Wien, begab sich Schubert auf

seine unendliche Reise in den Winter … in den Schlaf der Vernunft. *Vorüber, ach vorüber, geh wilder Knochenmann …*

Aber er hört nicht.

19 Vielleicht aber erinnerte ich mich an diesem Julitag an Schubert, nicht weil ich die Tuba von der Straße heauftönen hörte. Und auch nicht erst an Krügers Kunstwerk. Ich glaube, die Erinnerung an Schubert begann vor einem ganz anderen, viel später gemalten Bild von Franz Radziwill[13]: Der Himmel ist aufgerissen wie ein Vorhang; einige Häuser brennen und neben dem Kohl auf den Feldern stehen die Kreuze der Toten; die Landschaft ist leer, in kranker Glätte erscheinen die Dinge, wütend über ihre Eindeutigkeit sind sie blaß geworden, als entstammten sie einer Prosektur und alles um sie herum strahle den Geruch nach Karbol aus, so krank erschien mir die fotografisch genau gezeichnete Wirklichkeit, daß ich Angst bekam in dieser götterlosen Landschaft. Das Bild trug den Titel:

Wohin in dieser Welt.

[13] 1940

ARNO UND LEO

Voranmerkungen zum Drama

1. Für das Theater hat Historie nur Bedeutung, soweit sich die Gegenwart im Geschehen auf der Bühne wiedererkennt. Die Zeiten berühren sich *im* Augenblick des Interesses der Zuschauer.

2. Eine der Bedingungen für Theater ist: die Gesellschaft muß auf ihrer permanenten Suche nach dem eigenen Sinn und dem ihrer Handlungen die Interessenwidersprüche öffentlich und produktiv machen wollen, so daß das reale gesellschaftliche Bewußtsein aus dem Kerker des vereinzelten Individuums herausgehoben werden und in den fairen Dialog treten kann.

3. Das Tempo der Theateraufführung wird von der aus dem Kontinuum herausgesprengten Möglichkeit anderer Rhythmik bestimmt. Hier kann sich wandeln und verwandeln, was in der Realität stur sich selbst treu bleiben muß.

4. All die modernen Formen der politischen Barbarei, seit der Niedermetzlung der Kommunarden 1871 in Paris, seit dem offizialisierten Mord an Rosa und Karl, seit der Noskeschen Entwaffnung der deutschen Arbeiterklasse, seit Auschwitz, Stalingrad, dem Mord an Che Guevara, seit der Existenz der KZ-Inseln in Südafrika, seit der Erfindung hochentwickelter Formen des Antikommunismus — all dies sind Varianten und Versuche, ARNO UND LEO zu töten.

5. Aber dem Riß durch die Welt gesellten sich andere Trennungen hinzu. Die Moskauer Prozesse waren *ein* Ausdruck; an Absurdität und Grausamkeit kaum zu überbieten, waren sie Ergebnis von unausgetragenen Widersprüchen und zugleich rechtliches Alibi für andere antikommunistische Aktionen innerhalb der Kommunistischen Partei.

6. ARNO UND LEO tragen diese Widersprüche aus. Nicht, um Recht zu bekommen vor der Geschichte oder einem Gegner! Ihre Kollision ist die Suche nach Auswegen, nach historischer Perspektive.

7. ARNO UND LEO sind *eine* Person, sind viele Personen; in jeder Szene könnten sie andere sein. Das ist nicht Ausdruck ihrer Beliebigkeit, sondern Ausdruck der Welt, in der sie leben.

8. Die beiden Darsteller [in den Vorstellungen des Autors werden ARNO UND LEO von zwei Frauen gespielt] benötigen schnell und ohne großen Aufwand die ganze Welt. Deswegen gehören auch ZÖLLNER, SOLDAT A, SOLDAT B, EISENBAHNER und EMIGRANT zu ihren Rollen.

9. Die schnellen Verwandlungen müssen etwas Artistisches erhalten, nichts Illusionäres. Dadurch wird einer scheinbaren *Rekonstruktion* der Wirklichkeit entgegengewirkt; die Darstellung triumphiert über der Nachempfindung, das ist wichtig..

10. Das Spiel ist sowohl Parabel, Clowneske als auch soziales Experiment. Eine Vermischung von konkreter historischer Situation, Fiktion und Konstruktion. So könnte es einmal sein und: so war es, sowie: so geschieht es uns.

11. Ohne *offensive Theorie* – keine historische Perspektive. Zynische Abkehr in eine heil gedachte Vergangenheit gefährdet genauso wie blinder Glaube an eine *göttliche Objektivität.* Wo der Gemeinsinn abhanden kommt wird aus Liebe Eifersucht und aus Überzeugungen Fanatismus.

12. Arno und Leo kämpfen diesen Kampf. Bei Strafe ihres Unterganges müssen sie einen Ausweg finden. Immerwieder.

I FRÜHLING. FREIES FELD. ZWISCHEN ZWEI LÄNDERN.

I/1. WIEDERSEHEN UNTERM DRECK

Arno und Leo treffen sich an einer Wegkreuzung. Sie sind abgehetzt, ringen nach Atem. In der Ferne Krieg, aus dem sie geflohen sind, jeder aus einer anderen Richtung, aber beide von der gleichen Seite der Barrikade. Sie sehen aus wie Verlierer, Geschlagene, Flüchtlinge, beide in der gleichen Uniform. Ihre Gesichter sind mit Dreck zugeschmiert, wie Masken, so daß sie einander nicht erkennen können.

LEO: Wissen sie, woher
Sie kommen? Ich meine.
Wenn ich dort lang laufe,
Wohin tragen mich die Beine?
ARNO: Bleiben sie lieber,
Wo sie gerade stehn.
Jede Bewegung kann
Ihnen an den Kragen gehn.
LEO: Ich bin in Eile,
Man verfolgt mich.
S gibt Keile.
ARNO: Wenn sie nach dort weiter gehn
Wird ihnen dasselbe geschehn.
LEO: Voll Ordnung beginnt der Krieg
Korrekt
Die Ziele und Fronten
Abgesteckt
Bis er im Chaos
Verreckt
Und verdreckt.
Daß man nicht mal erkennen kann:
Sind sie Feind, oder unser Mann.

Arno: Ich flieh von dort, bin Feind denen da.
Leo: Ich flieh von dort, bin Feind jenen da.
Arno: Wenn wir eingekreist wären,
Könnten wir Freunde werden.

Arno wischt aus Erschöpfung übers Gesicht, demaskiert sich. Leo erkennt ihn.

Leo: Arno.

Arno wischt Leos Gesicht und erkennt ihn auch. Sie säubern sich gegenseitig die Gesichter (wie Katzen), legen jenes Verschüttete frei, das sie kenntlich macht voreinander, immer noch einen Rest Zweifel, der andere könnte es doch nicht sein, oder ein Traum verführt sie ... Sie setzen sich einen Augenblick.

Leo: Das Land ist schön,
Als wäre nichts geschehn.
Arno: So schön wie damals,
Als wir kamen, Bruder.
Leo: So schön wie damals,
Als wir Feinde wurden.
Arno: Hier ist die Grenze,
Gehn wir, Bruder.
Leo: Erst hier, in unsrer Niederlage,
Auf der Flucht, sind wir nun
Wieder Brüder.

Immer noch im Zweifel über die Echtheit ihres Wiedersehns reinigen sie dem anderen das Gesicht. Zärtlichkeit oder Mißtrauen? Der Kriegslärm wird lauter. Schritte. Sie nehmen ihre Sachen und rennen weg. Schüsse. Einen Augenblick Stille.

I/2. UNANTASTBARKEIT DER HEIMAT

Soldat A erscheint auf leerer Fläche zwischen Qualm und Schutt.

{*Der Text könnte zu einer Exerzierübung, einem ›Ballett mit Gewehr‹ gesprochen werden, müßte etwas Artistisch-Fremdes unterlegt bekommen.*}

SOLDAT A: Gebt endlich Ruhe! Wir kommen selbst zu Rande.
Viel zu kurz dauert das Leben. Befreie uns,
Herr, von Zweifel, Aufruhr und kindischer Güte.
Ungerecht machen falsche Hoffnungen,
Die sich nicht erfüllen.
Wie faule Früchte, Sekunden vor Schluß des Marktes
Feilgeboten, so bieten sich an
Die Frauen, wie kurz vorm Tod, und ihre Kinder
Spielen mit Granaten, das Feld verkommt;
Wenn nichts mehr heilig,
Gilt das Leben auch nicht mehr.
Laßt Gott in Frieden. Ordnung
Herrschen und Ruhe zum Wohlgefallen.
Wo sind sie hin? Die Ketzer dieser Republik?
Treibt sie fort, in die Lager Frankreichs.
Ratten, verlaßt das sinkende Schiff!
Der Kurs geht gen Jenseits.
Wenn ich sie hier nicht treffe,
Fängt man sie dort.
Es lebe Spanien!

I/3. VERHINDERTER FLUCHTVERSUCH

Der Zöllner an der französischen Grenze erwidert den Gruß über die Grenze hinweg.

Zöllner: Es lebe Frankreich!
Soldat A ab. Der Zöllner studiert seine Anweisungen.

Zöllner: Laut Verfügung Sieben Strich Zweiundzwanzig
Vierzehn Absatz Be Drei der internationalen Verfügung
Die Ströme der zerschlagenen Restbestände der
Republikanischen Armee Bestehend aus ausländischen
Personen Bei Grenzübertritt zusammenzufassen und
Visafreien Eintritt gestatten Wo bei zu achten Daß
Internierung zur Erhaltung des Friedens in Europa

Emigrant mit kleinem Koffer versucht, die Grenze ungesehen zu passieren. Der Zöllner zieht seine Pistole.

Zöllner: Jedes Land hat seine Grenzen,
Wer weiter hinaus will,
Muß mit dem Schlimmsten rechnen.
Emigrant: Ich war spazieren.
Zöllner: So geht, wer nicht zurück will.

Er zeigt auf den Koffer

Emigrant: Amerika, das ist ein weites Land.
Zöllner: Die Schmuggler fürchten mich.
Den Koffer – – – – auf!

Emigrant öffnet den Koffer. Der Zöllner findet nur beschriebene Zettel. Zöllner liest einiges.

Zöllner: »Die Geschichte der Menschheit …«
Ja, ja, erbauliche Dinge gibts. Während ich
Jeden Augenblick wache, bleibt Ihnen
Die Muße, übers Vergangene nachzusinnen.
Ja, die Geschichte ist ein hochinteressantes
Spezialgebiet, sozusagen die Hauptachse
Der Geschichtswissenschaft. Und nun der Paß.

EMIGRANT: Ich war spazieren. Guten Tag.

Er will gehen. Der Zöllner hält ihn fest.

ZÖLLNER: Glaubt er, ein Trottel steht vor ihm?
Gelehrte neigen leicht zur Arroganz.

Zöllner zieht seine Pistole und richtet sie auf Emigranten.

ZÖLLNER: Der Paß.
EMIGRANT: Eigentlich, will ich nicht aus dem Land …
ZÖLLNER: Dann zeig ihn so.
Wer im Grenzgebiet angetroffen, aufgegriffen …
EMIGRANT: Da. *Gibt den Paß*
ZÖLLNER: Du glaubst doch selber an Papier.
Nur was geschrieben steht ist wahr.
EMIGRANT: Ich bin ein Deutscher.
ZÖLLNER: Ein Visum für Amerika.
EMIGRANT: Mir bleibt nicht sehr viel Zeit.
ZÖLLNER: Doch um dich durchzulassen hier
Fehlt noch ein Extrablatt.
EMIGRANT: Ich warte schon seit Wochen …
ZÖLLNER: Frankreich ist kein Wartesaal.
EMIGRANT: Immer fehlt ein Stempel, ein Häkchen,
Ein guter Wille; die weißen Stellen
Sind ein stilles Gift, töten gut.
Sie sind gebildet, könnten mich auch nicht gesehn …

Emigrant reicht dem Zöllner einen Stoß Geldscheine, doch der Emigrant beherrscht die Konventionen der Bestechung nicht, vollführt diese Handlung zum ersten Mal, angewidert davon, so daß es der Zöllner als Provokation auffassen muß und gar nicht annehmen kann, wenn er auch wollte.

Zöllner: Wärst du ein Maulwurf,
Dann könntest du beginnen:
Ein Tunnel bis Amerika.

Er lacht, geht zum Tisch, holt das Eintragungsbuch. Der Emigrant zieht seine Pistole und zielt auf den Rücken des Zöllners. Aber er kann nicht schießen. Er schießt nicht auf Menschen. Der Zöllner kommt mit dem Buch zurück.

Zöllner: Zuerst hat der Mensch eine Aufgabe,
Und ohne die ist er einen Dreck wert.

Emigrant richtet die Pistole auf sich selbst.

Emigrant: Lassen Sie mich durch,
Oder ich erschieße mich.
Zöllner: Fluchtversuch, Bestechungsversuch und jetzt
Noch Erpressungsversuch, mein lieber Mann.
Emigrant: Ja, ja es wird bleiben, wie es ist.
Und man wird sich daran gewöhnen müssen.
Und man wird es später erklären können.
Und man wird dieses Europa vergessen können.
Und man wird und wird und wird und wird

Er erschießt sich. Der Zöllner geht gelangweilt und verstimmt ab, zusätzliche Arbeit an diesem »Knotenpunkt der Weltgeschichte«. Beim Abgehen murmelt er fast für sich.

Zöllner: Überall Verrückte.

I/4. UTOPIE UNTERM HELM

Soldat A auf der anderen Seite der Grenze genießt die plötzlich eingetretene Ruhe. Er betrachtet die schöne stille Welt, die Berge, Bäume, Gräber, die Weite.

Soldat A: Alles ruhig. Hier und dort.
Verwahrt es gut, das Pack, daß es sich nie erholt.
Von nun an wird der »neue Messias« nicht mehr
Gerichtet, der bringt sich selber um.
Das wird vergessen sein.
Sie wollten mich zum Mörder machen, die,
Die sagen, *sie* befreiten unsre Welt.
Zu Hause wartet meine Frau. Das Brot,
Es duftet, wenn ich komme.
Macht euern eignen Krieg.
Laßt uns in Frieden.
Das Leben ist jetzt.
Es lebe Frankreich.
Es lebe Spanien.
Es lebe die Welt.

II SOMMER, EINE ZELLE

II/1. GESTOHLENES LICHT IN DER GEMEINSAMEN DUNKELHEIT

Eine Tür fällt ins Schloß. Eisengeklirr oder das Knallen einer Barackentür. Ruhe. Dunkelheit.

LEO: Dunkel. Scheiß Dunkelheit.
ARNO: Das ist die Nacht. Hörst du
  Das Meer?
LEO: Und … [*ein undeutliches Wort wie Spanien …*]?
ARNO: Still. Hörst du?
  Nur das Meer.
LEO: Und wir?
ARNO: Schließ die Augen, denke
  Du liegst im Wald,
  Deine Frau holt Brause
  Am Kiosk, das Radio singt,
  Der Sommer.
LEO: Ich schließ die Augen nicht.
  Es ist dunkel genug.
ARNO: Deine eigne Dunkelheit,
  Nicht die der Behörden …
LEO: Werden sie uns ausliefern?
ARNO: Ganz in der Nähe muß das Meer sein.
LEO: Aus. Vorbei. Wir haben verloren.
ARNO: Und … [*undeutliches Wort, wie Spanien …*]?
LEO: Jetzt sind wir hier, nicht freiwillig.
ARNO: Das Meer. Ganz deutlich.
LEO: Du und ich,
  Die Niederlage; besser
  Man ginge durch einen Park
  Als ins Lager. Frankreich,
  Traum meiner Jugend, nun

Bin ich dein.
ARNO: Abgerechnet wird am Schluß.
LEO: Wann?
ARNO: Zu besseren Zeiten.
LEO: Wer denn, wenn alle
Im Totenland spazieren?
Dann gibt es nur noch d i e.
ARNO: Als ob sich ohne Dich
Nichts rührte auf der Welt.
LEO: Uns trifft die Schuld.
ARNO: Du redest wie von einem Unfall.
Schuld. Schuld.
LEO: Dort standet Ihr. Hier standen wir.
Du weißt es gut, die Stadt hieß Barcelona.
ARNO: Ihr wurdet zur Gefahr.
LEO: Wir wollten die Revolution
Und keinen mistigen Pakt
Mit denen, die uns stets ans Messer liefern.
Hatte dein Stalin Angst vor uns?
ARNO: Hätten wir eure Losungen gerufen,
Hätten wir das Schreckgespenst geliefert,
Auf das sie sehnlichst gewartet, die letzten
Tanks in die Schlacht zu schicken,
Jede Hilfe wäre ausgeblieben ...
LEO: Ihr habt unsre Wut
Besoffen gemacht, Du mit deinen
Viertausend Mannen in Amt und Waffen,
Die an u n s r e r Front gefehlt.
Abgezogen, um auf uns zu schießen,
Als wären w i r die Feinde.
So reißt die Welt nochmal entzwei.
Wir wollten doch nicht recht haben.
Wir wollten, daß w i r siegen.
Ihr und wir.
ARNO: Anarchismus. Stück für Stück,

Erst Franco, dann der Krieg und dann
LEO: Die bessre Welt am jüngsten Tag.
Die Kräfte zerteilt. Das letzte Gefecht
Ist eine Schlacht.
ARNO: Wer alles gleich will,
Der will nichts.
Die Volksfront ist ein Kompromiß.
LEO: Fremd bist du und tust
Als wärst du Spanien,
Wenn du Spanien rätst: Geduld! Geduld!
ARNO: Spinnerei. Lospreschen und keiner kommt mit.
Eine Revolution braucht auch Bedingungen.
LEO: Wenn wir alle Bedingungen bedenken,
Finden sich genügend Gründe,
Die bessere Zeit, den Kommunismus,
Aufzuschieben, daß wir keinen mehr
Damit erschrecken! Keinen mehr damit erfreun!
ARNO: Das Meer, hörst du?
LEO: Die Welt lacht! Hörst du sie lachen? gebeugt
Zu den Suppenschüsseln der Neuzeit,
Lacht sie über die blödsinnige Idee
In deinem störrischen Kopf, versuch,
Auf deinem Kopf zu stehn, mach Kopfstand.
Damit diese dämlichen Phrasen
Aus dem Maul fallen, du Heiliger.
ARNO: Wenn wir jetzt Alles hinschmeißen,
Wir sind dann nur noch ein scheißender Haufen
Fleisch in irgend einem Bau, nur noch nicht tot.
LEO: Restbestände einer schönen Ideologie,
An die keiner mehr recht glauben will.
Weil sie sich eingereiht hat ins
Einerlei der Lügen aus Not.

Schweigen

ARNO: Sie liefern uns sicher aus.

II/2. SÄUBERUNG AUS ANGST IN DEN NETZEN DER HOFFNUNG

Leo erwacht allein.

LEO: Arno. Wo bist du? Der rettet
Sein eigenes höhres Wesen.
Wer hat dich geholt? Stalin
Oder Hitler? Arno oder Franco?
Der läßt mich sitzen. Schluß mit dem Glauben
An Güte, Solidarität und was weiß ich.
Das war gestern. Heute fragt kein Mensch,
Die Legionen wurden zurückgepfiffen. Aus.

Auf dem Gang Schritte, er legt sich auf den Boden. Die Schritte gehen vorbei.

Nicht getroffen. Geht vorbei
Und schaut nicht rein. Hollatri. Hollatro.
Das kanns doch nicht gewesen sein.
Arno sitzt schon im Zug.

Er macht die Zelle sauber. Fegt, wischt, um die Zeit totzukriegen, die Gedanken zu verscheuchen.

In den Netzen der Hoffnung gefangen.
Fisch im trockenen Meer. Ausgekotzt
Von der Epoche. Hier bin ich. Keiner weiß
Mit mir was anzufangen. Keiner gönnt mir
Eine große Liebe. Es brennt die ganze Welt
In meinem Kopf. Schmerz. Sirenen. Statuen.
Prozesse. Heilige. Andre haben längst
Den Absprung geschafft. Sind frei von
Parteinahme und Hoffnung. Nur ich. Krank.
Verunglücktes Dressurpferd. Habt ihrs nicht gehört.

Ich habs ja immerzu gesagt. Gebt den Leuten,
Denen das Leben knapp wird, Gewehre. Bessre Soldaten
Gibts auf keiner Welt. Du machst mich traurig Arno.
Sie rechnen mit der Angst vorm Alleinsein.
Der Mensch das gesellige Tier. Schnell
Schalt den Schädel aus. Arm in Arm und
Arsch an Arsch. In Ehrfurcht reden vom Volk,
Vor dem sie Angst haben. Der Biedermann.
Der Biedermann. Das ist ein hübsches Volk.
Ein Dressurpferd mit gebrochenem Fuß.
In den Schlingen hängen geblieben.
Kann nicht mehr abhaun. Mehrfach gefangen.
In den Schlingen, in den Netzen der Hoffnung.

II/3. MISSTRAUEN UND AUSBLICKSVERSUCHE

Arno, wieder zurück, glaubt, daß während seiner Abwesenheit Leo verhört wurde; Leo glaubt dasselbe von Arno. Sie sind sich wieder so fremd wie zu Beginn in Maske.

Arno: So sauber wars hier lange nicht.
Leo: Mein Sohn was birgst du so bang dein Gesicht?
Arno: Besuch? In diesem Bau?
Leo: Es scheinen die alten Weisen so grau.
Arno: Zigarette? Na nimm schon.
Leo: Judaslohn.
Arno: Von Franz.
Leo: Franz ist hier?
Arno: Möglich.
Leo: Wo warst du?
Arno: Die denken wirklich, wir zwei
Wären was Besondres. Die andern
Wohnen nicht so verbunkert.
Leo: Du wirst schon wissen warum.

ARNO: Franz organisiert Kontakt, wir
Verrecken wie Ratten, sagt er.
LEO: Knödel mit Sahnesoße, ja,
Sowas müßten die organisieren.
ARNO: War einer hier?
LEO: Kein Kellner gekommen.
ARNO: War einer hier?
LEO: Ja. Du, nachdem du dort warst.
ARNO: Als ich weg war.
LEO: Mehrere.
ARNO: Und?
LEO: Na und.
ARNO: Weshalb.
LEO: Um zu beißen.
Wanzen. Ich meine Wanzen.
Außer Wanzen war keiner hier, nicht.
ARNO: Wo, Leo, werden wir noch Luft finden zum Atmen?
Es kommen Zeiten, von deren Grauen uns
Kein Alptraum ahnen ließ.
Wohin Du Dich auch wendest,
Überall erwarten uns die Sieger: Hitler
Dort, Franco hier. Franz holt uns raus!
Vielleicht.
LEO: Dich. Nicht mich.
ARNO: Uns.
LEO: Er mag mich nicht.
Seit Barcelona.
ARNO: Er holt uns.
Warte.
LEO: Franz sitzt ja selber.
ARNO: Es gibt Krieg.

II/4. DIE TREUE VON THULE ABER DIE ZEIT RAST

LEO: Tanzen?
ARNO: Bitte, der Herr.
LEO: Meine Dame.

Sie tanzen. ARNO singt.

ARNO: Es war ein König in Thule
Gar treu bis an sein Grab,
Dem sterbend seine Buhle
Einen goldnen Becher gab.

Es ging ihm nichts darüber,
Er leert ihn jeden Schmaus;
Die Augen gingen ihm über,
So oft er trank daraus.

ARNO: Auch Sie, Verehrtester, so treu
Wie der besungene König?
LEO: Dafür, mehrmals aufs Spiel gesetzt,
Mein Leben. Das Oberflächliche
Liegt mir nicht, zum Beispiel
Ihre Brüste.
ARNO: Und doch, Sie Abenteurer,
Tanzen mit mir.
LEO: Die Not macht treu.
ARNO: Die Not an Treue.
ARNO: Und als er kam zu sterben,
Zählt' er seine Städt' im Reich,
Gönnt alles seinem Erben,
Den Becher nicht zugleich.

Er saß beim Königsmahle,
Die Ritter um ihn her,
Auf hohem Vätersaale,
Dort auf dem Schloß am Meer.

Dort stand der alte Zecher,
Trank letzte Lebensglut
Und warf den heilgen Becher
Hinunter in die Flut.

Er sah ihn stürzen, trinken
Und sinken tief ins Meer,
Die Augen täten ihm sinken,
Trank nie einen Tropfen mehr.

ARNO: Ich habe Durst.

Sie lachen.

LEO: Wolln wir ans Meer gehn,
Meine Dame? Was trinken,
Vor der Hochzeitsreise?
ARNO: Wir kennen uns kaum. Wohin
Soll denn die Reise gehn
wohin ja wohin ja wohin?
LEO: Ins Glück. Nach Spanien.
ARNO: Da war ich grad und darf nicht wieder hin.
LEO: Man kennt sie dort
Und ihren schlechten Leumund?
Sind sie moralisch nicht intakt
Muß ich sie meiden, denn ich bin
In der Partei.
ARNO: Leo, sagt nicht sowas, was
Haben wir sonst noch?
Du bist ein Ketzer.

LEO: Du mußt mich erschießen.
Erwürg mich. Mach mich weg.
Ihr hattet recht in Barcelona.
ARNO: Hör auf. Schluß.
LEO: Ich bin ein Flugzeug, eine Messerschmidt.
Schieß mich ab. Du warst der beste Schütze.
ARNO: Du wirst ins Meer stürzen.
LEO: Ich will weg sein.
ARNO: Die Algen zerfressen dich
In einigen tausend Jahren,
Und in Millionen Jahren
Werden aus den Algen wieder Menschen,
Und die erfinden Messerschmidts.
So lange leb ich nicht,
Dich wieder abzuschießen.
Wenns dir nicht gefällt,
Mußt du bleiben.
LEO: Im Lager, in Frankreich?
ARNO: Bist du sicher? Vielleicht
Sitzen wir in den Bergen
Nikaraguas, Algeriens oder
In Moskau, irgendwas lief schief
Gestern, bei der Revolution. Morgen
Werden wir hingerichtet,
Wir schreiben das Jahr 1871,
Paris ist umstellt, die Kommune hat verloren. Leo.
LEO: Ich bin eine Messerschmidt.
Ich bin eine Fliegerstaffel.
Schieß mich ab, erschlag mich
Mit dem Hocker, ich bin
Hitler, ich bin Franco.
Namen zählen nicht, ihre Bedeutungen
Verschieben sich wie Frontlinien.
ARNO: Hol diese Schweine nicht
In unser sauberes Gefängnis.

LEO: Nach all dem, Arno, warum fühlen wir uns so allein?
ARNO: Die Augen —— Abgespannt sind sie,
Vom Zielen, vom kalten
Zusammenkneifen, vom Töten,
Vom Anblick der Feinde.
LEO: Vielleicht hat uns die Niederlage geblendet,
Hören nur noch das Meer …
ARNO: Hier ist kein Meer,
Das sind Bäume, die rauschen,
Märkische Kiefern, wir warten
In der Gartenlaube auf Lenin,
Falls was dazwischen kommt
Soll er hier Unterschlupf finden.
LEO: Lenin ist tot.
Wir haben verloren.
Topp, die Wette gilt.
ARNO: Wir leben.
LEO: Und Spanien?
ARNO: Still. Hörst du —?
Nur das Meer.
LEO: Und wir?
ARNO: Wir leben. Das ist
Viel. Das ist alles.

II/5. MÖGLICHERWEISE KOMMT WIEDER KRIEG

Leo, das Ohr am Fußboden. Arno macht Gymnastik.

LEO: Ein Getrappel auf der Erde,
Als würden alle Menschen fliehn

Arno stellt seinen Fuß auf Leos Ohr.

Arno: So hörst du besser.

Leo wirft Arno um. Sie schlagen sich.

Leo: Du kannst nicht leiden,
Wenn ein andrer mehr weiß,
Als du wissen darfst.
Du bist das Schaf,
Das die Revolution opfern muß.

Arno schlägt verstärkt auf Leo ein. Arno kämpft mit den Tränen.

Arno: Du kannst nur pissen!
Auf alles pissen. Und selbst kein
Fleck am Hemd. Du Pisser.
Leo: Sie habens längst schon abgemacht:
Den lieben Arno opfern wir. Es gibt
Wichtigere Leute, d i e muß dein Franz retten.

Leo hält Arno im Polizeigriff

Arno: Krieg. Krieg. Überall nur Krieg.
Leo: Was hast du ausgemacht mit Franz?

Sie gehen auseinander. Leo hört wieder an der Erde. Arno beginnt wieder seine Gymnastik. Der laute Atem Arnos, sein Getrappel hindern Leo daran, etwas zu hören.

Leo: Du sagst nichts, und ich kann nichts hören,
Du läßt mich nicht.
Arno: Du kannst nur alle Verdächtigen anpissen. Pisser.
Leo: Was hast du abgemacht mit Franz?

Leo geht zu Arno und schlägt ihn, zunehmend brutaler.

ARNO: Nichts nichts und wieder Nichts.
LEO: Vielleicht ist Krieg, und du,
Du sagst es nicht.

Schlägt immer brutaler auf Arno ein, bis dieser unbewegt liegen bleibt. Leo hält inne. Erschrocken. Stille.

LEO: Komm hoch.
Steh auf.
Nimm Wasser.
Wenn du willst, schlag zurück.

Leo setzt sich zu Arno. Arno kommt wieder zu sich. Leo, voll Schreck:

LEO: Du hättest ja nicht einmal
Unter der Folter geredet.
Wenn ich Dich jetzt umgebracht.

Arno nimmt Leo in den Arm, tröstet ihn. Leo weint.

III FREIES FELD. DER HERBST KOMMT ÜBER DIE WELT

III/1. ABSCHIED IM GOLDENEN HERBST

Goldener Herbst. Arno und Leo seit langem zum erstenmal im Freien. Sie atmen. Freuen sich wie Kinder. Sind geblendet vom Licht, von der Schönheit des Herbstes, so daß sie den Stacheldraht kaum beachten, der sie von der Welt trennt. Sie warten auf ihren Abtransport.

ARNO: Die Natur in fühlbarer Nähe,
Kann der Mensch mehr aushalten.
LEO: Ferne, ist undenkbar ohne Farbe,
So ein heller Schein über der Farbe.
ARNO: Ein wenig mehr Freiheit und schon
Denkst du: Die Freiheit! – Aber Käse.
LEO: Auf den Rücken legen, wie genagelt ans Kreuz,
Und abhaun in den Himmel.
ARNO: Und wenn sie uns trennen?
Wir werden verlegt.
LEO: Verlegenheitslösung.
ARNO: Ich möchte dich wiedersehen. Danach.
LEO: Hokuspokus. Ich schenk Dir zum Abschied
Die Weltrevolution. Noch zwei Jahre Garantie.
ARNO: Oder sie liefern uns gleich aus.
Unter freiem Himmel vergeht die Zeit noch langsamer.
LEO: Spielen wir was. Lebende Bilder. Sag an, was soll ich sein?
ARNO: Sterbender.

Jeder versucht, das geforderte Bild darzustellen. Spaß und Zeitvertreib, über die Trauer hinwegzukommen, die bevorstehende Trennung weit weg zu rücken, durch die Zeitlosigkeit des Spiels; und lachend wollen sie auch gemeinsam die Welt zurückholen, von der sie getrennt sind.

ARNO: Nein, das ist ein Eiskunstläufer beim Sturz.

Leo versucht es erneut

ARNO: Ein Magenkrampf. Leo, du kannst nicht sterben.

Leo gibts auf. Nun stellt er die Aufgabe an Arno.

LEO: Ein Hungriger ißt sich satt!
Genieße, Arno. Kein Freistilringen.
Du staunst nicht mehr. Du Tier.

Es beginnt zu regnen. In der Ferne das Geräusch von Zügen, das immer lauter wird.

ARNO: Ich möchte sehen,
Wie ein Mensch
Herzhaft lacht.

Leo lacht. Ein Pfiff, ein Ruf oder ein Zeichen. Nun also: der Abschied voneinander. Sie lachen beide. Es schmerzt sie, zu lachen. Sie wollen nicht mehr damit aufhören. Das Zuggeräusch wird immer lauter, der Regen wird stärker, das Lachen wird lauter und fester. Leo muß gehen. Sie umarmen sich und lachen schallend, schreiend. Arno allein. Stille.

ARNO: Es ist komisch,
Aber es ist,
Wie sterben.

III/2. DIE GERÄUSCHE DER WELT

Wie eine Musik hören wir die Geräusche der Welt. Die Erde dreht sich, Züge rasen über sie hinweg, Flugzeuge überfliegen sie, Schiffe kreuzen auf den Meeren. Menschen fahren über die Erde. Gefangene werden über die Erde gefahren. Die Schornsteine der Krematorien. Unter all den An- und Abtransportierten auch Arno und Leo. Jetzt jeder allein in einem Waggon, einem Zellenabteil. Sie wissen nichts vom anderen, hören nichts von ihm, der Gesamttext ergibt sich »zufällig«. Der Rhythmus des fahrenden Zuges liegt darunter.

LEO: Ich habe wirklich davon geträumt,
Mehrfach: Tage im Schatten
Des Olivenbaumes,
ARNO: würziger Wein,
Käse und Weißbrot, mitten auf Erden
LEO: Steht ein bequemer Stuhl, und ich,
ARNO: Dem Flug der Vögel nachsinnend,
BEIDE: Verschenke weise den Augenblick.
LEO: Alles wäre getan.
ARNO: Einmal
Müßte es doch soweit kommen,
LEO: Glück, Aroma des Südens,
ARNO: Erwacht aus versteinerten Blumen,
LEO: Läge auf der Welt.
BEIDE: Schlechte Zeichen
ARNO: Gebiert der schlechte
Schlaf der Vernunft, Beispiele
Genügender Entsprechungen.
LEO: Wer spricht von Krieg?
Viel zu wahr geworden
ARNO: sind
Alpträume, Untergänge und Stickanfälle,
BEIDE: Tagelange Fluchten durch Betonmauern
LEO: Sprünge aus dem Fenster, Fehltritte
Auf der Aussichtsplattform.
ARNO: Ist es noch der gleiche schlechte Schlaf
Von damals.
LEO: Auf harter Bank im Abteil

ARNO: Abwaschbar wie Staub
Vom dünnen Wasserstrahl des Aborts.
LEO: Die Sonne ging auf, durchs Fenster
Sahen wir Rehe und Schichtarbeiter.
BEIDE: Aufwachen.
ARNO: Aussteigen.
LEO: Urlaub.
ARNO: Meer.
LEO: Ich trug ein Segelschiff
Unterm Arm. Am Bug
In winzigen Buchstaben stand:
Frieden.
ARNO: Palmen. Olivenbäume
Und ein Akkordeon
Das spielt bis tief in die Nacht
Den endlosen Walzer der Liebe.
LEO: Ich habe wirklich davon geträumt,
ARNO: Mehrfach,
LEO: als glaubte ich ans Leben
ARNO: Nach einem Tod,
BEIDE: Wo der Wein würziger wäre
ARNO: Und unendlich der Frieden,
LEO: Kindisch, sage ich,
Voller Unruhe.

Die Züge rasen in die Ferne. Die Musik wird von der Stille überlagert.

III/3. VERLADEBAHNHOF INS JENSEITS

Soldat B erscheint.

SOLDAT B: Das Tempo der Bürokratie. Eher gewinnt
Das Pantoffeltierchen den Marathonlauf, als daß ein
Deutscher Beamter sein Ei aufißt, bevors kalt wird.

Der Eisenbahnwaggon steht fertig auf den Schienen.
Wer fehlt? Der Eisenbahner. 430 Stück gemischt.
Solln die schlecht werden vor dem Transport?
Sabotage. Erschießen. Sofort erschießen.
Ein getinteter Furz fehlt auf dem Formular,
Und irgend ein Arsch läßt auf sich warten.

Eisenbahner kommt vom Frühstück

EISENBAHNER: Ruhig Blut. Frühstück steht nunmal nicht
im Fahrplan.
SOLDAT B: Dafür könnt ich Dich erschießen lassen.
Doch die Stunde ist zu eilig. Also:
430 Stück Ladung, müssen in 48 Stunden am Punkt Z sein.
Sind schon 2 Wochen unterwegs. Die verrecken mir,
Eh die im Lager sind.

Eisenbahner füllt umständlich die Formulare aus.

EISENBAHNER: Waggons verplombt?
SOLDAT B: Seit Ewigkeiten. Tempo. Mach hin, man.
Die Stunde ist kostbar. Sie Unmensch,
Wie gehst Du mit Menschen um.
EISENBAHNER: Ich will nicht wissen,
Welche Ladung ist, in den Waggons.
Stückzahl und Sicherheit,
Das andre ist Eure Sache.
SOLDAT B: Dich gehts nichts an,
Solang du selbst nicht auf der Liste stehst.

Soldat packt seine Papiere zusammen und geht. In der Ferne das Geräusch der Züge. Der Eisenbahner steht lange schweigend da.

IV HERBST UND WINTER. EINE NEUE ZELLE

IV/1. ZWEITES WIEDERSEHEN

Arno wird in eine Zelle geworfen, sie ist noch kleiner, schmutziger und mieser als jene, in der er mit Leo die Zeit verbrachte. Arno hat eine weite Reise hinter sich. Eine Reise durch unendlich viele Zellen.

ARNO: Sage mir einer, wie das Land heißt,
Unter meinen Füßen. Die Zellen ähneln sich,
Die Dunkelheit ist gleich. Hab keine Angst,
Wenn du Angst hast, mußt du singen. Die Zeit
Sitzt an der großen Tafel, im schwarzen Mantel,
Wie das Gericht und fragt und fragt. Ich bin Arno.
Vater war Pastor. Unser Haus lag am Wald.
Meine Mutter war eine schöne Frau. Ich verließ
Das Dorf, ich verließ alle, die glücklich waren.
Traurige Jahre, in denen man begriff, die ganze Welt
Vom Kopf auf die Füße, historische Mission,
Soll es besser werden, müssen wir uns ernsthaft
Feinde machen. Alles ganz getan. Ganz gehaßt und ganz
Geschwiegen. Du siehst das Nichts, das vor den Türen
Der Partei sich tummelt, und sagst: Disziplin,
Taktik, Subjektivismus und du hebst die Hand,
Hebst immerzu die Hand, nur so, denkst du, entgehst du
Dem Verdacht. Man traut den andern zu, was selbst
Man tun würde. Vorsicht, sagte der Elefant,
Gestützt auf die Mücke aus Porzellan. Es könnte alles
Zugrunde gehn, durch Unachtsamkeit, einen Fehler.
Vielleicht ist, höre ich, unserer Sache
Schaden entstanden, durch meine unverzweifelte Treue.
Aber wären wir ansonsten nicht längst zerstritten,
Geschlagen, vergessen? Du siehst die Einsamkeit im
Grauen Fluß der Zeit. Bespuckt von dort und hier. Der

Sture Glaube schützt vorm Alleinesein. Ich bekenne mich
Schuldig. In vollem Umfang. Rose, auf dem Platz
In Madrid, gehalten von den Händen des Mädchens –
Wie die Welt vielleicht einmal
In den Händen derer, die mit ihr etwas anfangen können.
Hab keine Angst, wenn du Angst hast, mußt du singen.

Krach auf dem Flug. Leo wird entkräftet in die Zelle geworfen. Sie nehmen kaum Notiz voneinander; sie erkennen sich nicht. Sie waren mit so vielen Fremden zusammen in den letzten Tagen.

LEO: Wie soll ich dich nennen?

Arno erkennt Leo an der Stimme. Sie demaskieren sich zum zweitenmal. Sie umarmen sich.

IV/2. GLAUBE. HOFFNUNG. LIEBE

LEO: Arno, schläfst du?
ARNO: Ich schlafe tief.
LEO: Und was ist mit Franz?
Die haben uns aufgegeben.
ARNO: Laß mich schlafen.
Ich bin müde.
LEO: Von der Welt?
ARNO: Morgen.
LEO: Wann ist Morgen?
Ohne Fenster schwer zu sagen.
ARNO: Ich sage: Jetzt ist Nacht. Basta.
Wann ich ausgeschlafen,
Dann ist Morgen. Verstanden?
LEO: Ich sag: Jetzt ist Morgen,
Wenn ich müde werd
Ist Abend. Basta.

Arno: Nimm Rücksicht,
Bei mir ist Nacht.
Basta. Verstanden?
Leo: Ich will laut sein, merk sonst keinen Unterschied.
Arno: Geh woanders hin.
Leo: Gib mir den Schlüssel.
Der Fluß draußen, hörst du ihn?
Der Fluß draußen macht auch nachts Krach.
Arno: Du bist kein Fluß,
Du hast einen Kopf.
Leo: Sie lochen uns genauso ein wie Diebe,
Wie Mörder. Gefangene zwei Stück, so stehts
In ihren Büchern. Was unterscheidet uns?
Arno: Daß wir an etwas glauben.
Leo: Feine, wissenschaftliche
Weltanschauung: Glauben.
Das sagen alle, Ordensritter,
Inquisitoren, Diebe und Führer.
Arno: Der Gegenstand, woran du glaubst,
An Gott, Vorteil, Vaterland …
Leo: Wir beten nicht, oder hast du vorm Schlafen …
Arno: Wir beten auch … *singt* …
Uns aus dem Elend zu erlösen
Können wir nur selber tun …
Schlaf.
Leo: Jetzt schlagen sie sich die Köpfe ein. Sie morden.
Jetzt streiten sie wieder um Reinheit, wie Päpste.
Jetzt bricht die Epidemie aus, die Angst.
Jetzt operieren sie den Traum noch aus den Schädeln
der Toten, säubern, trocknen ihn.
Jetzt bleiben wir schon zurück im Schwarz
der Vergangenheit.
Isoliert von den Menschen. Schlechtes Beispiel für Kinder.
Was wie eine Blume hätt blühen gekonnt,
Ist verdorrt vor unseren Augen, Spanien.

ARNO: Du denkst zuviel und kannst nichts tun.
Den dünnen Boden untern Füßen
Reißt du entzwei; Eiter, Schlamm,
Mißtraun, Blut, Neurosen, worin du
Versinkst. Schlaf, Bruder, du mußt
Schlafen. Am schnellsten
Entkräften wir uns selbst.

IV/3. ES REGNET. HERBST. KÄLTE

Arno und Leo in Decken gehüllt. Es ist eisig kalt.

LEO: Das Schiff hat ein Leck.
ARNO: Wir können nicht rufen.
LEO: Das Schiff säuft ab.
ARNO: Dann saufen wir mit ab.
LEO: Keiner weiß, daß wir hier.
ARNO: Dann weiß es keiner. Wir sind nicht hier,
Um irgend einem zu gefallen, wir sind hier,
Weil uns die Welt nicht gefällt.
LEO: Jetzt ist alles anders.
Das Schiff ist leck.
ARNO: Nichts ist anders, wir sind blinde
Passagiere, haben nichts zu verlieren.
LEO: Du hast nichts zu verlieren, außer
Deinen Glauben, das klingt schon
Ganz anders. Wir saufen zuerst ab,
In den Laderaum dringt das Wasser zuerst.
ARNO: Ist nicht unser Laderaum.
LEO: Unser Leben aber ist es.
ARNO: Wir haben einen Auftrag.
LEO: Und nur ein Leben. In den Rettungsbooten
Ist noch Platz für zwei Männer.
ARNO: An Land werden sie uns erschießen.
LEO: Dann warn wir ein paar Tage länger

Am Leben, die Chance zu fliehn
Wär so drei Tage größer. An Land,
Da kann man fliehn, wos Menschen gibt.

ARNO: Geflohne oder Spitzel,
Wer soll das unterscheiden?
Wer lebend diese Hölle übersteht,
Der wird allein sein,
Also tot, so oder so.

LEO: Erklärungen und Zeugen gibts
Und Not an Leuten, die was wolln.

ARNO: Sie werden dir nichts glauben,
Vorsicht bestimmt den Blick.

LEO: Aber das Schiff ist leck.

ARNO: Dann werden wir warten.

LEO: Auf bessere Zeiten?

ARNO: Auf das Wasser.

LEO: Wer aber, wer, Arno, wer
Erfüllt den Auftrag?

ARNO: Wir.

LEO: Irrsinn.

ARNO: Da ist die Luke, geh und sage
Ihnen alles, dann lächeln sie
Wie Sieger lächeln können.
Ich lasse das nicht zu, daß sie
Wie Sieger lächeln.

LEO: Kein Lächeln gibts,
Das Wasserleichen stören kann.
Denk an Spanien, was
Soll damit werden.
Auf uns kommt es an.

ARNO: Spanien ist überall.
Hör auf zu zittern. Das
Steckt an. Geh hoch.

LEO: Aber einer muß doch später
Alles sagen, sonst wars

Umsonst, vergessen.
ARNO: Wenn es nur dadurch sinnvoll wird,
Weils andre wissen, dann wars eitel.
Der liebe Gott schaut zu,
Wie Leo seine Welt aufräumt und sagt,
Das hast du gut gemacht.
LEO: Ich habe Angst.
Mit dieser Verbissenheit
Kommt keine neue Welt
Auf die Welt. Wie ein Kinderspiel,
Einfach und klar, aber leicht,
Leicht, leicht. –
W i r hätten das nie geschafft.
ARNO: Sei still oder geh.
LEO: Ich kann nicht still sein.
ARNO: Dann geh.
LEO: Ich könnte alles klären, dich
Dann holen, wenn sie alle weg,
Als letzte schlichen wir
Vom sinkenden Schiff.
ARNO: Es ist so verteufelt dunkel.

IV/4. WINTER

ARNO: Geklopft! Hast du nicht gehört? Franz!
LEO: Seit Tagen ist es still.
ARNO: Das Herz? so laut?
Der Fluß, draußen
Fließt nicht mehr,
Die Kälte hat ihn leblos gemacht.
Das ganze Leben
Dauert eine Sekunde.
Eine Riesensekunde.
LEO: Mein Arm. Gelähmt. Ich kann
Ihn nicht bewegen.

Arno: Eingefroren sind wir
Ins Packeis. Wie verzerrt
Ist dein Gesicht, wie kalt.
Leo: Ich hab kein Blut mehr und mein Herz
Ist aus. Warum sagst du nichts.
Arno: –
Leo: Ich sehe keinen Hauch. Mein Mund ist aus.
In Spanien, Arno, wars in Spanien auch so kalt?
Arno: Zwei Denkmale im Eis.
Leo: Wenn wenigstens Sterne wären.
Arno: Sterne helfen nicht.
Leo: Erinnre dich Arno, erkennst du
Meine Hautfarbe? Vielleicht auch
Zwanzig Jahre schon, die wir hier sitzen,
Auf dieser Insel nur für Schwarze.

Arno sucht in den Nähten der Hosentasche, findet einige Krümel, bietet sie Leo an, ihn zu beruhigen.

Arno: Tabak. Reste.

Leo riecht daran.

Leo: Das ist Dreck, wie alles hier,
Es riecht wie alles. Das Haar
Das ungekämmte riecht wie Dreck,
Der Boden riecht wie Haar, und die
Latrine riecht wie Boden.
Wie lange haben wir uns nicht gekämmt.
Arno: Komm her, ich kämme dich.
Leo: Mit welchem Kamm?
Arno: Mit meinen Händen.

Arno kämmt Leo. Ein ›idyllisches Bild‹, wie es Brecht im Kinderkreuzzug beschrieb. ›in einem zerschossenen Hofe / Kämmte sie ihm sein Haar ...‹.

Leo: Das tut gut, Mann, tut das gut.
Ich danke Dir. Du rettest mich,
Du ziehst mich aus dem Dreck.
Merkst du, wie still es ist,
Nur das Krachen in meinem Haar.
Als rollten Panzer durch Sand.

Arno riecht in der Zelle umher. Irgendwas ist anders. Er sieht zu Leo.

Arno: Pfui Teufel, da sage einer
Du lebst nicht. So riecht
Gesundheit, aber kein Standbild.
Leo: Entschuldige.
Arno: Aber wir leben doch. Der Fluß,
Einen Augenblick müd, vom ewigen
Fließen, legte sich auf den Grund,
Begriff nicht mehr, was er an Erde
Wegtrug, all die Jahre.
Eine Sekunde. Aber lange.

IV/5. WENN WIR UNS MITTEN IM LEBEN MEINEN

Arno: Leo! Schläfst du?
Er schläft. Leo?
Leo: Was ist. Weck
Mich doch nicht.
Arno: Ich dacht
Du wärst
Tot.

LEO: Ich und tot.
ARNO: Wirklich, ich hatte Angst,
Daß du nicht hören kannst,
Wie das Meer aufbraust.
Hör doch, Leo, ganz laut.

V MAI UND NOCH IMMER TIEFER FROST. DIE ZELLE

V/1. ERNST IST DAS LEBEN HEITER IST DIE KUNST

LEO: Setz dich dorthin, Arno, so
Ich bin weg. Jetzt das Licht,
Der Hocker ist die Bühne, ich
Komme! Klatsche! Mehr und lauter.
Ich bin berühmt. Applaus. Applaus.
Stille. Ich hole Atem, verneige
Mein greises Haupt. Applaus, du mußt
Klatschen und Bravo rufen.
ARNO: Warum? Weil du da bist?
LEO: Weil es beginnt.
ARNO: Bravo.
LEO: Verehrte Damen und Herren, aus einem alten Stück geb ich
Heute eine Szene eines Aufzugs, genauer einen Schluß,
Beziehungsweise einen Anfang. Das Stück heißt Hamlet.
Du mußt klatschen, weil du dich drauf freust.
ARNO: Ich kenne aber das Stück nicht.

Leo steigt vom Stuhl.

LEO: Dann gehts nicht.
ARNO: Warum? Ich hab gerufen und geklatscht,
Wie dus gesagt. Geh hoch
Und trags mir vor.
LEO: Aber wenn dus nicht kennst.
ARNO: Du wirst es ja vorspielen.
LEO: Nur ein Stück davon,
Nicht alles.
ARNO: Warum willst du mir nur ein Stück

Von dem Stück geben? Wir haben doch Zeit.
LEO: Ich weiß nur ein Stück …
ARNO: Immer nur Stückwerk.
Nie was Ganzes …
LEO: Dann nicht.
ARNO: Was ist Hamlet?
LEO: Hamlet ist Hamlet.
ARNO: Versteh ich. Spielt das Stück
In Spanien?
LEO: Nein.
ARNO: Ach so.
LEO: Ja.
ARNO: In Griechenland?
LEO: Nein.
ARNO: Ach so, in Deutschland?
LEO: Nein.
ARNO: Ach so, in der Schweiz,
Das mit dem Apfel?
LEO: Nein.
ARNO: Ach so, und du bist Hamlet.
LEO: Ja.
ARNO: Ach so, und der ist Prinz
Von Dänemark und liebt Ophelia.
LEO: Ja.
ARNO: Sein Vater wurde umgebracht
Von seinem Onkel, weil der
König werden wollt und Hamlets Mutter,
Begehrte Schönheit, ward zur Beute noch
Dem Mörder ohne Wissen und diese wollen Hamlet …
LEO: Arno, du kennst ja alles.
ARNO: Nein.
LEO: Klar kennst dus.
ARNO: Nein.
LEO: Ach so.
ARNO: Ophelia ist Spanien?

Leo: Wenn es dir hilft.
Arno: Das Königspaar organisiert
Die großen Intrigen. Claudius – skrupellos,
Gertrude, Hamlets Mutter, eigentlich Hamlets
Verbündete, sie schließt, sagen wir, einen
Nichtangriffspakt mit dem neuen König, was
Kann schon eine Frau ausrichten
In dieser Zeit, und Hamlet,
Das bist du.
Leo: Setz dich.
Arno: Bravo, der berühmte Leo
Bei uns im tristen Tal
Spielt Hamlet, der das Gute
Bringen will in die Welt
Und verraten wird.
Leo: Mehr Licht. Ich gebe ihnen
Ein Stück aus Hamlet,
Prinz von Dänemark. Die Szene
Spielt in einer Ebene, Fortinbras,
Prinz von Norwegen, rückt mit seinen Truppen
Gegen Polen, ein kleines Fleckchen zu gewinnen,
Das keinen Vorteil als den Namen bringt.
Arno: Barcelona?
Leo: Wolln wir Theater spielen?
Arno: Pst, Schritte. Es kommt einer.
Leo: Franz!
Arno: Nein. Stell den Stuhl
Wieder ordentlich hin.

V/2. ARNOS VERRAT

Arno geht wie ein Panther im Käfig hin und her. Er phantasiert. Dem Wahnsinn verfallen; dieser Vorgang mag schon Stunden oder Tage so gehen, eine Schwäche; das Bewußtsein kann die Lage nicht mehr verarbeiten.

Arno nimmt von Leo keine Notiz.
Leo schläft.

ARNO: Warum geht keine Nacht vorbei?
Und als der Juli kam, der heiße Tag,
Da lag die Stadt in Rot und Schwarz zerrissen.
Und es stand auf *ein* Volk und wollte wenden
Den Drill des Lebens zu Tänzen und Licht. Du,
Auch du, w i r wollten das. Das ganze Land soll
Unter Waffen stehn, wer trägt die Konsequenzen?
Den Nacken krumm und grade noch die Wut,
So brachen wir aus der verschwommnen Heimat auf
Und suchten eine Stadt, wo keiner Sand frißt oder Schnee
Sich färbt nach unsern Forderungen.
Wir stellten ohne Zwang uns in die Reihe,
Als wir so beieinander, schiens,
Als wär ein Stück davon erreicht, von dem
Jahrhundert, das nicht kommen wollte.
Und weil wir keine Herren mochten
Erwählten wir uns Herren, die mit uns
Die Herren von den Sesseln trieben;
Und als wir sangen: *Keiner über uns* ...
Da sangen sie, als wärn sie unsresgleichen,
Und doch, der eine wurde über Nacht zum Feind,
Und andre schrieben Listen und notierten,
Denn Mißtraun wächst, wo kein Erfolg sich zeigt.
Nur Diplomaten schreckt direkte Rede,
Und also wurden wir zu Diplomaten
Und handelten mit unserm Aufbegehren
Wie Krämer, als wir mit den Krämern sprachen.
Wer alles will, will nichts,
Und wer nur *etwas* will, der will nicht alles.
Alles aber, das ist das Leben.
Vom Himmel fallen weiß wie Flocken
Die Schriften und betäuben unsern Schmerz.

Ich seh sie wieder, Juli Sechsunddreißig,
Im heißen Barcelona auf den Straßen,
Die schwarz und roten Tücher um die Schultern,
Der Aufstand gegen den vertuschten Krieg.
Was nutzt dem Hirten, was dem Andalusier,
Der aus der Tiefe steigt des schwarzen Bergwerks,
Was nutzt dem, der nach Arbeit lungert,
Daß in den Kammern der Regierung
Die *etwas Bessren* sitzen, die,
Die Rechtsgelehrten, statt der Totenschädel.
Und wir, wir kamen, um die Freiheit
Des vorigen Jahrhunderts festzuhalten
Und riefen, seht doch ein, wenn wir
Zuviel verlangen schmälerts unsre Chancen,
Und als wir kamen mit 4000 Mann,
Da kostete die Einsicht Vier
Mal Hundert Leute. – Anarchisten. –
Der Zweifel frißt wie Säure uns das Fleisch,
Wir sammeln Gründe, und wer übers Ziel
Hinausgerät wird für die Projektile
Selbst zum Ziel.
Vergebt uns, ihr mit ungebrochnem Zorn,
Daß wir, auf Suche nach dem rechten Weg
Und aus der Furcht, uns selbst zu teilen,
Ein Stück verloren gaben, um
Ein kleines Stück zu siegen.
Leo. Leo. Albert. Leo. Anna. Ernst.
Eberhard. Ceasar. Miguel. Igor.
Franz. Gertrud. Anna. Albert verzeiht …

Leo erwacht, steht auf, versucht Arno durch Schläge wach zu machen, kippt ihm Wasser ins Gesicht. Arno kommt mählich zu sich.

LEO: Du hast alle Namen gesagt

Und meinen am meisten.
ARNO: Es ist so heiß, *so heiß* in Barcelona.
LEO: Leg dich wieder hin und schlaf.
ARNO: Nein. Ich muß jetzt wach bleiben.
Ich will da nicht mehr hin.

Leo legt sich wieder hin, versucht zu schlafen. Arno steht lange erschrocken.

ARNO: Alles gesagt.
Alle Namen.

V/3. DER ANDERE HAMLET

Die Zelle – ein »Theater«. Arno hat sich »schick« gemacht, Leo ist kostümiert. Arno kann den Text auch. Diese Vorstellung findet wie ein Gottesdienst wöchentlich statt. Den Monolog haben sie sich selbst ausgedacht. So besänftigen sie ihre innere Unruhe.

LEO: Diesen einen Morgen, zu müde schon, um einzuschlafen,
Fiel auf mich, wie ein Reif, die Jugend zurück;
Wie über Nacht gefallener Schnee in die saftige Landschaft,
Und es verdarb Vieles, weil keine Rücksicht mehr war,
Und der Tod kam näher; denn die Reife des Lebens
Dünkt sich weit vom Ende entfernt; aber die Kinder
Sind grade dem Tod entkommen, noch ganz nah sind sie ihm.
Der Mensch kann nicht ein Leben lang in Lügen leben.
Vergiftet ihn die Lüge doch, sucht er das Gegengift,
Und findets auch, und dieses ist erneut: die Lüge.
Seht doch, wie mit zerstörender Hand in die Weite
Der künftigen Zeiten der Terror greift, das zum Alltag

Gewordene Töten, das, Insekten gleich, Samen verstreut
In die Zukunft, der kleine Denunziant, die
Geschwätzige Zuträgerin, der Mitwisser, die dereinst
Nur wissen wollen von damals, was dem eigenen Herze
Nicht schmerzt. Macht macht alles anders. Rot wird weiß
Und schlecht wird gut. Damit sie Macht bleibt,
Wählt sie ständig neu. Ein Casanova ohne Leidenschaft.
Noch können wir fort. Unverschlossen ist das Grab.
                                        Die Zeit,
Die letzte Hoffnung offen. Wie eine Katze, mit ihren
Sieben Leben, einmal schon überrollt vom Lastwagen,
Mit Steinen beworfen von Kindern, eingesperrt ins
Brennende Haus, getötet mit Gift und ertränkt im See,
Als bliebe das letzte Leben nun, den Mörder zu finden
Zwischen Freund und Feind beim Abendmahl.
Wenn ich einmal tot bin, möchte ich
                                    ein Englein werden
Mit roter Nase und geknickten Flügeln und zwei
Hundertprozentigen Kumpels in der Hölle.

V/4. NOCHMALIGE TEILUNG DER WELT

Arno und Leo, übermüdet, ausgezehrt, nach langer Zeit. Sie lesen Zeitung oder hören Radio, oder entziffern ein Cassiber. Ihre Auseinandersetzung vollzieht sich nur noch in nicht dechiffrierbaren Andeutungen; sie kennen sich schon zu lange, als daß sie nicht wüßten, was der andre denkt, wie er erwidert; deshalb erscheint ihr eigentlicher *Streit [Kampf] wie ein Aneinandervorbeireden. Während dieser Szene zieht sich jeder in* seinen *Teil der Zelle zurück, so daß auch räumlich eine Trennung vollzogen wird.*

Leo: Warum nun, bist du nach Barcelona gezogen?
Arno: Warum bist du nach Barcelona gezogen.
Leo: Bei lebendigem Leibe die schmerzenden Stellen Fleisch

Herausbeißen mit den Zähnen.
ARNO: Sie werden wissen,
Was sie tun, und was sie müssen.
Vertraue ihnen,
Sonst vertraust du keinem mehr.
LEO: Chefs produzieren nichts.
Alle Arbeit erscheint als Hexenwerk.
ARNO: Wir sind allein auf dieser Welt.
LEO: Und Treue wird zum Wahn.
ARNO: Im großen Bogen geht die Zeit.
LEO: Chancen sind dazu da, daß man sie nicht nutzt.
ARNO: Sechzehn gute Leute und die Weltrevolution findet doch
noch statt. Du siehst die Hölle überall.
LEO: Verrat und überall Verrat,
Und wer den Schwüren glaubt,
Der ist verloren.
ARNO: Sovieles, dem wir Abschied sagen müssen.
LEO: Auch dein Gewehr trägt Kerben,
Kerben der Bleistift des Richters,
Der in deinem Namen
Bruder, deinen Bruder
Fortschafft, ins Niemandsland.
ARNO: Im großen Bogen geht die Zeit.
LEO: Und Treue wird zum Wahn.
ARNO: Sovieles, dem wir Abschied sagen
Müssen, wenn uns was andres,
Als schon war und ist,
Gelingen will.
LEO: Auch Franz hat ausgeliefert. Warum
Sollte der mich retten wollen?
Wir teilen nicht mehr nur nach Seiten
Der Barrikade, nein, wir teilen
Nach Kaderqualitäten.
ARNO: Wir sind allein auf dieser Welt.

LEO: Mechanische Puppe
Auf der Spieldose zur Internationale.
ARNO: Wenn kein Verlaß ist,
Bleiben wir in Einzelhaft.
LEO: Funktionierer kennen keine Angst
Und Phantasie, die Sache paßt ins Herbarium.
ARNO: Warum nun, bist du nach Barcelona gezogen.
LEO: Nur die Kaiser und Könige
Wachsen von selbst aus den eigenen Reihn.
ARNO: In deinem Kopf lebt nur die Niederlage.
LEO: In deinem nur der ausgedachte Sieg,
Der über Leichen geht.
ARNO: Jetzt bist du, aus der letzten Heimat
Deiner Freunde schon auf dem Wege
Ins Exil. Links von dir
Steht die Einsamkeit, nur in der Mitte
Bei uns, hättest du Beistand finden können.

V/5. LEO ALLEIN

Leo erwacht allein.

LEO: Arno?! Hallo. Bin ich zurückgelassen
Auf der Welt? Vergessen wie ein Regenschirm?
Treibt kein böses Spiel mit mir.
Ich kann mich Jahrhunderte totstellen,
Wenn ihr wollt, mich unsichtbar machen,
Dann sucht ihr, und werdet nichts finden.
Zeigt Euch. Arno zeig Dich. Sag, daß Du noch da bist!
— — — — — — — — — — — — — — — — Ich hab zuviel geredet.
Ich wurde zur Gefahr bei seiner Flucht.
Wie wenig Offenheit gönnen wir uns, Bruder. Arno.
Bereitest du unsere Flucht vor? Unser Abhaun?
Sag: JA! Arno. Soll ich einfach nur warten,
Auf dich warten? Aber du hast kein Zeichen versteckt.

Läßt du mich sitzen? Ballast, abgeworfen, wenns hoch geht?
Haben sie dich geholt, nach Deutschland, zu deinem Tod?
Ich weiß es nicht. Ich weiß es nicht. Ich weiß es nicht.

INHALT

ZWEITER TEIL
STÄDTEANSICHTEN, REISEPROTOKOLLE, BERICHTE UND ANDERE TEXTE

DRITTER TEIL
BEGEGNUNGEN, PROTOKOLLE UND BERICHTE VON VERSCHWÖRUNGEN